中国财富管理50人论坛书系

资产管理行业
未来市场格局与业务模式

ASSET MANAGEMENT INDUSTRY
THE FUTURE MARKET LANDSCAPE AND BUSINESS MODELS

杨凯生
顾建纲　陈一松　储晓明　段国圣　詹余引
编　著

责任编辑：王雪珂
责任校对：孙　蕊
责任印制：陈晓川

图书在版编目（CIP）数据

资产管理行业未来市场格局与业务模式/杨凯生等编著．—北京：中国金融出版社，2020.4

ISBN 978－7－5220－0422－8

Ⅰ.①资…　Ⅱ.①杨…　Ⅲ.①资产管理—研究—中国　Ⅳ.①F832

中国版本图书馆CIP数据核字（2020）第001860号

资产管理行业未来市场格局与业务模式
Zichan Guanli Hangye Weilai Shichang Geju yu Yewu Moshi

出版发行　中国金融出版社
社址　北京市丰台区益泽路2号
市场开发部　（010）66024766，63805472，63439533（传真）
网上书店　http：//www.chinafph.com
　　　　　（010）66024766，63372837（传真）
读者服务部　（010）66070833，62568380
邮编　100071
经销　新华书店
印刷　保利达印务有限公司
尺寸　169毫米×239毫米
印张　21.25
字数　260千
版次　2020年4月第1版
印次　2020年4月第1次印刷
定价　69.00元
ISBN 978－7－5220－0422－8
如出现印装错误本社负责调换　联系电话（010）63263947

序

金融是市场资源配置和宏观调控的重要工具，是推动经济社会发展的重要力量。资产管理行业是金融业的重要领域，近年来发展速度迅猛，管理规模已达百万亿级；同时，它也是深化金融供给侧结构性改革的关键部位之一，正站在转型发展的交叉路口。一方面，《关于规范金融机构资产管理业务的指导意见》《商业银行理财业务监督管理办法》《商业银行理财子公司管理办法》等制度办法相继出台，系统性制度框架已基本搭建。另一方面，资产管理业务通过治理规范，业务结构持续优化，风险防范不断加强。那些试图规避宏观调控、着眼监管套利、拉长链条、抬高成本甚至自我循环的扭曲发展方式已经丧失了生存空间。

习近平总书记强调，要正确把握金融本质，深化金融供给侧结构性改革。对于正处在深化金融供给侧结构性改革关键期的资产管理行业，面对新形势、新挑战，如何准确抓住支持实体经济高质量发展的重大战略机遇，充分用好新制度办法实施过渡期的“时间窗口”，更好发挥促进金融和实体经济良性循环的积极作用，在提高对实体经济服务能力的过程中拓宽自身业务发展空间，是一个具有重要意义的课题。

第一个是回归本源。这是资产管理行业改革发展的本质要求。**一是**回归服务实体经济的本源。服务实体经济是金融的天职和宗旨，在我国改革开放40多年的历程中，有一条红线贯穿始终：凡是那些围绕实体经济发展需求的创新就会发展得快，并且能开辟新的业务空间；

凡是违背了实体经济需求的创新发展就难以持续，最后可能还造成重大风险。资产管理业务应当以服务实体经济投融资需求为定位和根本目标。在业务发展战略的方向选择上，主动将国家发展战略、区域发展战略和产业发展战略等作为重要考虑因素，把资金流引向实体经济重点领域和薄弱环节。格外警惕脱离实体经济需求的“野蛮增长”，重点满足提高经济社会资源利用效率、降低社会交易成本、促进基础金融服务公平的要求，形成与实体经济的良性循环。**二是**回归代客理财的本源。过去，银行把理财业务作为拓宽信贷资金来源的重要渠道，在很长一段时间里，理财“存款化”。虽然短期看，银行可以扩大负债规模，也看似增加了居民收益，但实际上埋下了风险隐患，承担了很重的“隐性刚兑”压力，并不利于行业长远健康发展。造成这种局面，一方面与机构业务宣传推介过程中，有意无意的模糊处理有关；另一方面，与事前风险责任界定不清有关。规范资产管理行业发展，需要清晰界定专业资产管理人的职责边界，明确受人之托代人理财的性质定位，不能将资产管理行业与自营业务、理财业务与信贷业务混为一谈。

第二个是守住底线。在完善制度和推动落实过程中，重点是把住三条底线：**一是**坚决守好风险底线。防范化解风险是金融服务可持续的基本前提和实现高质量发展必须跨越的重大关口。我国银行理财业务在高速发展过程中一度出现影子银行现象，存在多层嵌套、设置资金池等违规操作方式。这些问题近年来经过专项整治，情况已有明显好转，却仍不能放松警惕。特别是随着金融产品结构日趋复杂，资产管理行业要始终坚持严控风险的底线思维，格外防范金融风险跨行业、跨市场、跨地域传染。**二是**严格坚守合规底线。依法合规展业是资产管理行业健康发展的最基本要求，完善制度框架对资产管理行业行稳致远至关重要。资管新规和相关配套制度，是在总结行业经验教训、合理借鉴国际有效做法的基础上，从弥补监管短板、提高监管有效性等方面，为源头治理定了法度，为行业发展立了规矩。**三是**切实恪守服务客户底线。资产管理的任务是接受委托者委托，拿到投资者的资产，实质上是投资者资产的集合管理。一方面，需要做好投资者教育，在产品销售、投资标的选择、风险承担、收益分配等方面遵循委托代理的基本规律，充分揭示风险，防止因销售误导等行为引发纠纷。同时，也要科学统筹金融机构创造价值与让客户更好享受金融发展红利等多目标之间的关系，防止金融机构利用业务谈判优势地位，获取不正当收益。

第三个是转型升级。资产管理人对于受托的资产进行投资管理，主要是利用专业优势进行资产配置和投资选择，以及开展投资后的后续管理，是对资产管理行业提出的新要求。可以预见，未来资产管理市场上，产品形态和运作模式会更加健康，市场在配置资源中起决定性作用将体现得更为充分。转型创新将是资产管理行业改革发展和提高竞争力的关键抓手。**一方面，**从银行理财业务转型的视角看，理财净值化转型正在积极推进，理财子公司筹建步伐也在逐渐加快，以子公司形式开展理财业务将会是商业银行新的选择。过渡期内，需要按资管新规妥善处理好存量产品的压降与转型接续，推动理财业务平稳过渡，与传统信贷业务逐步分离，防止断崖式下降甚至对实体经济正常生产经营造成明显扰动。**另一方面，**资管新规的过渡期也是各类市场参与者提升自身投研能力，提高风控水平，丰富产品体系的机遇期。要结合自身特点，发挥机构投资者的专业优势和规模效应，不断寻找资产管理行业创新发展的“蓝海”，促进良性竞争。尤其要进一步提升金融机构对资产管理行业的主动管理能力。在负债端，更好满足日益增长的居民财富管理需求；在资产端，积极对接实体企业融资需求，为实体经济高质量发展提供更加强大的金融支持。

中国财富管理50人论坛自成立以来，始终聚焦财富管理行业发展的前沿热点问题。在资产管理行业转型发展的大背景下，论坛做了大量前瞻性、针对性、储备性的政策研究，深入探讨了资产管理行业的未来发展方向与模式。欣闻此次将成果结集付梓，衷心希望能为广大关注资产管理行业发展的读者们提供有益的参考，为进一步增强行业发展的信心、推动行业健康稳健前行，凝聚更广泛的智慧力量。

尚福林

2020 年 3 月 27 日于北京

遵循规律、坚守底线，做勇于担当的金融人（代序）

1997 年国务院证券委员会发布了《证券投资基金管理暂行办法》，揭开了我国资产管理行业发展的序幕。2002 年中国人民银行颁布了《信托投资公司资金信托管理暂行办法》，办法明确信托公司应回归代客理财的本源、开展私募资金管理业务，**自此开启了多种金融机构共同参与的资产管理市场发展进程。**2003 年证监会发布《证券公司客户资产管理业务试行办法》，推动了证券公司资管业务的有序规范发展。同年，中国人保资产管理股份有限公司成立，开创了我国保险资金专业化运作的先例。2004 年银行通过理财产品开始介入资管市场。2012 年《证券投资基金法》的修订，使私募证券投资基金获得了合法参与资管市场的地位，从而最终形成了银行、证券公司、保险资管机构、信托公司、公募基金管理公司、私募基金管理人等机构共同参与的市场格局。**这些机构共同推动了中国大资管市场的壮大和发展，**业务规模由 2012 年底的 19.99 万亿元发展到 2017 年的 111.35 万亿元（未扣除重复计算）。

中国资产管理市场迅猛发展的原因，一方面是实体经济的强劲融资需求拉动；另一方面是金融机构自身谋求发展、修复资产负债表和获取利润的推动。**资管市场在服务实体经济融资、促进经济发展的同时，由于直接融资渠道不畅和监管分割等，这也造成了运作的不规范和扭曲，从而埋下了金融风险的隐患。**监管当局意识到这个问题，并持续对资管业务进行规范。2018年4月《关于规范金融机构资产管理业务的指导意见》（以下简称《资管新规》）颁布实施以来，资管业务逐渐回归本源，市场秩序逐渐好转，金融风险得到有效防控。

我国大资管市场的形成和壮大，顺应了居民对财富保值增值的需求，顺应了市场主体对便利融资的需求，对促进国民经济发展起了非常重要的作用。**我们应当扬长避短、趋利避害，正确认识加快金融创新和加强金融监管的关系，切实防控资产管理业务的各类风险，推动我国资管市场归于规范和统一。**

2019年12月28日新修订的《证券法》将资产管理产品纳入证券范围，授权国务院按《证券法》的原则制定其发行和交易管理办法，此举为在证券的基础上规范资产管理市场和统一监管创造了条件。我们应当抓住新修《证券法》的契机，转变监管理念，划清市场与监管的边界，正确处理机构监管与功能监管的关系，放松牌照管制，解除金融压抑，疏通直接融资渠道；同时应当实现新老资管产品的平稳过渡和监管职能的平稳过渡，实现资产管理市场的统一监管。

首要的是监管理念的转变。

一是监管当局要划清市场与监管的边界，降低市场经营主体的展业和合规成本。

资产管理产品是直接融资的工具，监管者的监管重点是投资者与资产风险适配、信息披露和投资范围合规等。对于普通公众及小投资人，由于其风险识别和承受能力较为有限，对面向这些投资者发行的公募产品应实行注册管理，要严厉打击欺诈行为。对于合格投资者，其风险识别和承受能力相对较高，因此面向这些群体的私募产品发行，应尊重当事双方的意愿，以合同约定为主，稳妥把握监管重点与力度。

证监会以往对公募基金产品实行核准制，核准过程较长。银保监会对公募产品实行备案制，给了发行人很大便利，但银行理财产品的信息披露和风险收益责任未按代客理财的本质和公募产品的本质严格管理，致使银行理财产品存在隐性刚兑、资金池和期限错配等问题。**新修《证券法》对公开发行的股票、债券实行注册制，公募基金也应向此看齐，实行注册制储架发行，提高公募基金发行效率。**

对于私募基金监管的重点不应是产品的投资方向，投资方向是委托人与受托人的意思自治，应由双方合同约定。**私募基金监管的重点是不能向非合格投资者发行，不能变相公开宣传。**协会的管理人登记、产品备案只是在监管豁免条件下的自律管理。对于管理人登记，协会的职责是在持续自律管理中剔除违反自律规则的机构和从业人员；产品备案只是为了便利统计，让监管当局掌握整体投资去向和趋势。私募管理人管理哪类产品为主，发起哪种投资方向的产品，是私募证券投资基金还是私募股权投资基金，亦或创业投资基金，理论上都是管理人与投资人之间的协商与选择。监管层可以对产品进行分类监测，对不同类别的基金制定不同的报送内容和标准，让管理人分类报告，但基金的类别不是管理人的类别，监管层不应当按产品投向对管理人进行分类监管。

当前，中国私募基金市场乱象频发，假借私募基金名义开展非法融资和利益输送的案例很多，协会不得不对基金管理人的登记设定门槛，对基金管理人按产品进行分类。但这些做法应当通过监管制度的完善、登记备案技术的改进和诚信制度的建立逐步改变，给予基金管理人发起设立各类产品的自由空间，降低私募基金的展业和合规成本。也希望监管当局与相关部门一起进一步合理界定创业投资基金内涵和范围，让国家鼓励创业的优惠政策低成本、精准地落实到位。

从功能监管的理念出发，**证监会的机构设置应该是公募基金与私募基金同归于一个部门监管，**这有利于对基金业监管规则进行统筹和协同。监管豁免之外的机构和私募产品由协会自律管理，监管边界的合理界定有利于市场效率的提高。

二是正确处理机构监管与功能监管的关系。

资产管理市场已经形成银行、证券、保险、信托、基金、期货各类金融机构共同参与的市场。实行统一的功能监管**要转变单纯机构监管的理念，从市场准入为主的监管思路转向机构监管+功能监管的持续监管理念。**

金融业是风险外溢性很强的行业，机构的市场准入是必须的，但机构进入后的合规经营更加重要，行为监管就是持续性的业务合规监管。无论是经营者还是各参与方，从事同样法律关系的金融活动要遵守同样的规则，并由一个监管当局执行，这既是行为监管，也是功能监管。机构监管与功能监管、行为监管相结合是金融发展的必然趋势。**机构监管体现为法人机构的进入、整体风险控制和退出，功能监管和行为监管体现为业务的牌照管理和业务合规的持续监管。**

在中国，监管当局的定位不仅仅是市场纪律的监督者，它还承担了市场发展的责任。在行业发展和风险防控的双重考核要求下，监管当局的“地盘意识”难以避免，公平对待所有市场主体难以做到。我们应该改变对监管的职责划分、优化问责机制，**将业务创新和持续发展的责任还给金融机构的股东，监管当局的责任是维护自己批准的持牌业务的市场纪律，惩罚和有序清退不合规经营的机构，打击非持牌机构的违法经营行为。**这种分工才能破除“地盘意识”，实现市场的统一监管。

国际上资产管理机构无论其股东是哪类金融机构，对其监管的规则是统一的。资管机构管理的产品会有侧重，有些机构同时发行和管理公募和私募产品，有些只做公募或某类私募，这体现了管理人的偏好和能力，但同类产品的监管规则是统一的，因而**资产管理市场有按产品细分的市场，没有按股东属性细分的市场。**在外资金融机构扩大进入中国的背景下，不调整职责分工，不实行功能监管，银行理财子公司和基金管理公司的公募产品规则不一致，会使外资股东无所是从，也会引起不公平竞争和市场混乱。银行和保险机构是中国金融市场的主要资金来源，同类资产管理产品不同的规则和不同的监管主体会割裂中国的金融市场，削弱中国金融业的竞争力。

三是厘清牌照内涵，解除金融压抑，疏通直接融资渠道。

资产管理市场的无序扩展和扭曲发展主要在三大类业务上体现：一是表外信贷业务，这是银行为了规避资本占用和信贷规模控制而开展的业务；二是银行、信托公司、保险资管机构以资产管理的名义开展的私募债权融资和私募股权融资业务；三是规避监管的各类通道业务。直接融资渠道不畅，对银行信贷过度依赖和金融业务牌照管制过严是市场行为扭曲的重要原因。

资产管理业务的特性是集合资金，由管理人为了投资人（委托人）的利益进行组合投资，进行资产配置。资管业务是为投资人理财、为投资人服务的业务，而**银行、保险、信托等机构为特定项目融资而向投资人按份额或比例筹集资金的活动，是为融资方服务的投行业务，本质是私募证券发行**。但由于我们的证券范围狭窄，这些产品未按证券发行管理。资金管理人在融资类业务中，同时承担为客户理财组合投资的责任和为融资方发行私募证券的保荐责任双重职责，势必存在职责不清的问题，也容易引起利益冲突。在缺乏多层次资本市场的背景下，银行、信托和保险资管机构利用客户资源优势开发了私募证券发行业务，确实解决了一些企业的融资问题，但职责不清和利益冲突下的行为扭曲埋下了风险隐患。**首先，我们应该让银行、信托、保险等机构在开展此项业务时，领取私募投行牌照，接受统一规则监管，做好内部隔离，维护市场纪律。**同时，我们也应该积极推动多层次资本市场的建设，发展非公开业务的发行和交易市场（场外市场），疏通直接融资渠道，给企业融资提供更多的选择。

其次，要实现新老资管产品的平稳过渡和监管职能的平稳过渡。

《资管新规》发布后，各金融机构陆续开展过渡期内老产品消化和新产品发行等工作，目前普遍面临着存量产品消化进度缓慢与新产品市场接受度不够、接续困难的问题。我们既要面对不规范存量产品退出的阵痛，也要面对防范化解风险导致经济下行的质疑。

中国经济进入调整期，既是国际环境的影响，更是我国经济自身发展转型与政策调整的结果。**金融产品供给结构不适应经济发展的需要，这是金融业当前的主要矛盾。**规范资管市场、加大改革力度、畅通融资渠道正是为经济的稳健创新发展创造好的金融环境。**金融机构要了解自己的产品和客户，要坚守方向，敢于担当，稳步推进各项改革，**这样才有利于中国经济的平稳发展，也才有利于金融机构自身的健康发展。在改革发展中尽一份力量不是口号，是一点一滴的行动。

监管理念的转变、新老资管产品和监管职能的平稳过渡是资管市场规范发展的保障，也是金融业有效防范金融风险、稳健发展的保障。在信息化时代，监管信息共享不是技术难题，障碍来自对金融产品性质和法律关系的认知。抛开资产管理产品信托与委托的法律关系争议，所有的资金受托管理产品是直接融资，由委托人享受收益、承担风险，受托人履行诚实信用、勤勉尽责的义务（信义义务）是没有争议的。这次新修《证券法》将资管产品列入证券范围，授权国务院按《证券法》的原则制定规则，其金融产品的属性已有法律的依据。

直接融资的监管以信息披露、防欺诈为核心。银行是间接融资的机构，存款人不承担银行贷款的风险，只承担银行倒闭的风险。**间接融资的监管以资本充足率和流动性管理为核心。**两类融资模式有不同的监管原则，因而分属不同的监管部门监管是国际通行做法，即使综合性的监管机构也会由不同的部门执行不同的监管规则。在依法治国、建立现代化治理机制的今天，**我们不宜再混淆直接融资与间接融资，也不能混淆直接融资与间接融资监管的原则。**对直接融资的金融活动实行独立统一的监管，是理顺监管体系、维护市场秩序的基础，也是向投资人昭示风险、打破刚兑的重要举措。

资产管理市场统一监管可以分两步走。

第一步先统一产品规则和监管规则。

最近公布的银行现金管理类理财产品的监管规则与货币基金规则基本相同，这是一个好的取向。在规则统一的时候也不必完全拘泥于现有的公募基金规则，对银行设计的公募理财产品，如能管理好流动性风险，我们可以在了解客户风险偏好和风险承受能力的基础上加以借鉴。公募基金应该针对不同客户群体设计不同的投资组合产品，**形成投资门槛和资产风险呈连续函数分布的产品供给体系**。另外，银行理财子公司的业务范围只规定了是接受客户委托、代客投资管理，并未限定做公募产品还是私募产品。而证监会对基金管理人做公募基金还是做私募基金有严格的区分。特别是外资控股的银行理财公司成立后，这种制度优势对证监会发牌照的管理人非常不利。《证券投资基金法》第九十六条给私募基金管理人开展公募基金管理留下了法律空间，国际上一些大的资产管理人往往也同时做公募与私募。证监会是否可以借鉴银保监会的做法，减少资产管理人的制度差别。同时，两会都应对管理人的利益输送行为制定规则加以防范和严格监管。

第二步，将开展资管业务的独立法人机构交由证监会监管，银行、保险、信托兼营资产管理配套业务的可委托银保监会代为监管。

银行理财子公司和保险资产管理公司，这两类机构是开展资管业务的独立法人机构，与基金管理公司本质相同，特殊之处是分别由银行和保险公司发起或控股，今后均应由证监会发放机构市场准入牌照。

《资管新规》过渡期内，各资管机构要开展存量产品化解和向净值化产品转型相关工作，如何保证老产品平稳过渡、保证银行理财子公司清洁起步是一个复杂的过程。目前理财子公司由银保监会发牌照监管是市场平稳发展的需要，但时间不能太长。

资产管理牌照的主营业务是投资管理，投资咨询、产品销售、账户托管等业务是资产管理的配套业务，可实行单项牌照管理制度。资产管理公司牌照，可以开展部分或全部配套业务；银行、保险、信托等金融机构兼营配套业务的，也应当由证监会发放牌照，但可以委托银保监会代为监管其配套业务，证监会有随机检查的权利，发现问题时银保监会可在委托范围内告知证监会并处理，范围之外的应由证监会处理；其他机构开展资产管理配套业务的，统一由证监会发放牌照和管理。

在监管机构统一，监管规则统一后，各金融机构介入资产管理市场的方式，是独资经营还是合资经营，是在基金管理人层面合资还是在银行理财子公司层面合资，是否申请部分业务牌照兼营都可由机构自主选择，这样将有效解除金融压抑，激发市场活力。

总之，**按直接融资、间接融资分别监管，本质相同的产品实行统一的监管规则，是资产管理市场发展的必然趋势，也是金融业发展的必然规律。我们应该遵循规律，坚守底线，做勇于担当的金融人！**

以上是我对规范我国资产管理市场的几点思考，是为代序。

吴晓灵

2020 年 1 月 15 日

前　言

过去十年，全球相对宽松的货币环境极大地推动了资产管理行业的蓬勃发展，在经济全球化、居民财富快速积累以及相对宽松的货币和监管环境下，中国资产管理行业也迎来高速增长，截至 2018 年底，我国资产管理行业总规模接近 86.5 万亿元，并形成了包括银行资产管理部、银行理财子公司、基金管理公司、券商资产管理公司、保险资产管理公司、信托公司、基金管理公司子公司、期货公司及其子公司、私募基金管理人等机构在内的大资产管理行业格局。**资产管理行业的繁荣发展，在丰富金融产品、满足居民财富保值增值需求的同时，也带来了一些潜在风险和问题。**资产管理产品之间的相互嵌套，一方面使金融风险在金融机构之间以及不同市场之间的联动和外溢性增强；另一方面增加了资金在金融体系内的空转成本，抬升了社会无风险收益率及融资成本，不利于引导资金脱虚向实。除此之外，在资产管理产品的交叉环节容易出现监管空白，隐藏了巨大的金融风险。基于此种情况，为了有效防范化解金融风险、统一同类资产管理产品监管标准、推进资金脱虚向实，提升金融市场对实体经济的服务能力，自 2017 年以来，人民银行牵头、联合相关部门推进制定资产管理业务统一监管的办法。2018 年 4 月 27 日，《关于规范金融机构资产管理业务的指导意见》（以下简称《资管新规》）正式出台，资产管理行业进入回归本源、规范发展的新阶段。

在全面深化金融供给侧结构性改革、大力发展多层次资本市场、扩大直接融资比重的大趋势下，资产管理机构都在积极推动资产管理业务转型、回归本源，更好地发挥资产管理行业服务实体经济发展的功能。然而对整个资产管理业务转型发展的方向、未来行业发展的格局以及各类资产管理机构之间如何差异化竞争合作发展等问题都还不够清晰。在此背景下，中国财富管理50人论坛组织工商银行、泰康资产、易方达基金、申万宏源证券以及中信信托等业界龙头机构组成联合课题组，试图对资产管理行业未来市场格局及发展前景进行分析和研判。在历时一年多的通力合作下，最终形成了《资产管理行业未来市场格局与业务模式》这一课题成果。本书分为主报告和分报告，分别从资产管理行业总体格局以及各类资产管理机构的角度对资产管理行业未来市场格局和业务模式进行研究。**主报告从资产管理行业发展有助于推进直接融资及金融供给侧结构性改革的高度出发，在界定并明确资产管理业务法律关系的基础上，阐述了当前大资产管理行业转型发展面临的问题挑战及境外成熟市场的经验，对未来大资产管理行业的发展趋势以及竞争格局、业务模式进行全面分析并提出了相关政策建议。分报告则从银行理财、保险资管、基金、券商资管、信托五类资产管理子机构的业务现状出发，分别对各类机构资产管理业务的内涵、法律关系、转型面临的挑战以及境外市场经验进行分析，探讨在资管新规下各子行业的发展趋势及前景，并提出了推进各子行业差异化发展的相关政策建议。**

随着居民财富的不断增长，我国资产管理行业在过去十年间经历高速发展，同时也滋生了一些结构性问题。《资管新规》及其配套细则的发布，为我国资产管理行业带来了转型发展的新机遇。然而，行业过去的草莽式发展、业务模式不规范等问题使资产管理机构在转型过程中面临通道业务压缩压力较大、投资者教育不足、刚性兑付惯性较强、老资产处置难度较大等诸多挑战，亟待资产管理机构去面对和克服。另外，资产管理机构的转型与资产管理行业的规范发展也能对我国融资结构的优化起到积极推动作用。**资产管理作为连接投融资的桥梁，其回归本源方向的转型发展能够为资本市场带来庞大的机构投资者，能够真正推进居民财富从储蓄向投资转变，能够借助资本市场的定价机制实现资源的优化配置，打破过去信贷为主的业务模式和刚性兑付的市场文化，从根源上推进直接融资体系的发展和社会融资结构的转变。**

面对当前复杂的境内外经济和金融市场环境，资产管理行业应坚守初心和使命，深化改革，行稳致远。在资管新规及其配套细则的指导下，各资产管理机构应坚决打破刚性兑付，回归代客理财本源；规范非标、禁止资金池，切实防范流动性风险；消除多层嵌套，降低产品复杂程度；加强投资者适当性管理，提高投资者、产品和所投项目的适配度。通过上述措施，做到风险可隔离、风险可计量、风险可承受，推进资产管理行业长期健康发展。**在发展趋势上，未来资产管理行业将在双向开放、金融科技、行业整合、分工细化趋势下不断前进，行业将逐步迎来统一监管**。在金融开放背景下，国内资产管理机构面临全球市场的激烈竞争，有助于其提升自身各方面能力；金融科技将从投资、销售、风险管理及中台运营等多维度赋能资产管理机构；在市场格局上，行业内以及跨界的并购重组将日渐增多，龙头集中与特色化经营并存将成为行业的基本生态。在行业发展前景上，以银行理财、保险资管、基金、券商资管及信托为代表的各类资产管理机构将更好地发挥自身比较优势，实现合作发展。银行理财将更多向直接融资的方向转型；保险资管将重点管理好母公司资产，同时积极拓展养老金及第三方业务；基金公司将强化投研及产品优势，弥补销售短板；券商资源将在做强主动管理的同时打造综合平台；信托机构将积极去通道，提升核心资产管理能力。

资产管理行业的发展成熟不是一蹴而就的，我们还需要持续完善资产管理业务的法律关系、监管体系和投资者教育体系，鼓励支持资产管理机构练好“内功”，同时优化过渡期安排，确保行业平稳转型。

随着银行理财等行业的转型与规范发展以及中国养老金市场的逐步崛起，资产管理行业将迎来持续变革。尽管本书试图对资产管理行业的发展格局及生态进行全面、清晰的分析和并作出前瞻性研判，但我们深知资产管理行业的发展变革之快，本书对很多细节问题的研究还不够深入和充分。2019年作为中国资产管理行业承先启后的重要转折年，本书的出版希望能从某个横截面记录中国资产管理行业的变革，给资产管理机构、从业人员以及监管部门提供一定的参考，更好地推进中国资产管理行业持续改革发展，在金融开放的浪潮下，不断提升资产管理行业整体的生命力和竞争力。

本课题中国财富管理50人论坛让我来牵头，由工商银行、申万宏源证券、易方达基金、泰康资产、中信信托五家单位共同参与完成。其中**工商银行**负责主报告**第一章**（资产管理业务现实语境下的内涵探析）和分报告一（银行分报告）；**易方达基金**负责主报告**第二章**（当前中国资产管理行业面临的转型困难与挑战）和分报告三（基金分报告）；**申万宏源证券**负责主报告**第三章**（境外资产管理行业的发展经验）和分报告四（证券分报告）；**泰康资产**负责主报告**第四章**（资产管理行业未来市场格局与业务模式研判）**和第五章**（资管新规下各个资产管理子行业的发展研判），以及分报告二（保险分报告）；**中信信托**负责主报告**第六章**（推进资产管理行业持续健康发展的建议）和分报告五（信托分报告）。

在此我对上述五家单位的热情参与表示衷心的感谢，**特别感谢中信信托对本次课题的大力支持**！相信在大家的共同努力和推动下，我国资产管理行业必将迎来规范蓬勃发展的新局面！

课题牵头人　杨凯生

2019年12月

目　录

资产管理全行业报告

资产管理分行业报告

资产管理
全行业报告

第一章　资产管理业务现实语境下的内涵探析①

资产管理起源于欧洲、繁荣于美国，伴随经济高速增长、私人财富积累而不断发展壮大。从法律关系上看，资产管理业务中委托人和受托人主要遵从信托关系框架，信托制度的起源及发展在很大程度上影响了资产管理行业的发展。从目前资产管理行业发展现状来看，我国资产管理机构包括银行及理财子公司、信托、券商、基金公司、期货公司、保险公司等金融机构及私募基金管理人等非持牌机构。各类资产管理机构对资产管理业务的内涵、外延及法律关系的理解并不完全一致。明确资产管理业务在现实语境下的内涵定义，是我们分析和判断行业发展趋势的重要基础。

第一节　资产管理业务的定义

资产管理，就文义解释角度而言，是指对资产进行管理的行为。就现代金融学角度而言，资产管理专指受托投资行为，即委托人将自己的财产交给受托人，由受托人为委托人提供投资管理与服务的行为。资产管理业务实现了投资者资金与可投资资产间的结合，具有“资金—产品—资产”的业务特征。

---

① 本章执笔人：工商银行赵柏功、贡方超、肖阳、何盼、李知键。

就实际活动角度而言，资产管理表现为一种投资理财活动，其广义含义是指一切对资产实施管理以实现保值增值等目的的活动，既包括资产持有者自己对资产进行直接管理，也包括借助专业资产管理机构的帮助对资产进行间接管理；狭义含义是指委托人将现金、股票和国债等有价证券及其他金融衍生工具等具有良好流动性的金融资产，委托给法律许可的受托人，受托人按照委托人实现委托资产增值或其他特定目标的意愿，以受托人名义进行管理，资产增值部分主要由资产委托人获取，管理人收取管理费和相应的业绩报酬的金融活动。

从国外经验来看，欧美金融市场中的资产管理业务主要表现为，投资者将自身财产委托给基金公司、资产管理公司等独立法人进行管理，以实现资产的保值增值。有学者研究指出，个人投资者更倾向于让金融投资顾问帮助其投资理财，以规避因自身专业知识及投资经验不足而导致的风险，因此，资产管理业务的发展体现了社会投资者进行资产保值增值的需求。这一观点已在近几年全球资产管理行业的迅速发展中得到论证，波士顿咨询报告显示，近 5 年来全球资产管理行业管理资产规模保持了 6% 的平均年复合增长率。

资管新规对资产管理业务给出了明确的定义，即“资产管理业务是指银行、信托、证券、基金、期货、保险资产管理机构、金融资产投资公司等金融机构接受投资者委托，对受托的投资者财产进行投资和管理的金融服务。金融机构为委托人利益履行诚实信用、勤勉尽责义务并收取相应的管理费用，委托人自担投资风险并获得收益”。在此基础上，资管新规中也明确了两项内容：第一，资产管理业务是金融机构的表外业务，开展资产管理业务时不得承诺保本保收益，出现兑付困难时也不得以任何形式垫资；第二，金融机构可以与委托人签订合约收取合理业绩报酬，业绩报酬算入产品的管理费用当中，不同产品间不能相互串用。

本书中对资产管理业务的定义以资管新规为准，主要涉及资产管理人（受托人）和投资者（或委托人）两个主体，涵盖银行及银行理财子公司、信托、券商资产管理、公募基金、私募基金、基金子公司、期货公司资产管理、保险资产管理等机构的资产管理业务。

第二节　资产管理行业的主要参与机构及产品形态

目前，除公募基金、私募基金主营业务为资产管理业务外，银行、保险、信托、证券、期货等其他金融机构均涉足资产管理业务。金融机构的资产管理业务，既有通过机构主体开展的，也有通过设立子公

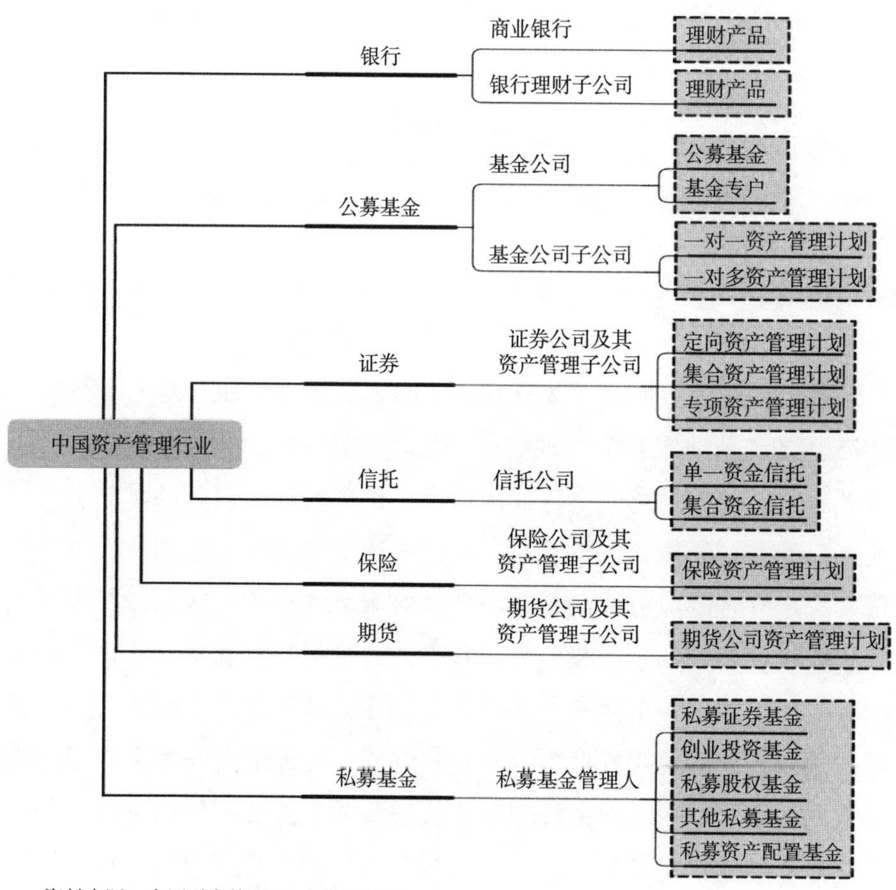

资料来源：中国财富管理 50 人论坛整理。

图 1　中国资产管理行业全览

司的方式开展的。经过十多年的发展，我国已形成了商业银行、银行理财子公司、保险公司及其资产管理子公司、信托公司、证券公司及其资产管理子公司、基金公司、基金公司子公司、期货公司及其资产管理子公司和私募基金管理人等机构在内的大资产管理行业格局。各类金融机构及其子公司基于自身禀赋，通过发行多样化的资产管理产品，满足各类投资者的资产管理需求。

第三节 资产管理业务的法律关系

资产管理行业涵盖诸多类别金融机构，其业务的法律关系具体如何界定，目前尚无定论。无论是从法律文本，还是业务实际，抑或是国外经验、国内研究，都存在诸多争议，有待我们进一步探讨。

一、从法律法规看，资产管理尚无明确的法律定义

从法律法规文本角度看，我国目前尚未对“资产管理”这一类业务的相关参与方之间的法律关系进行明确的定义。有些资产管理业务从规定内容上可归属于委托代理关系。例如，在银行理财业务中，2005年的《商业银行个人理财业务管理暂行办法》第九条规定：“综合理财服务，是指商业银行在向客户提供理财顾问服务的基础上，接受客户的委托和授权，按照与客户事先约定的投资计划和方式进行投资和资产管理的业务活动。在综合理财服务活动中，客户授权银行代表客户按照合同约定的投资方向和方式，进行投资和资产管理，投资收益与风险由客户或客户与银行按照约定方式承担。”由此可见，暂行办法规定的综合理财业务存在客户与银行之间的委托关系；银行根据合同约定，取得客户的授权后，代表其从事投资与资产管理活动，且只能在事先约定的范围之内，银行业务权限来自客户的授权；银行从事综合理财业务活动，在大多数情况下属于隐名委托代理关系。

资管新规早期版本中曾把《证券法》《信托法》《基金法》作为新规的法律依据，但在征求意见稿及正式稿中删除了相关表述。后续配套的理财细则中对银行资产管理业务规则和监管规定等方面进行了细化，但基础定义和底层设计基本沿用了资管新规的表述。又如，在证券公司资产管理业务中，《关于规范证券公司受托投资管理业务的通知》第一条规定："受托投资管理业务，是指证券公司作为受托投资管理人（以下简称受托人），依据有关法律、法规和投资委托人（以下简称委托人）的投资意愿，与委托人签订受托投资管理合同，把委托人委托的资产在证券市场上从事股票、债券等金融工具的组合投资，以实现委托资产收益最优化的行为。"以及《证券公司客户资产管理办法》第三十一条规定："证券公司办理定向资产管理业务，由客户自行行使其所持有证券的权利，履行相应的义务。"这两类资产管理业务应属于委托代理关系。而另外一些资产管理业务则在规定条文上可被认定是信托关系。例如，在信托资产管理业务中，《信托法》对"信托"进行了明确定义，即指委托人基于对受托人的信任，将其财产权委托给受托人，由受托人按委托人的意愿以自己的名义，为受益人的利益或者特定目的，进行管理或者处分的行为。又如，在基金业务中，《证券投资基金法》第二条规定："在中华人民共和国境内，公开或者非公开募集资金设立证券投资基金（以下简称基金），由基金管理人管理，基金托管人托管，为基金份额持有人的利益，进行证券投资活动，适用本法；本法未规定的，适用《中华人民共和国信托法》《中华人民共和国证券法》和其他有关法律、行政法规的规定。"由于基金业务受《信托法》管辖，故属于信托法律关系。

二、从产品形式看，不同资产管理产品法律关系也有差异

结合业务实际，各类资产管理机构内部的不同业务形式的法律关系也存在差异，银行理财、证券资管、信托、保险资管等业务中均有体现，

具体情况如下。

一是在银行理财业务中，原银行理财产品中的预期收益类产品是指商业银行与投资者事先约定，代投资者投资于预期收益类产品，到期后银行返还投资者本金和约定的利息，银行收取固定的手续费用。特殊情况下，理财产品属于表外业务产品的风险也由客户转嫁到银行，成为银行的负债，银行负有债务人的义务，实际上与投资者构成债权债务关系。对于私人银行理财业务，按照2009年银监会下发的《中国银监会关于进一步规范商业银行个人理财业务投资管理有关问题的通知》规定，对于具有相关投资经验和风险承受能力较强的高资产净值客户，商业银行可以通过私人银行服务满足其投资需求。此类理财业务由商业银行委派专人对客户进行服务，其投资计划个性定制，商业银行根据与客户签订的理财服务协议，代为管理客户交付的资金，不对客户的收益进行承诺。在协议存续期间，客户交付银行管理的资产独立于客户及具体运作人，由商业银行以自身名义进行管理，此时商业银行与客户间构成信托关系，而非委托代理关系。

二是在证券资产管理业务中，证券公司资产管理计划可分为定向资产管理计划、集合资产管理计划与专项资产管理计划三种。其中，定向资产管理计划针对单一客户的大额资金，资金用途由客户决定，证券公司不得自行决定投资方向和行为，由此投资产生的责任应完全由客户承担，证券公司只收取代理手续费用，不进行收益的分成，证券公司与客户间关系为委托代理关系。集合资产管理计划以及专项资产管理计划中的一对多业务集中多位投资者的资金形成集合资金，由证券公司自主决策投资，不对最终投资收益进行承诺，证券公司通过投资收益分成方式获取投资报酬,此时证券公司与客户间的法律关系属于信托关系。

三是在信托业务中，信托公司准资产证券化业务，是指融资企业将项目财产权委托给信托公司，作为受益权人，融资企业将信托受益权授权给信托公司，信托公司以代理人身份对信托受益权进行优先级与劣后级的结构化设计，将此信托受益权的优先级以份额形式转让给投资者，融资企业同时认购劣后级信托受益权份额，从而实现融资目的。到期后，向投资者返还本金与优先级的收益。该业务被称为准资产证券化，是因为业务中转让优先级受益权的设置，与资产证券化中对特殊目的实体的证券化设计，以证券份额的形式向投资者募集资金，实现募资目的的行为相类似；在实际操作中，项目公司将项目财产委托给信托公司形成信托关系，信托公司代为转让项目公司信托受益权形成委托代理关系，信托公司通过信托＋委托代理关系的身份转换，实现了项目公司募资与投资者资产保值增值目的。

四是在保险资产管理业务中，保险资产管理公司除接受母公司委托管理保险资金外，还可接受其他中小型保险公司的保险资金和银行、券商、财务公司等第三方机构委托投资。目前，其提供的服务主要涵盖委托专户和保险资产管理产品两种模式。具体来看，受资管新规及《中国保监会关于加强组合类保险资产管理产品业务监管的通知》（保监资金〔2016〕104号）、《关于保险资产管理公司开展资产管理产品业务试点有关问题的通知》（保监资金〔2013〕124号）、《保险资金委托投资管理暂行办法》（保监发〔2012〕60号）等细则规范，保险资产管理产品为“信托”关系，寿险、财险等保险机构委托投资管理所设立的专户为“委托”关系，但目前银行等非保险专户的法律关系则较为模糊，是否以产品形式运作，遵从资管新规约束，亟待明确。

三、从海外经验看，资产管理业务的法律关系尚未统一

从海外经验看，目前国际上对“资产管理”法律关系的认识尚未统一。在金融稳定委员会（FSB）等国际组织的定义中，资产管理业务的基础法律关系被定义为“代理关系”（agency relationship）而非“信托关系”（trust relationship）。这里的“代理”有双重指向：一是就投资者与资产管理人之间的关系而言，资产管理人相对于投资者而言属

于代理人，不承受投资后果；二是就资产管理人与银行、保险公司等金融中介机构的比较而言，资产管理人这类金融中介属于不动用自身资产负债表的代理人角色，以区别于银行、保险公司在资金融通过程中需自担风险的“本人”（principal）地位。而欧洲基金与资产管理协会（EFAMA）认为：“作为一种行业或专业的资产管理，又称第三方资产管理，它指专业人士为实现客户/投资者的特定投资目的而对相关证券和其他类型的资产进行管理与交易的活动。其首要特征是代理人业务模式（agency business model），即资产管理机构代表客户利益进行交易，是客户利益的守护人（stewards），对客户负有信义义务（fiduciary duty），资产组合的表现无论好坏都归属于客户。资产的所有权仍然属于客户，即它们不在资产管理机构的资产负债表上，但资产管理机构负责管理这些资产并向客户承担责任。”

国内学术界对于“资产管理”的法律关系仍存在一定争议，主要的观点为信托关系说、委托关系说和分类说。信托关系说认为，在资产管理业务中，尽管业务的形式多种多样，但其法律关系均属信托关系。有学者指出，资产管理“本质是投资信托行为”；也有学者认为，资产管理“本质上是一种财产信托关系”，委托人委托资产管理人进行管理的资产属于信托财产，委托人与受托人之间构成信托关系而并非仅仅是委托代理关系。委托关系说认为，资产管理关系就是委托关系，认定理由主要包括：第一，大部分委托理财业务在实践操作中更符合委托代理关系的特性：①受托人应以委托人的名义处理受托事项；②受托人须按照委托人的意愿和指示实施受托行为。第二，委托理财行为大都不具备信托行为的如下构成要件：①委托人应将信托财产转移至受托人名下；②受托人必须以自己的名义实施受托行为且不受委托人的干预；③受托人应为取得监管部门批准的信托业务资质的信托机构。分类说认为应根据不同类型的资产管理业务，具体问题具体分析，分别确定其法律性质，而不能笼统地将资产管理关系界定为以上某一种关系。

四、信托关系更契合资产管理业务的法律关系，但仍有待商榷

作为一种商事交易关系，资产管理人和委托人的权利义务关系设置受到了市场实际格局和法律监管尺度的双重塑造。在既有的实践中，其面貌兼具了信托和委托法律关系的特色，但又与二者各自存在不同之处。但在监管层推出一系列举措的当下，作者认为信托关系更为契合资产管理业务。信托财产具有独立性，财产委托人可以灵活地实施有限责任式的破产隔离，为专业管理人赋予不受掣肘的权利、为受益人提供利益的物权式保障。因此，信托关系能够为资产管理业务提供更充分的制度保障、最大化地发挥资产管理制度的本意，实现委托人和受托人的破产隔离，确保受益人在有限的风险范围内享受信托财产利益，降低资产管理业务运行的法律风险。

但无论是从法律制度背景看，还是从资产管理业务实际运行层面看，都将全部资产管理业务定性为信托关系仍有可探讨空间。从法律制度看，修订《信托法》等法律法规、用统一的信托框架来涵盖各类资产管理产品的目标短期内难以实现。从资产管理业务实际运行层面看，部分资产管理产品的权利义务关系也不符合信托关系。

第四节 资产管理产品的法律地位探讨

按照资管新规的界定，资产管理业务是指银行、信托、证券、基金、期货、保险资产管理机构、金融资产投资公司等金融机构接受投资者委托，对受托的投资者财产进行投资和管理的金融服务（私募投资基金适用私募投资基金专门法律、行政法规，私募投资基金专门法律、行政法规中没有明确规定的适用资管新规）。由此可见，资产管理服

务的提供方是金融机构，购买方是投资者，服务承载主体是各类资产管理产品。对于资产管理产品，资管新规将其定义为包括但不限于人民币或外币形式的银行非保本理财产品，资金信托，证券公司、证券公司子公司、基金管理公司、基金管理子公司、期货公司、期货公司子公司、保险资产管理机构、金融资产投资公司发行的资产管理产品等。这些产品主要包括银行理财产品、集合资产管理计划、保险资产管理计划、集合资金信托计划和公募基金等。

我国一直以来实行分业监管和机构监管，目前市场上的资产管理产品的出处多样，适用的法律法规也不尽相同。相关情况如表1所示。

表1　　不同资产管理产品适用的法律

<table>
<tr><th rowspan="2">机构</th><th rowspan="2">产品类别</th><th colspan="3">产品性质</th><th rowspan="2">法律关系</th><th rowspan="2">监管主体</th><th rowspan="2">适用法律</th></tr>
<tr><th>公募/私募</th><th>场内/场外</th><th>标准/非标</th></tr>
<tr><td>银行</td><td>银行理财</td><td>面向三类客户：私人银行客户、高净值客户和普通客户</td><td>兼有</td><td>兼有</td><td>委托代理</td><td>银保监会</td><td>商业银行法</td></tr>
<tr><td>保险</td><td>保险资管</td><td>私募</td><td>场外</td><td>兼有</td><td>信托关系</td><td>银保监会</td><td>保险法及银保监会相关监管规则</td></tr>
<tr><td rowspan="3">券商</td><td>集合</td><td>兼有</td><td>限定性：场内
非限定性：合同约定</td><td>限定性：标准
非限定性：合同约定</td><td>信托关系</td><td rowspan="3">证监会</td><td>证券投资基金法</td></tr>
<tr><td>定向</td><td>私募</td><td>兼有</td><td>兼有</td><td>信托关系</td><td>证券法</td></tr>
<tr><td>专项</td><td>私募</td><td>兼有</td><td>兼有</td><td>信托关系</td><td>证券法</td></tr>
<tr><td>信托</td><td>信托资管</td><td>私募</td><td>兼有</td><td>兼有</td><td>信托关系</td><td>银保监会</td><td>信托法</td></tr>
<tr><td rowspan="2">基金</td><td>公募</td><td>公募</td><td>场内</td><td>标准</td><td rowspan="2">信托关系</td><td rowspan="2">证监会</td><td rowspan="3">证券投资基金法</td></tr>
<tr><td>专户</td><td>私募</td><td>兼有</td><td>兼有</td></tr>
<tr><td>私募</td><td>私募证券投资基金</td><td>私募</td><td>兼有</td><td>兼有</td><td>信托关系</td><td>证监会</td></tr>
</table>

资料来源：根据公开资料整理，申万宏源研究。

虽然产品形态多样，但这些产品都具有一些共同特征：比如向多个投资者按份额募集资金、投资者承担风险享受收益、管理人员承担管理责任并收取管理费、一般交由第三方托管等，具有明显的集合投资计划的特征。集合投资计划是指由该计划的参与人以金钱出资形成集合性资产，由资产管理人开展投资，并将由此产生的收益分配给参与人的金融产品。包括但不限于以公司、信托、合伙等组织形态设立的各类公募、私募金融产品。尽管集合投资计划在各国的称谓不同，采用的组织形式也有差别（例如，在美国、澳大利亚称为共同基金或投资公司，在英国称为单位信托，但其实质大体一致），国际证券委员会组织（IOSCO）将这一类投资方式统称为“集合投资计划”，日本的《金融商品交易法》将常见的“基金”一词称为“集合投资计划”并予以明确。从国际经验来看，“集合投资计划”具备以下要素特点：一是有独立的财产，即产品与管理人和其他产品的财产相独立；二是有独立的责任安排，即产品的“所有权”“经营权”和“保管监督权”相分离；三是投资人承担投资风险、获得投资收益；管理人和托管人不参与产品收益分配，他们通过尽责履职，获得管理费和托管费收入；四是投资人按份额方式参与和退出。

对于满足集合投资计划特征的金融产品，将其纳入证券范畴进行管理，有利于按照“实质重于形式”原则，对同一类产品制定统一的监管标准，最大限度地减少监管套利产品多层嵌套等问题，推动行业监管体制从机构监管向机构监管与功能监管相结合转型。

第二章　当前中国资产管理行业面临的转型困难与挑战①

过去十年，我国居民财富不断增加，实体经济融资需求旺盛，资产管理行业在此期间实现了快速发展，与此同时也产生了行业发展重量轻质、监管套利和刚性兑付等问题，积累了一定系统性金融风险。近年来随着资产管理行业逐步推进统一监管，引导金融机构回归本源，过往监管套利、相互嵌套等问题得到了很大程度上的解决和缓解，但目前资产管理行业转型发展仍面临一系列困难和挑战。

第一节　资产管理行业经历高速发展的十年

一、居民财富不断增长，理财意识逐渐增强

近年来，我国经济保持平稳高速增长，居民财富管理与资产配置的需求增长为资产管理行业持续的业务扩张与产品创新提供动力与机会。2003—2018年，我国经济增速保持在6.6%以上，居民收入持续增加。截至2018年底，全国个人持有的可投资资产总体规模达190万亿元，与2008年个人可投资资产规模约38万亿元相比，十年复合年均增长率达17%。居民财富增长提升了消费水平，也激发了对资产保值增值

① 本章执笔人：易方达基金汪兰英、徐丽丽、张凯、鲍杰、

的需求。从投向看，2018 年中国资产管理规模占 GDP 比重达到 96%，过去十年资产配置丰富度不断提升。

二、银信证合作类业务迅速发展，以匹配实体经济融资需求

银信合作自 2008 年起快速发展，其发展脉络可以分成四个阶段：

一是银信合作快速发展期（2008—2010 年）。2008 年国际金融危机后，信托机构将信托贷款作为通道，银行将理财资金直接投资信托贷款，以规避存贷比、资本充足率、贷款额度等监管限制。截至 2010 年 6 月底，银信合作理财产品规模已突破 2 万亿元人民币，以信托贷款和信贷资产投资类业务为主。

二是监管限制银信合作期（2010—2012 年）。随着银信合作风险逐渐暴露，监管部门开始出台系列文件叫停以挪用信贷额度为目的的银信合作业务，如 2010 年 7 月 2 日银监会全面叫停银行人民币理财对接信托业务；2010 年 8 月银监会出台《72 号文》要求银行将之前的银信理财合作业务中，所有表外资产在两年内全部转入表内，并按 150% 的拨备覆盖率计提拨备，同时要求银信理财合作业务余额中融资类业务余额的比例不得高于 30%；2011 年 1 月银监会出台《7 号文》要求对银行未转入表内的银信合作信托贷款，信托公司应按照 10.5% 比例计提风险资本。在此阶段，银信合作业务逐渐减少。

三是理财转向银证信合作期（2012—2015 年）。2012 年，证监体系出台系列文件，以鼓励券商和基金进行创新改革。由于券商资管和基金子公司的通道业务不受净资本约束，因此银行很快就从与信托合作转向与证券公司合作，进而开辟了银行理财投资非标的新渠道。但是为限制银行理财投资非标的规模膨胀，2013 年 3 月银监会出台《8 号文》，要求银行理财资金投资非标的余额均以理财产品余额的 35% 与银行上一年度审计报告披露总资产的 4% 之间孰低者为上限，进而限制了银行理财投资非标的比例。

四是银行通道业务标准统一期（2016—2017 年）。在此阶段，证监体系加强监管，对券商资管和基金子公司开展通道业务的要求标准与信托公司统一，在这样的情况下，银行更愿意选择与资本雄厚、资产管理能力更专业的信托公司开展合作，进而银信合作业务回暖。

综上可以看出，自 2008 年银信合作快速发展，中国资产管理行业的外延不断扩张，通道业务、资金池业务以及与之对应的理财刚性兑付不断强化，资产管理行业快速发展中积累了系统性风险，同时银行理财业务也在持续发展和创新。银行理财自 2009 年起快速发展，2009—2018 年，银行理财规模从 1.7 万亿元增长至 32 万亿元，成为资产管理行业主要的负债端。

三、宽松监管下各资产管理子行业风起云涌

相对宽松的监管环境为行业快速扩量提供土壤。一方面，反映在对机构设立审批相对宽松，资产管理主体数量大增。2003 年以来，新成立证券公司、公募基金数量快速增长。另一方面，放宽资产管理主体展业限制。2012 年证监会取消券商资产管理计划的行政审批，券商能够以定向资产管理计划的形式开展通道业务，券商资产管理业务快速发展。同年证监会发布《证券投资基金管理公司子公司管理暂行规定》和《基金管理公司特定客户资产管理业务试点办法》，基金子公司可申请特定客户资产管理业务资格，发起专项资产管理计划。2013 年保监会发布《关于保险资产管理公司开展资产管理产品业务试点问题通知》，试点保险资产管理业务，及放宽保险资金投资股权、不动产、创业板上市公司等领域。同年，银监会发布《同业存单管理暂行办法》，同业存单迅速成为银行间补充流动性及资产投资过程中拆借资金、加大杠杆的灵活工具。

四、行业转型面临诸多挑战

资产管理行业高速发展的同时，也滋生了一些结构性问题，包括

部分金融创新脱离服务实体的目标，部分金融产品存在同业空转、资金池运作和期限错配等问题，部分产品存在刚性兑付、妨碍金融市场有效定价，不少市场产品同质化现象严重，部分机构过度依赖牌照等。

第五次全国金融工作会议明确了“服务实体经济、防控金融风险、深化金融改革”三位一体的金融体系改革思路，加强功能监管，更加重视行为监管。为了有效防控资产管理行业面临的一系列潜在风险，在广泛征集市场意见的前提下，2018 年人民银行牵头各监管部门制定出台了资管新规，同年 9 月商业银行理财新规正式落地，中国的资产管理行业发展的新阶段正式拉开帷幕。行业规则的变化促使机构积极调整自身战略、提升主动管理能力、有效服务实体经济，资产管理行业经历变革之后将迎来更为健康、可持续的发展前景。

在新的监管框架下，资产管理行业将经历转型发展，在此阶段需要克服众多问题和挑战。首先，最大的挑战在于资产管理行业要打破刚性兑付、真正回归行业本源；其次，目前资产管理行业的投资者教育体系和产品销售体系都尚未完全做好准备，需要在过渡期内快速健全和完善；再次，行业规则的重塑使资产管理机构需要重新构建自己的核心竞争力，其中包括投研体系的建设、产品体系的优化、风控能力的提升等；最后，资产管理行业需要经历新旧交替，这就涉及老的产品有序处置、新的业务健康发展。

第二节　监管套利空间逐渐压缩、传统业务模式亟待规范

、资产管理行业仍然存在监管套利及借用通道情况

在我国资产管理行业快速发展的十年中，商业银行、证券公司、基金管理公司、信托公司、保险公司等不同类型的金融机构纷纷开展

资产管理业务，分别向投资者提供不同形式的资产管理产品。在我国实行分业经营、分业监管的背景下，金融机构之间的主营业务不能相互替代，也不能互相交叉投资，但是通过资产管理业务的交叉投资，金融各业的资金链条已经相互打通，风险也能通过这些链条相互传染，尤其在以机构监管为基础的监管体系下，不同金融机构间监管标准不一致，导致市场主体监管套利活动频繁。2012 年我国金融业开启新一轮创新发展，监管部门相继放松监管，鼓励金融机构进行业务创新。在此背景下，各类资产管理机构之间的业务交叉日渐频繁，在此过程中通道业务增长迅猛。

2017 年以来，严控金融风险成为行业的大任务、大目标，金融体系开始去杠杆、去通道，各类资产管理机构开始逐步压缩通道类资产管理业务规模。截至 2018 年底，尽管各类资产管理机构的通道类业务规模开始下降，其中以定向资产管理计划为代表的券商资产管理规模显著下降，但大资产管理行业内仍然还是存在监管套利及借用通道的情况。

二、资产管理机构面临通道压缩和转型压力

2018 年 4 月，资管新规发布，禁止金融机构为了规避投资范围、杠杆约束等监管指标约束，利用其他金融机构的资产管理产品作为通道。2018 年 10 月证监会发布的配套文件《证券期货经营机构私募资产管理业务管理办法》中明确提出，“禁止证券期货经营机构提供规避监管要求的通道服务，禁止证券期货经营机构通过合同约定让渡管理职责，禁止管理人按照委托人或其指定第三方的指令或者建议进行投资决策”。这意味着监管层对证券期货经营机构通道业务正式叫停。

资管新规及其配套细则的发布，使资产管理机构的通道业务规模大幅压缩。中国证券投资基金业协会数据显示，资管新规落地前的 2018 年第一季度末，券商资管定向资产管理计划、基金公司及子公司

一对一产品规模分别为14.07万亿元和9.84万亿元，合计为23.91万亿元。经过一年的消化，截至2019年第一季度，券商、基金公司及子公司的存续的单一产品规模合计仅为18.67万亿元。与此同时，单一资金信托规模也有所下降。据信托业协会数据显示，截至2019年第一季度，单一资金信托资产余额为9.53万亿元，较2018年第一季度末的11.66万亿元减少2.13万亿元。

通道业务的压缩，对信托、券商资管、基金公司等各类资产管理机构来说，都意味着要面临转型的挑战。信托公司想要巩固和提升自身比较优势，需要努力提升主动管理能力，包括投资管理能力、资源整合能力和风险管理能力。对于券商资管和基金子公司来说，通道业务的压缩使大量通道业务人才向信托机构回流，同时也倒逼其加强主动管理、回归资产管理业务本源。

三、各类资产管理机构展业规范仍有待统一

尽管资管新规及配套细则从功能监管的理念出发，旨在统一行业监管，但从现状来看，各类资产管理机构在展业规范上仍然还存在一些不一致的地方。以银行理财子公司与证券基金类资产管理机构为例，其不一致性表现在以下五个方面：一是投资门槛不一致，理财子公司管理办法取消了投资门槛，公募基金的投资门槛最低为1元，而券商大集合产品的投资门槛最低为5万元；二是资产管理产品销售渠道的不一致，银行理财只能在银行类机构渠道进行销售，而券商资产管理计划、公募基金、保险资产管理产品及信托产品等可以在自有渠道、银行渠道及第三方渠道销售；三是资产管理产品集中度要求不一致，除了公募资产管理产品投资“10%、15%”及同一金融机构全部资产管理产品投资“双30%”的集中度限制外，针对证券类私募集合资产管理计划还有“双25%”的集中度限制，而银行理财类资产管理产品比例限制又与此不同；四是对于开放式资产管理产品的流动性资产配置

比例要求不一致，证券期货经营机构的集合资产管理计划在开放退出期内，流动性资产的配置比例不低于 10%；而开放式银行理财产品流动性资产的配置比例不低于 5%；五是关于向上穿透至最终投资者是否合并计算人数的规定不一致，银行理财配套细则要求向上识别产品的最终投资者；而证券类资产管理细则规定“资产管理计划接受其他资产管理产品参与的，不合并计算其他资产管理产品的投资者人数，资产管理计划接受其他私募资产管理产品参与的，证券期货经营机构应当有效识别资产管理计划的实际投资者与最终资金来源”，存在相应的豁免情况。

当前我国仍然实行以机构监管为主的分业管理体系，在现有监管体系下，从事同类型资产管理业务的机构分属不同的监管部门实行监管，在此背景下，资产管理行业难以实现根本上的监管统一。在这种情况下，各类资产管理机构在展业方面受到的监管约束不同，对于在同类型业务上受到更严格监管的资产管理机构来说，则面临一定程度上的竞争劣势。

第三节　健康投资文化缺失、投资者教育体系亟待完善

受制于我国利率市场化进程尚未全部完成、资产管理产品资金池模式较为普遍等原因，过去我国理财产品投资者一直有“刚性兑付”的惯性思维，健康投资文化缺位，投资者多将银行理财产品的信用资质等同于银行主体的信用资质，在购买理财产品时，只注重产品预期收益，对于产品合同条款、风险分类、净值变动、投研能力、历史业绩基本不做分辨。未来在资产管理行业打破刚性兑付、产品规范运作的改革背景下，投资者教育显得尤为重要和紧迫，同时也面临一系列挑战。

一、导致国内健康投资文化缺失的四大原因

第一，过去理财产品普遍存在“刚性兑付”特征，个人投资者对于“打破刚性兑付”的接受程度较低。2014 年以前我国公开债券市场尚未发生违约，资产管理产品也鲜有风险事件产生，伴随着银行理财、信托等产品的高速发展，居民对“刚性兑付”型资产管理产品的需求和依赖不断提高。由于投资者教育的欠缺，许多投资者对于资产管理产品仍普遍有错误认知，未能得到及时的更正。因此，资管新规中打破刚性兑付的提出，带来的直接影响就是短期内个人投资者难以接受，负面情绪加剧，进而引发诸多的非理性行为，对政策的落实造成了较大阻力。

第二，资产管理机构在销售过程中存在一定的误导。部分资产管理机构和销售团队在销售的过程中，出于业绩考虑，对客户存在一定程度的误导。考虑到当前大多数资产管理机构采取的是以产品销售为导向的考核体系，以销售业绩作为衡量指标，这就使机构人员在销售的过程中，过度关注自身的销售业绩，存在不适当的宣传、未给投资者提供完整信息说明，甚至误导欺诈投资者等行为，给投资者的正确认知和辨别带来困难。

第三，金融体系中投资者教育未引起足够重视。从近些年出台的监管条文来看，大部分都是用来防范和控制由于资产管理机构不规范从事资产管理业务而引发的金融体系风险，具有浓厚的监管法规色彩，但对于资产管理产品投资者的教育方面明显力度不够，缺乏体系性的构建。投资者教育作为一项长期、基础和常规性的工作，对于投资者自身金融素质和辨别能力、接受能力的提高具有重要意义。只有建立完善投资者教育机制，才能更好地促进投资者和资产管理机构的沟通，以及投资者对于政策的清晰理解和资产管理产品的正确认知。

第四，市场处于初级发展阶段，投资者风险意识不足。考虑到我国的资本市场尚处于初级阶段，尚未建立起完善的金融监管体系。但

近年来，我国经济发展迅速，各类特色类金融机构纷纷设立，金融创新产品大量涌现。P2P、现金贷等产品前赴后继、相互叠加，进一步提高了风险传染的可能性，也使投资者对金融产品的辨别难度加大。且部分投资者对于市场的参与程度尚浅、传统的投资观念尚待更新，投资风险意识不足。

二、完善投资者教育体系仍面临三大挑战

随着资管新规发布，监管对于投资者教育提出了更高的要求。一方面，为了顺利完成资产管理行业打破刚性兑付、规范运作的发展要求，投资者教育显得尤为重要和紧迫；另一方面，未来产品净值化运作，投资者需要加强对风险的识别能力，以更好地进行财富管理。然而，基于目前市场健康投资文化缺失的现状，投资者教育工作仍然存在诸多挑战，主要来自金融机构自身、投资者以及业务模式等方面。

首先，在严监管环境下，资产管理行业从高速度转向高质量发展，金融机构规模增长放缓，部分机构主动教育投资者意愿较差。由于打破刚性兑付的提出、合格投资者门槛的设立，资产管理行业整体来看增长速度放缓；为适应资管新规中提出的监管要求，各机构在处理存量资产管理产品的同时，还需要加快构建新的投资管理体系。而在这个过程中，由于健康的投资观念尚未完全建立，造成了老产品压降和新产品推行的困难；且投资者教育需要花费一定的人力物力，这对于金融机构的业务增长没有直接的意义，因此，部分机构主动进行投资者教育的意愿较差。

其次，目前投资者教育缺乏专业的培训体系，认知模式的提高需要一定时间。考虑到我国的投资者教育主要是通过监管层要求、市场机构实施的方式进行，且市场机构在实施的过程中，通常带有一定程度推销宣传自身产品的目的，且内容单一、形式较为简单，多围绕自身产品展开，缺乏后续的跟踪教育。因此，投资者难以对整个资本市

场和产品形成较为清晰的认知。另外，由于投资者传统投资观念浓重，对于资本市场和政策的接受理解需要一定的时间和引导，所以观念的更新、认知模式的提高仍需一段时间。

最后，在业务模式方面，由于目前在资管新规转型过渡期内，新老产品同时存在，部分理财产品运作依然在银行体系内部，从而导致银行信用仍然存在“隐性担保”的风险，存量理财产品保留了期限错配、刚性兑付、滚动发行、净值披露不充分等特征。尽管未来部分银行理财业务会剥离到理财子公司独立运作，但是对于部分规模较小但又保留理财业务的银行，或依然在银行体内销售理财、无法做到理财与银行表内业务完全隔离的银行，在一定程度上会使投资者认为投资有保障。因此，投资者需要一定时间形成正确的投资观念。

三、培育健康投资文化对合规销售体系提出新要求

2018 年中国银行业消费者权益保护满意度调查结果显示，客户对于银行业消费者权益保护工作满意度的评价整体处于良好水平，达到 85.72%，较 2017 年上升 1.83%；但是对于不同方面的满意度有所差别，其中在合规销售方面满意度最低，仅为 77.61%，与 2017 年基本持平，报告提出“将合规销售作为消费者保护重点工作方向”。

过去资产管理机构对于销售的考核主要以规模作为最重要的指标，特别是在行业快速发展时期，机构销售以获取客户资源、抢占市场、扩大规模为主要导向，在评价标准的制定上也偏重销售规模。

资管新规中对于销售的定义进行了明确，销售是指向投资者宣传推介资产管理产品，办理产品申购、赎回的活动。代理销售是指接受合作机构的委托，在本机构渠道向投资者宣传推介、销售合作机构依法发行的资产管理产品的活动。其中涉及的资产管理产品种类繁多，但是其涵盖内容远不止于此，它的提出对于填补销售在合规方面的漏洞也产生了重要的影响（见表 2）。

表 2 关于合规销售的新的监管要求

条款	主体	资管新规要求	对于合规销售的影响
第二十七条（四）	监管机构	对资产管理业务实施监管遵循以下原则：实现实时监管，对资产管理产品的发行、销售、投资、兑付等各环节进行全面动态监管，建立综合统计制度	强化宏观审慎管理，建立资产管理业务的宏观审慎政策框架，健全合规销售体系，完善政策工具，从宏观、逆周期、跨市场的角度加强监测、评估和调节
第六条	金融机构销售	（1）金融机构发行和销售资产管理产品，应当坚持“了解产品”和“了解客户”的经营理念，加强投资者适当性管理，向投资者销售与其风险识别能力和风险承担能力相适应的资产管理产品 （2）禁止欺诈或者误导投资者购买与其风险承担能力不匹配的资产管理产品 （3）金融机构不得通过拆分资产管理产品的方式，向风险识别能力和风险承担能力低于产品风险等级的投资者销售资产管理产品	金融机构应当加强投资者教育，完善合规销售水平，不断提高投资者的金融知识水平和风险意识，向投资者传递“卖者尽责、买者自负”的理念，打破刚性兑付
第九条	金融机构代理销售	（1）金融机构代理销售其他金融机构发行的资产管理产品，应当符合金融监督管理部门规定的资质条件。未经金融监督管理部门许可，任何非金融机构和个人不得代理销售资产管理产品 （2）金融机构代理销售资产管理产品，应当建立相应的内部审批和风险控制程序，对发行或者管理机构的信用状况、经营管理能力、市场投资能力、风险处置能力等开展尽职调查，要求发行或者管理机构提供详细的产品介绍、相关市场分析和风险收益测算报告，进行充分的信息验证和风险审查，确保代理销售的产品符合本意见规定并承担相应责任 （3）金融机构代理销售其他金融机构发行的资产管理产品，应当符合金融监督管理部门规定的资质条件。未经金融监督管理部门许可，任何非金融机构和个人不得代理销售资产管理产品 （4）金融机构代理销售资产管理产品，应当建立相应的内部审批和风险控制程序，对发行或者管理机构的信用状况、经营管理能力、市场投资能力、风险处置能力等开展尽职调查，要求发行或者管理机构提供详细的产品介绍、相关市场分析和风险收益测算报告，进行充分的信息验证和风险审查，确保代理销售的产品符合本意见规定并承担相应责任	建立了资产管理产品的销售授权管理体系，明确代理销售机构的准入标准和程序，明确界定双方的权利与义务，明确相关风险的承担责任和转移方式

续表

条款	主体	资管新规要求	对于合规销售的影响
第三十条	非金融机构	（1）资产管理业务作为金融业务，属于特许经营行业，必须纳入金融监管。非金融机构不得发行、销售资产管理产品，国家另有规定的除外 （2）非金融机构违反上述规定，为扩大投资者范围、降低投资门槛，利用互联网平台等公开宣传、分拆销售具有投资门槛的投资标的、过度强调增信措施掩盖产品风险、设立产品二级交易市场等行为，按照国家规定进行规范清理，构成非法集资、非法吸收公众存款、非法发行证券的，依法追究法律责任	在销售过程中，非金融机构违法违规开展资产管理业务的，依法予以处罚；同时承诺或进行刚性兑付的，依法从重处罚。规范了合规销售市场

数据来源：易方达基金根据监管文件整理。

四、合规销售体系建设欠缺的两大根源

资产管理机构合规销售体系欠缺主要表现在以下几个方面：

第一，现有一线销售人员素质参差不齐，网点服务难以满足客户个性化需求。根据上海金融理财师协会的调研，在理财产品的销售团队人员中，理财师对于自身专业技能也存在一定的不自信情况，一半以上的理财师表示专业技能仍存在不足。具体来说，从业人员中持有理财师证书的人员占比偏低，即使对于持有率最高的 AFP 金融理财师证书，持有率也仅为 9.6% 左右。

第二，机构承诺产品的预期收益率，导致投资者对产品风险属性产生认知偏差。在实际业务开展过程中，很多机构出于声誉风险考虑，向投资者承诺保本保收益。受长期刚性兑付思维惯性等因素影响，目前大多数投资者仍单纯地关注产品保本与否和收益率高低，而忽视风险，不能对产品的基本属性包括合同条款、净值变动、历史业绩等作出客观判断。

第三，销售团队不能完全达到结合投资者需求和风险偏好提供个性化的咨询建议的水平，合规销售、专业销售水平有待提升。目前大部分资产管理机构在销售团队的培养方面缺乏专业化、标准化的流程，

不仅造成了各分支机构在专业能力方面存在差距，并且在营销方式、流程、资产配置等方面采取的策略均有所不同；财富管理人员与客户仅限于产品买卖双方的关系，未能进一步形成良性互动，不能深入了解和分析客群的个性化需求，以提出相应的投资方案。随着产品到期、合作关系结束，客户会因为寻求更高收益的产品而流失。

第四，缺乏统一的风险评级体系，各类产品风险评级无法横向比较。在对资产管理产品进行风险衡量时，缺乏统一、权威的风险评级标准，各机构均宣称自身的资产管理产品风险较低。但统一的风险评级体系的缺乏造成各机构间的可比性和风险评估的公正性下降，对投资者了解投资产品的风险状况和产品的二次流转都造成了困难。

第五，信息披露体系建设相对滞后，缺乏统一的信息披露标准和完善的信息披露体系。过去监管对于资产管理产品信息披露的要求不够细致，各类资产管理产品的信息披露要求也有所差异，导致销售过程中容易误导投资者，且投资者缺乏权威、方便的渠道来获取产品运营后续信息。

究其根源，合规销售体系有所欠缺的根源问题，主要是资产管理机构自身在高速发展阶段对于规模片面化的追求，以及过去监管环境的相对宽松。

一方面，过去十年资产管理行业高速发展，对于合规销售体系的构建缺乏系统性。自 2008 年银信合作快速发展以来，中国资产管理行业的外延不断扩张。资产管理行业除了从事“受人之托、代客理财”的传统资产管理业务外，也通过各类通道业务实现规模的快速扩张，被称为“影子银行”，此类业务具有较为显著的“低附加值、高规模效应”特点，促使资产管理机构在销售端更多地强调规模导向，而非客户服务导向，同时也出现一些误导销售的情况，导致目前合规销售成为资产管理行业转型需要攻克的重要关卡。

另一方面，过往资产管理行业销售层面的监管体系尚不够完善，对资产管理机构建设合规销售体系的指导有限。相对宽松的监管环境为行业快速扩量提供土壤，由于过去资产管理行业采取分业监管和机构监管的思路，对不同资产管理子行业和资产管理产品采取不同的监管规则，各类资产管理产品在准入门槛、投资范围、投资者适当性、合规销售等方面的监管要求存在差异，“监管重叠”和“监管空白”并存，部分资产管理子行业在产品销售层面的轻度不合规、信息披露工作不完善也不会受到相应的监管处罚，资产管理机构也欠缺主动升级合规销售体系的意识。

五、建立合规销售体系要从三维度进行改革

建立合规销售体系，要从金融机构、投资者和监管机构三维度进行改革。

金融机构需要调整销售考核体系，改变以规模为导向的销售体系，加强合规管理，对客户分层管理并进行风险等级匹配。在考核的过程中，机构应优化销售人员的管理与激励晋升制度，建立市场化的人才体系，通过薪酬激励机制，提升公司对人才的吸引力和竞争力；同时加强渠道优势建设，加强合规管理，制定和实施合规标准、政策，并确保落实到位，防范金融风险。通过数据挖掘等手段制定客户分层管理体系，识别重点客群并制定对应的合规销售战术，制定差异化客群经营策略，总结不同层级客户的需求，满足不同层级客户的风险偏好和收益水平。

在投资者方面，需要加强投资者教育和信息披露。部分投资者由于受到传统思维等因素影响，对资产管理产品风险属性的认识仍存在偏差，因此机构应当将合规销售与投资者教育相结合，对合规销售作出一定要求，诸如提高销售人员的专业胜任能力、不得宣传产品的预期收益等，使投资者对于市场逐步形成正确的投资理念，顺利接受符合新规的资产管理产品。同时，应当进一步加强信息披露体系的建设，建立严格的信息披露管理制度，形成统一的信息披露标准和完善的信

息披露体系，以便于投资者作出正确的投资选择和判断。

监管机构需要不断加强对于合规销售的监督管理和相关指引。合规销售是行业健康发展的基本保障，是需要全行业共同参与完成的体系工作，在目前以销售为导向的大环境下，资产管理机构和销售机构难以有真正内生的动力去承担这部分责任并开展相关工作，因此需要监管层加强对合规销售工作的监督管理，通过抽查走访、接受用户投诉等方式，了解行业在合规销售方面的情况，及时掌握相关问题并及时响应和查处，把很多可能的隐患消弭在萌芽阶段。这些工作机制的建立、配套监管队伍的搭建、具体工作的开展都需要公开且确定的相关指引。这些工作需要监管层重新审视合规销售等基础性工作，并在监管资源上予以调整和倾斜，才能真正促使行业从实质层面做到合规销售，促进行业长远健康发展。

第四节　隐性刚性兑付妨碍金融市场有效定价

刚性兑付的长期存在阻碍了金融市场的有效定价。过去的刚性兑付环境中滋生和强化了投资者的风险意识错位，盲目相信国有金融机构的赔付能力，盲目相信政府会兜底，缺少对各种金融资产风险和收益的深入分析和评价，使金融市场的价格不能真实地反映资产的风险与收益，从而导致金融资产风险和收益错配。因此，打破投资者对隐性担保和刚性兑付的依赖是建立金融市场定价功能的第一步。

一、刚性兑付导致金融市场定价产生偏离

近年来，我国金融市场迅速发展，但由于刚性兑付的存在，风险无法有效量化，常出现风险收益不对等的情况，例如理财产品在“刚性兑付”背景下提供了高于其风险的收益率；而一些信用债则在“刚性兑付”背景下享受了过低的信用溢价，不同等级信用债的发行利差

在很大程度上反映的都是流动性溢价而不是信用溢价。

在资产端，刚性兑付的存在使投资者风险定价“信仰”成分过高，对于政府信用、央企和国企信用依赖度较高，实际信用保护不足。过去中国经济快速发展依赖于基础设施建设和地产投资的较高增速，其中地方政府在其中起到了突出作用，在政府加杠杆过程中，城投平台作为政府融资主体也获得了快速发展。由于对于城投债刚性兑付信仰较为强烈，城投债利差一直低于同期限、同评级的产业债利差，但伴随着债券违约的不断发生，目前城投债信用利差很难充分体现其信用保护作用，或存在定价偏离。

在产品端，刚性兑付妨碍了资产管理产品基于信托关系或委托代理关系的定价，实际没有体现投资者承担风险的部分，使刚性兑付的资产管理产品收益显著大于其风险。资产管理业务主要涉及信托关系或委托代理关系，也有部分业务的法律关系不清晰，不少资产管理业务背后实质是债权债务关系，存在隐性刚性兑付。特别是银行理财，实际承担了银行表外信贷扩张的职能，且普遍存在刚性兑付属性，但银行并未计提风险资本或其他风险准备，从而形成裸风险敞口，使系统性风险在银行体系内积聚。此外，部分资产管理产品以自有资金或资金池资金来维持预期收益，无法与自身的资产负债业务充分隔离。刚性兑付不但使风险在金融体系内累积，也抬高了无风险收益率水平，扭曲了资金价格，影响了金融市场的资源配置效率，同时加剧了道德风险。正是由于这种隐性刚性兑付的存在，使原本的信托本质发生了变化，产生了定价上的偏离。

在同业市场，刚性兑付同样导致了定价偏离的现象。尽管目前非银行金融机构同业已经开始逐步打破刚性兑付，但是银行同业依然有较强的同业信仰，在央行接管某城商行之前，城商行发行同业存单的利率与股份大行发行同业存单利率之间的利差仅 10 个基点左右，远远不足以反映银行之间规模、经营、风控等方面的实际差距。

二、刚性兑付导致定价失效的主要原因

造成金融市场定价机制未能有效发挥的主要原因包括三点：

第一，刚性兑付混淆了实际的风险敞口，许多“隐性担保”未被有效识别。刚性兑付实际是将一些信用风险和其主体分离开，并与另一主体挂钩，当投资者认定的风险主体和实际承担风险主体产生差异时，就会出现定价偏差。例如城投平台享受较低的信用溢价，主要原因是市场将城投平台信用资质和当地政府的信用资质挂钩，实际风险敞口的主体边界不清晰，政府提供了“隐性担保”，导致平台风险低估。

第二，刚性兑付抑制了市场风险管理工具的发展，放缓了金融市场定价技术的发展。由于我国金融市场“刚性兑付”现象广泛存在，使过去投资者对于风险保护的意识极为薄弱，相应的各类风险对冲的衍生产品发展缓慢。而对于金融市场来说，衍生品又有着拓展风险定价边界、有效管理风险定价的重要作用，衍生品市场发展缓慢限制了我国金融市场价格发现能力，进一步导致定价有效性缺失。

第三，刚性兑付导致投资者行为非理性趋同，且投资者风险偏好无法区分，难以形成合理定价。金融市场的有效定价需要不同偏好投资者充分交易，不同风险等级的资产在充分流通的情况下获取公允定价。但在刚性兑付的市场，投资者因为可以享受到较低的风险和较高的回报，导致其难以识别自身的风险偏好，经常出现扎堆在低风险偏好甚至无风险资产的情况，一旦出现一些风险事件，投资者对于风险溢价的要求会呈现畸高现象。

三、实现金融市场的有效定价需克服三大挑战

实现金融市场的有效定价需要以打破刚性兑付为前提，弱化投资者隐性刚性兑付的意识，推动市场价格发现机制的不断优化，并完善机构投资者市场。

首先，要弱化投资者刚性兑付意识，促使其有效识别自身真实的风险偏好。无论是对于个人投资者还是机构投资者，从“刚性兑付”到“打破刚性兑付”都需要经历一段较长的过程，其中多有反复。一方面，需要坚持打破刚性兑付的转型目标不动摇；另一方面，要注意打破刚性兑付进行推进的节奏和力度。此外，在打破刚性兑付的同时也要进一步加强投资者保护，例如强化信息披露制度、健全债权人保护机制，完善违约债券的处置机制，减少投资者对违约的恐慌等。

其次，要推动以交易为核心的有效价格发现机制。有效定价是基于金融市场的充分交易，并借助衍生品市场完善其定价功能。未来应该通过完善金融衍生品等风险管理工具的功能和风险分担机制，提升市场价格发现功能。但是衍生品的发展需要一定的积累和实践，2018年以来我国市场重启信用违约互换工具的试点发行，或将成为衍生品进行信用定价的重要尝试。

最后，要进一步完善机构投资者队伍。机构投资者在发达金融市场扮演着重要角色，具有促进市场价格发现的功能。一方面，继续发展培育养老金、保险公司等中长期机构投资者，激励企业年金和个人商业养老保险等作为金融市场长期资金来源，发展多元化投资者队伍；另一方面，要持续扩大金融市场的对外开放，吸引全球长期资本进入我国金融市场，为市场定价发挥积极作用。

第五节　行业草莽式发展、机构“内功”修炼不够

一、行业过度依赖通道业务导致主动管理能力不足

尽管资产管理行业的快速发展强化了金融行业的资源配置功能，为实体经济提供了有益助力，但在缺少监管约束下的草莽发展时代也积累了一些结构性问题，其中最为突出的就是产品同质化竞争激烈、

过度依赖牌照资源、机构主动管理与风险管理等内功修炼不足，成为阻碍资产管理行业发展的掣肘。

迅速发展的资产管理机构出现分化，一些机构高度依赖通道业务、缺乏核心竞争力，面临生存压力。按照资管新规的要求，资产管理机构转型的重点在于比照净值化运营的需求，补齐能力短板。然而对于除公募基金外的大部分资产管理机构来说，信贷逻辑下资产的可靠性主要依赖于主体信用和抵质押物，资产管理机构主要关心信用风险，对于市场风险缺乏客观认知，投资决策流程的构建也存在不严密性，净值化转型过程中将会面临投研体系建立和完善的挑战。

一方面，部分资产管理机构没有专业的投研团队，经常依赖于通道业务和外包业务。通道模式一般为委托贷款通道模式、银信合作模式、银证合作模式和银证信合作模式等。通道业务通常会嵌套多层通道，模糊底层资产从而达到监管套利或者规避监管的目的。由于牌照优势和通道业务有足够的赚钱效应，因此资产管理机构经常对资产管理人员的价值认识不足，缺乏长期有效激励约束机制。资产管理业本质上是以智力资本为核心的行业，所以随着资产管理业爆发式增长，人才储备成为了关键问题，尤其是银行理财由于缺乏市场化的薪酬激励机制，引进人才比较困难。大量新设机构人才资源更加匮乏，人才储备不足、稳定性不强，不利于行业的核心竞争能力的提升。

另一方面，资产管理机构对平台建设、业务运营等方面重视不够。资产管理业既有产品创制、投后管理等前台业务工作，也有信息系统、技术系统、评价体系、支付托管等中后台工作。专业化体系的不健全、中后台服务的不发达，制约了部分资产管理机构专业化能力的提升，众多的中小资产管理机构成立后运营也比较困难。所以，资产管理行业需要提高以投研能力为核心的专业能力。

强化资产管理机构的主动管理能力、搭建全方位的新型投研体系需要多方面的投入。第一，在投研专业人才方面，需要逐步建立完善的市场化薪酬管理和激励机制，以良好的激励机制与薪酬待遇长期稳定住人才，其中既包括短期的业绩激励，也包括长期的类股权激励。第二，在营运管理方面，需要有专业化分工和模块化管理，实现团队成员专业能力的提升，梳理并优化业务和管理流程，提高工作效率。第三，在风险控制方面，可以设立风险准备金（仅用于弥补因金融机构违法违规、操作错误或者技术故障等给投资者造成的损失）、配备专业岗位、建立专门管理系统、管理制度及风险防治机制来提升风险控制能力，建立起适用于自身的投前尽调体系、信用筛选框架与数据库等。第四，在创新业务模式方面，一是充分利用基于移动互联网的交流平台；二是应用人工智能和大数据技术，构建开放、共享、高效的智能投研平台。

二、同质化竞争导致产品体系单一化

过去资金池产品作为资产管理行业最主流的产品模式之一，主导了部分资产管理机构的产品设计体系，造成了产品期限错配、分离定价的问题，机构过于依赖资金池模式，使产品创新能力受限。在资产管理业务中，通过滚动发行、集合运作、期限错配、分离定价等方式，资产管理机构将募集的低价、短期资金投放到长期的债权或股权项目，以寻求收益最大化。但是资金池的运作方式造成了产品结构不透明的问题。产品层层嵌套，易将杠杆效应不断放大，容易造成流动性风险的扩散。在资产端，也存在单一产品投资多类资产的投资组合模式，一些资产组合构成复杂且不透明。

尽管各资产管理机构都推出自己的资产管理产品，但涉及的投资组合通常差别不大，不论是在组合投资产品的选择方面，还是在组合期限选择等方面，都存在明显的扎堆现象。资产管理机构并没有根据客户的个性化需求提供服务，造成了资产管理产品严重的同质化。

在同质化严重的情况下，资产管理机构为了避免投资者的流失，主要通过提供高于其他机构的收益率的方式吸引投资者。目前市场现金管理类产品由于能够较好地吸收个人客户而大幅增长，此前的货币基金和现在银行的现金管理类产品成为最为主流的资产管理产品。而主动管理类产品的特色化差异不明显，被动型产品、另类型产品以及能够有效支持实体经济的金融产品创新发展缓慢。

随着对资管新规的认识不断深入和投资者教育不断推进，投资者的金融知识水平和风险意识也不断提高，将逐步树立起“自负盈亏”的投资理念。同时，对于金融机构发行和销售的资产管理产品，在有了客观自主的判断与认知后，投资者可能根据自身的风险偏好选择资产管理产品，投资者对于产品的个性化要求逐步加强。

因此，一是各机构对于客户尤其是高净值客户的争夺将会更为迫切，需要付出更高的综合成本。资产管理机构需要根据掌握的投资者信息及风险偏好对投资者进行分层，对资产管理产品进行分层定价，并给予一定的价格倾斜和利润让渡。二是产品的设计需要贴近监管要求和客户需求：一方面负债端的产品设计需要根据监管的要求进行变更；另一方面产品设计需要更贴近客户需求，特别是针对高净值客户的定制化应越来越强。三是要加强多元化的渠道建设：除了传统的线下网点销售平台，资产管理机构需要寻求与直销平台的合作，拓展行外的代销渠道。对于产品和销售方式的进一步追求，促进了产品体系的升级。

三、打破刚性兑付背景下风控体系重要性有待系统性提升

2014 年以来我国公募债券市场出现首例违约，公募债券市场刚性兑付被打破。在未来新的监管框架下，打破刚性兑付将在金融同业乃至个人投资者领域逐步展开。在资产管理行业转型过程中，各类风险事件多有发生，其中既包括债券违约等信用风险，也包括“萝卜章”等操作风险，还有市场波动所带来的风险事件暴露。与成熟的资产管

理机构相比，我国资产管理机构在风险管控和风险处置方面还存在一定的差距，特别是在经济放缓期间，提升资产管理机构的风险管理能力，搭建完善的风控体系对于行业转型至关重要。

部分资产管理机构缺乏健全的风控流程和有效的执行力度。内部控制是全面风险管理的重要组成部分，全面风险管理的“常态化”又是通过“内部控制”机制实现。目前建立风险管理框架并不完善，很大程度上无法为风险管理提供“基础”和“系统安排”。风险存在于资产管理业务的各个环节，要对项目的各个环节加强管理，构建全面的项目管理体系，对各环节存在的风险进行有效识别，强化风险防范意识，对风险进行实时监控、对重大风险进行预警，体现风险管理的内涵，真正做到防患于未然，使效益得到有效提高。

监管要求资产管理机构建立科学有效的风控体系，做好风险防范和处置工作。资管新规明确甚至重塑了管理人的风险和责任体系。一是公司治理和制度建设不再是“摆设”。资管新规明确要求，管理人应当审慎经营，应当制定科学合理的投资策略和风险管理制度，有效防范和控制风险。基于此，制度合理健全成为法定义务。如违反此项义务，可能使投资者认为损失与内部管理缺失之间存在因果关系，进而被要求承担赔偿责任。二是资产管理人法定职责逐渐清晰，违反法定职责的责任体系也将建立。资管新规明确了管理人的 11 项法定职责，特别强调违反受托管理职责，造成投资者损失的，应当依法承担赔偿责任。基于此，违反法定职责，内控不完善、制度不健全，还有可能导致民事赔偿责任。

资产管理机构搭建完善的风控框架需要克服四大挑战：一是要有清晰明确的风险偏好导向。由于金融市场业务的品种复杂，要能利用较为审慎的标准转换，避免过低的估计信用敞口；二是要建立权责分明、各司其职的治理架构。可以按照全面风险管理的理念和表内外风险相对独立的思路，建立不同风控防线，各部门相互协调防范风险；三是要有清晰的流程管理。在实际操作中，流程管理应该按照识别评估、审批执行、指标监控、检查报告四个步骤形成闭环管理；四是要强化风险管理技术。金融市场风险管理技术由系统、数据、计量模型工具、组合管理和资产配置五个部分组成，是金融市场业务风险管理的基础和支撑。

第六节 过渡期平稳转型发展存在挑战

资产管理行业转型发展的重点之一在于银行理财产品的转型，具体来看，存量产品的整改压降与新发产品的有序接替是目前机构转型面临的较为急迫问题。

一、存量老产品和老资产需要有序处置

资管新规对资产管理产品提出了诸多整改要求，主要包括：按照产品类型统一监管标准；从募集方式和投资性质两个维度对资产管理产品进行分类；分别统一投资范围、杠杆约束、信息披露等要求；明确资产管理业务需要打破刚性兑付、不得承诺保本保收益；严格非标准化债权类资产投资要求，禁止资金池，防范影子银行风险和流动性风险；分类统一负债和分级杠杆要求，消除多层嵌套，抑制通道业务；加强监管协调，强化宏观审慎管理和功能监管。

根据新的监管要求，许多过去的老产品需要进行整改。但由于老产品涉及的种类繁多、期限复杂、规模较大，且每种产品都有其自身的特征，要完全实施整改，还存在一定的难度。问题主要表现在两个方面：一是期限错配的存量产品消化需要时间；二是新产品发行困难，在此情况下，老产品规模不能够立即减少，否则容易造成资产管理行业的剧烈波动，继而影响实体经济的正常融资。

期限错配的存量产品消化需要时间。过去大量存量产品的运作机

制是通过滚动发行、集合运作、期限错配、分离定价等方式，将募集的低价、短期资金投放到长期的债权或股权项目，以寻求收益最大化；到期能否兑付主要依赖于产品能否不断发行。一旦难以募集到新的后续资金，可能会产生流动性紧张问题，并通过杠杆效应不断放大，容易造成流动性风险的扩散。因此，产品之间的风险存在联动性，系统性风险易扩大至整个市场。在进行整改的过程中，需要结合产品的具体期限和要求进行压降，产品的完全消化仍需一段时间。

老产品规模压降需要过渡期，新产品发行困难。虽然自资管新规出台以来，主要的各类资产管理产品，包括银行理财、券商资产管理、信托等规模均有所下降，但考虑到其本身基数较大，且各个产品的结构属性存在差别，因此老产品的消化普遍存在进度不理想的情况。同时，由于资管新规中部分新的要求与投资者形成的传统投资观念之间存在一定冲突，所以目前投资者要理解新规并接受新产品还存在较大困难。

随着资管新规的出台，新的监管要求的提出，各机构主体都在根据自身的情况结合监管要求进行整改。其中涉及的市场主体、产品种类较多，在整改转型过程中存在不同的难点。

以银行理财为例，老产品压降的核心是老资产的压降，从银行机构反馈来看老资产压降主要通过五条路径：一是资产自然到期，适用于资产到期日早于2020年底的老资产；二是融资客户提前还款，适用于资产到期日晚于2020年底的老资产；三是非标转标，通过资产证券化等方式转化为标准资产；四是回表，由母行自营资金来承接；五是打包和单发，即发行新产品来承接老资产。

但是目前老产品压降速度不达预期。从过去一年银行机构的实践情况来看，以上五种压降方式均存在一定障碍，资产自然到期仅适用部分资产，融资客户提前还款存在与客户协商的难题，非标转标政策尚不明朗，回表存在资本消耗过高等障碍，打包和单发面临新产品发行困难等。目前过渡期已过去近二分之一，但非标类资产压降速度仍然较慢，这导致了现实中采用续发老产品来对接老资产这种形式广泛存在。由于存量资产的压降顺序大致遵循先易后难原则，在过渡期的后半段老产品压降难度可能会加大。

老产品压降缓慢的另一个原因是资产管理机构之间存在一定的观望和博弈。经过反复沟通，目前市场各方已经对保持资管新规政策定力不变形成了共识，打破刚性兑付、限制非标期限错配、减少多层嵌套等核心原则不能变。但是，银行等资产管理机构之间还存在相互观望的态度，各家机构都不愿意主动、率先降低老产品的收益率和压降老产品的规模，担心压降速度太快会影响公司的存量客户及市场份额。

二、新产品的发行面临较大压力

当前以银行理财为基础的资产管理机构在新产品发行上面临较大压力，这具体表现为：

从发行规模来看，各家商业银行积极探索转型，符合新规的净值型产品已有一定比例。但新产品发展速度较为缓慢，当前部分具有代表性的大型商业银行净值型产品占比在20%左右，新产品的规模占比明显偏低。

从投向来看，新产品过度依赖类货币基金产品，资金主要投向金融债。在新老产品并行期，老产品由于风险低、收益率高更受投资者欢迎；在风险等级相同的情况下，新产品由于存在净值波动，投资者对新产品要求更高的收益补偿，这使新产品市场难以打开。目前发行的新产品以固定收益类产品为主，占比约80%；权益类产品发行较为困难，一方面由于理财客户风险偏好较低，另一方面由于过往银行在权益类投资尤其是二级市场投资涉及较少，市场对银行机构能否做好股票投资存在疑问。

从期限来看，目前银行理财投资者对一年以内的产品接受度较高，一年期以上的产品接受度较低，因此长期限产品的发行较为困难。在中国还未形成较大规模的长期投资者队伍的情况下，短期内长期限产品难以快速发展起来。

引致新产品发行困难的主要原因有以下几方面：

一是市场机构担心债券市场环境变化可能对新产品发行施压。稳定的外部市场环境是银行理财业务转型的重要基础，银行机构预计未来新产品发行面临的外部市场环境不确定性较大。受益于货币政策和债券市场走牛行情，在过渡期第一年里，货币基金类和债券类新产品发行比较顺利，市场环境给理财业务提供了良好的转型契机。但是由于目前债券市场收益率已处在历史相对低位，符合银行理财客户特征的新产品发行舒适区已经过去，未来新产品发行将面临更大的不确定性。另外，随着新产品规模的增加，一旦市场出现较大波动，银行理财客户能否经受住净值波动的考验仍需要观察；目前银行的现金管理类产品仍然使用摊余成本法，如果估值出现负偏离较大，公告之后客户是否会大量赎回，从而产生流动性风险，也是银行机构的一大担忧。

二是相关配套或操作细则不明朗可能产生合规风险。执行层面的部分政策细节不清晰将会影响理财业务转型进程和资管新规落地效果，并产生二次整改风险。各家银行机构反馈当前合规成本较大，如果遇到政策不明朗的地方，可能会影响金融机构相关业务开展。如果政策执行尺度由当地监管派出机构把握，又会导致各地区和各银行之间执行标准不统一。此外，非标转标政策尚不明确，目前相关业务开展受到了一定影响。由于标准化资产认定标准的细则文件至今尚未出台，具体哪些资产会纳入标准类债权资产至今仍未明确，这也导致银行在过去一年里很多业务无法顺利开展。

三是银行客户的流失以及对实体经济的冲击。当前我国理财投资主要以个人投资者为主，投资者成熟度相对不高，如果转型过快，不顾及客户情况，则商业银行的理财投资者会大量流失。大量的银行理财客户平均可投资金融资产不高，且单个产品募集对象不能超过200人，因此理财产品投向股权类资产、非标资产的资金规模受限。银行理财业务转型必须要兼顾满足实体企业客户的融资需求。在老产品的压降方面，针对期限较长的非标资产，如果要求客户提前还款，不仅协商困难，还可能对实体经济的发展造成不利影响：部分项目还处于建设期，如果此时银行要求客户提前还款，一旦客户没有找到其他资金来续接，那么有可能会引致客户资金链断裂，进而引发一系列连带风险。

四是银行看重业绩的考核机制等现实情况对转型构成约束。从商业银行的业务结构出发，理财业务只是商业银行的业务条线之一，理财业务转型在整个银行机构内部受到多重约束，首当其冲的便是资产管理部门仍面临行内较大的考核压力，包括规模、客户、收入等，由于新产品的利润率相对较低、客户接受度较低、转型节奏太快等因素，不利于资产管理部门完成行内考核。除此之外，银行理财业务转型还面临机构自身的一些其他约束。第一，银行理财产品的定位发展仍然处在探索阶段，是以现金管理类产品、非标产品、定开产品来实现与公募基金的差异化竞争，还是加大投入向公募基金趋同，目前商业银行内部还没有达成共识；第二，过去粗放式经营导致了权益投资业务在运营能力、管理团队方面的欠缺，短期内无法适应转型的需要；第三，转型遇到行内政策或者其他政策的约束，比如存量资产回表时，会遇到历史发放的资产回表不符合现行政策、表内投资政策比表外更严格、股权类投资有禁止性条款、资本消耗过高等多重障碍。

第三章　境外资产管理行业的发展经验[①]

20 世纪 70 年代以来，全球资产管理行业经历了从萌芽到快速发展的阶段，以美国、英国、日本等为代表的部分发达国家在资产管理行业的发展中不断探索，形成了相对完善的监管体系、高效的行业制度以及多样化的产品和机构体系，这能为境内资产管理行业的发展提供较好的经验借鉴和参考。就整体而言，相对宽松的货币环境、资本市场的大发展、保险养老金等中长期资金的形成、开放的市场环境以及相对完善的监管法规体系是推进境外资产管理行业持续健康发展的重要因素。

第一节　美国：强大的保险和资本市场助推资产管理行业发展

一、发展历程：五阶段逐步完善行业法规体系

美国资产管理业务起源于 20 世纪 30 年代的大萧条时期，股市暴跌激发了人们对资产管理的需求，最初是由保险公司以推销保险为目的，满足当时人们对于财产保障的需求所发起的资产投资规划、咨询

① 本章执笔人：申万宏源蒋健蓉、袁宇泽、谢云霞。

等服务。此后随着全球金融体制变化、科学技术进步和资本市场发展，社会财富快速积累，公众对资产保值、增值和规避高额征税的需求强烈，加之金融机构追逐高利润的强劲动力，直接助推了资产管理业务的快速发展。

总体来看，美国资产管理行业经历了以下五个发展阶段（见图2）：

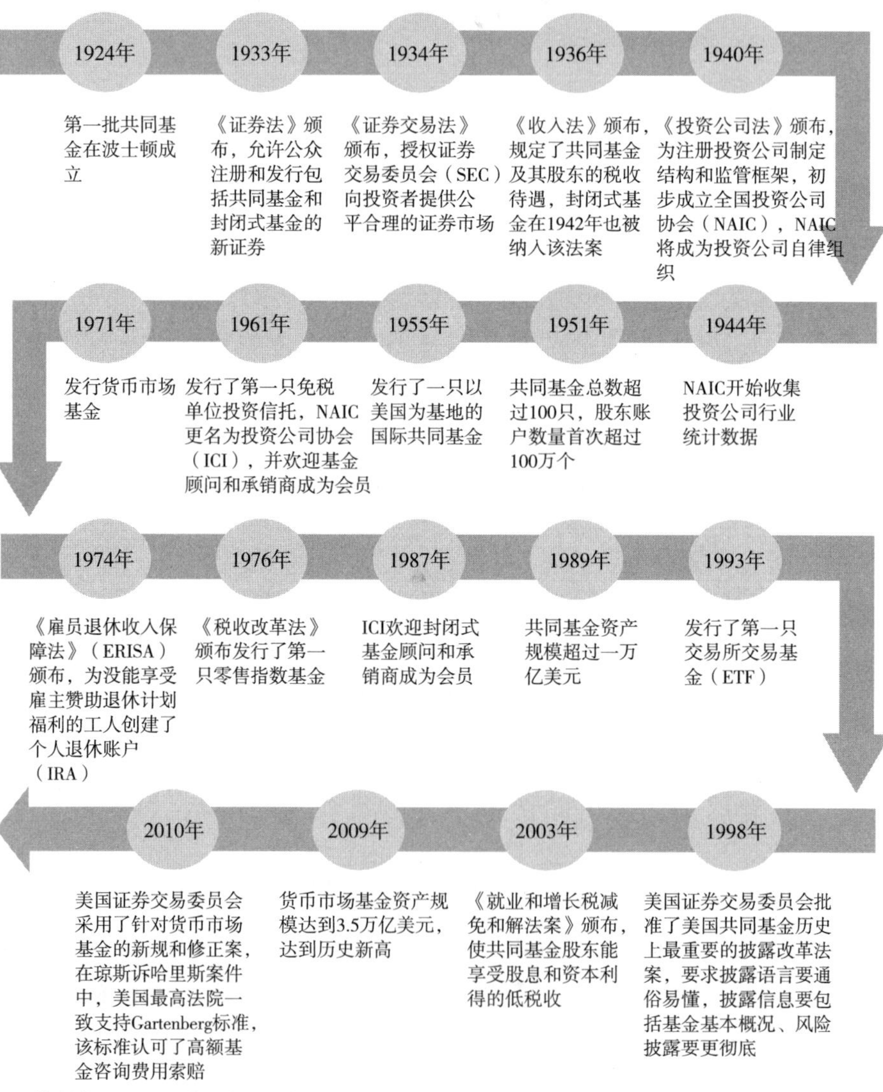

资料来源：ICI，申万宏源研究。

图2 美国资产管理行业重大事件发展历程

第一阶段，“大萧条”之前美国资产管理行业开始萌芽。美国资产管理业务发展历史悠久，真正意义上的投资公司诞生于 1924 年的波士顿，随后几年投资公司数量迅速增长；直至 20 世纪 30 年代末的“大萧条”，投资公司在此次危机中也受到严重冲击。

第二阶段，“大萧条”后至 20 世纪 60 年代，资产管理行业迎来规范发展阶段。1929 年美国经济危机的爆发使美国无监管的混业经营弊端开始显露，1933 年《格拉斯—斯蒂格尔法案》将商业银行业务、投资银行业务严格地划分开，各机构专注自身领域，不得混业经营。1933 年出台的《证券法》规范了共同基金和封闭式基金的注册和发行。1934 年美国颁布《证券交易法》，同时授权美国证券交易委员会（SEC）负责美国证券的监督和管理工作。此外，1940 年颁布《投资顾问法》，和《投资公司法》，分别对投资咨询和投资基金两个行业进行了规范。在这一阶段主要由商业银行、投资银行主导美国资产管理行业。战后美国经济持续发展和金融复苏带来了旺盛的投融资双方的金融服务需求，加剧了金融市场存贷款等传统业务的竞争。鉴于此，商业银行、投资银行开始引入理财服务，并将其逐步发展为一项常规业务。但由于受到当时法律制度和市场环境的限制，在这期间美国银行等金融机构的理财服务品种较单一，主要局限于简单的资金委托代理、咨询顾问等。银行表外业务规模较小，处于欠发展状况。

第三阶段，20 世纪 70 年代至 90 年代美国资产管理行业飞速发展。经历了 20 世纪 70 年代两次石油危机后，低增长、高通胀的“滞胀”时期到来，尤其是 1973 年布雷顿森林体系瓦解后，全球主要货币汇率风险扩大，股市长期低迷，大宗商品价格持续飙升，客户投资理财需求迅速扩大。此外，美国于 1971 年开始利率市场化改革后，各类投资工具、衍生产品等金融创新层出不穷。这给金融机构带来了全新的多元化金融交易产品和投资方式。美国资产管理行业在这一阶段快速发展，90 年代后资产管理成为金融服务业中成长最快的领域。1960 年美国共同基金净资产仅150亿美元，基金数量仅161只；而发展至1989年，美国共同基金净资产达9 807亿美元，基金数量达2 935只，在这30年间两者分别增长了64倍和17倍。

第四阶段，金融管制放松之后美国资产管理行业继续壮大。1987年，美国对《格拉斯—斯蒂格尔法案》进行了修正，允许银行持股公司、子公司从事一定比例的投资银行业务，金融混业经营放松管制。1999年美国国会通过了《金融服务现代化法案》，从法律上消除了银行、证券、保险机构不能有直接或间接股份从属关系的边界，金融混业经营全面开放。资本市场参与主体日趋丰富、交易更为活跃，各类投资工具和衍生产品交易规模迅速扩大，跨界、跨业经营下资产管理业务的组合方式、投资对象、风险承担和利益分配模式也更加多样化。美国的商业银行、投行、保险、投资公司等机构都可以利用基金、股票、保险、债券等各种金融工具为客户提供综合化、“一揽子”金融服务，资产管理业务由此进入了大众化飞速发展阶段。

第五阶段，金融危机之后监管加强，资产管理行业平稳发展。2007年美国爆发次贷危机，随后席卷全球，逐渐演变为国际性的金融危机。为了解决这次金融危机暴露出来的问题，2010年，奥巴马政府正式出台《多德—弗兰克法案》，开启美国金融监管的新时代。该法案填补了衍生品、对冲基金、私募股权基金等领域的监管空白，要求资产规模超过1 000亿美元的对冲基金、私募股权基金以及其他投资顾问机构必须在SEC注册，纳入1940年《投资公司法》和《投资顾问法》监管体系，资产管理行业监管逐步强化。

二、行业特征：规模最大，独立理财顾问主导，配置均衡

（一）美国资产管理行业规模全球最大

美国是全球资产管理规模最大的市场。在美国，投资管理在法律

上是一种信托关系。根据美国1940年《投资顾问法》定义，以获取报酬为目的，提供投资建议的主体必须在美国证监会注册成为注册投资顾问。因此，美国资产管理行业规模的统计口径与美国投资顾问业务一致。根据美国投资顾问协会（Investment Adviser Association）年报，截至2018年末，美国资产管理行业总AUM达82.5万亿美元。同时，美国拥有大批巨型资产管理机构。根据欧洲投资与养老基金（Investment & Pensions Europe）数据，截至2017年底，全球最大400家资产管理机构的资产管理规模合计65.7万亿欧元（约合77.6万亿美元，统计口径为资产管理机构的全球AUM）。其中，美国规模处于绝对领先地位，在全球前400强资产管理机构中上榜153家，资产管理规模合计44.1万亿欧元（约合52.1万亿美元），占比67.1%；全球前20大资产管理机构中上榜16家且AUM占比高达87.1%。

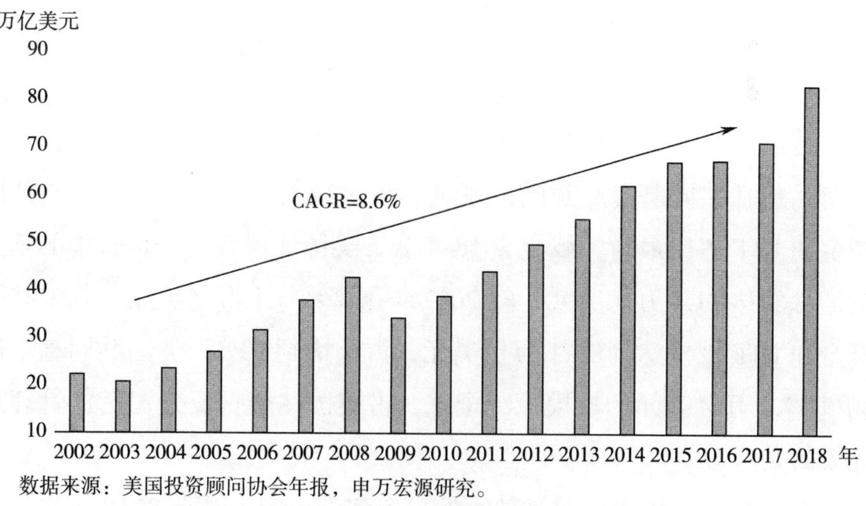

数据来源：美国投资顾问协会年报，申万宏源研究。

图3 美国资产管理行业规模

（二）投资公司和私募基金构成了美国主流投资机构格局

按资产管理规模来看，美国资产管理行业规模最大类别是投资公司和私募基金。截至2018年，在行业总AUM 82.5万亿美元的管理资产中，13% 属于个人客户，其中超过一半来自高净值客户；投资公司和私募基金分别占比 37% 和 26%，是客户结构中最大的两个部分。养老基金、保险公司、州和地方政府、银行也是重要的构成部分（见图 4）。

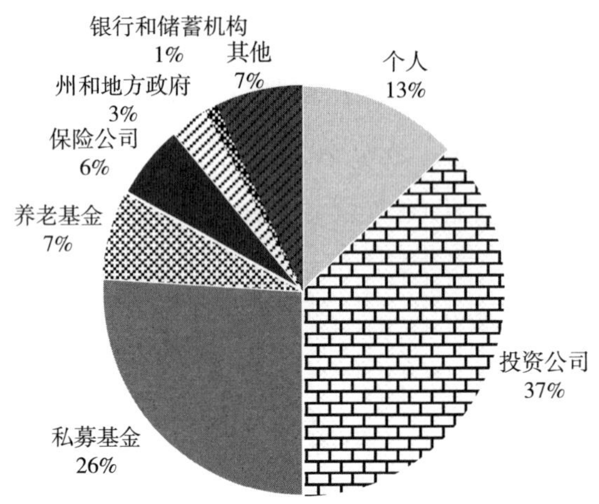

资料来源：美国投资顾问协会年报，申万宏源研究。

图 4　美国资产管理行业客户结构（按资产规模划分）

美国注册投资公司是美国资产管理行业的重要组成部分。投资公司产品包括共同基金、封闭式基金、单位投资信托和 ETF，其中共同基金和 ETF 占比最高。截至 2018 年底，美国注册投资公司管理的基金资产总额达 21.4 万亿美元，较 2017 年下降约 1.1 万亿美元。其中共同基金和 ETF 规模达到 21.1 万亿美元，占比达到 99%。美国共同基金市场以 17.7 万亿美元的规模冠绝全球，占美国注册投资公司资产管理总规模的 83%。

美国超八成投资公司是独立的投资咨询公司。截至 2018 年底，全部基金管理主体（fund complexes）中，81% 为独立的基金投资顾问，管理着 70% 的基金资产。除独立基金投顾机构外，其他管理主体还包括海外基金投资顾问、保险公司、银行、储蓄机构和证券经纪公司（见图 5）。

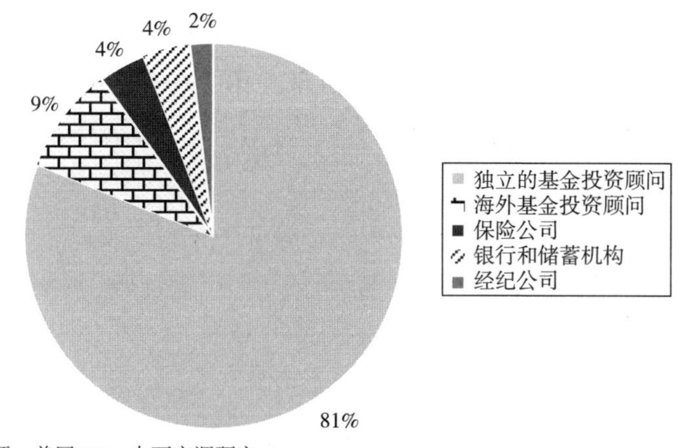

资料来源：美国 ICI，申万宏源研究。

图 5　2018 年美国各类基金管理主体占比

私募基金行业是美国资产管理行业第二大组成部分。基金中的基金（FOF）是美国私募基金的重要资金来源。从投资者构成来看，首先是母基金为最大的私募基金投资者，占比 18%；其次是地方政府养老金计划，占比 14%；最后为其他养老金计划、美国居民等。管理规模最大的私募基金类型是对冲基金；基金数量最多的类型是私募股权基金。截至 2018 年末，美国私募股权基金共有 13 890 只，占比 38.5%；其次是对冲基金，共有 11 430 只，占比 31.7%。

（三）美国资产管理行业资产配置结构：股票、债券和票据均衡

投资公司持有的股票、债券、商业票据份额较大且稳定。截至 2018 年末，投资公司持有全部上市公司 30% 的流通股份，与 2015 年的 31% 相比略有下降。2018 年末投资公司持有的国内公司债券及海外债券占比 20%。此外，投资公司还持有 13% 的美国国债和政府机构证券，该比例自 2016 年至今基本保持不变。2015—2016 年共同基金持有的商业票据份额由 40% 下降到 19%，2017 年末该比例回升至 25%，2018 年末小幅下降至 24%（见图 6）。这是由于共同基金对商业票据

的需求主要源于主流货币市场基金（Prime Money Market Funds），主流货币市场基金为了适应 2014 年颁布并于 2016 年 10 月开始全面实施的 SEC 法规，大幅度减少对商业票据的持仓，导致资产规模减少了 70%（约 9 000 亿美元）。

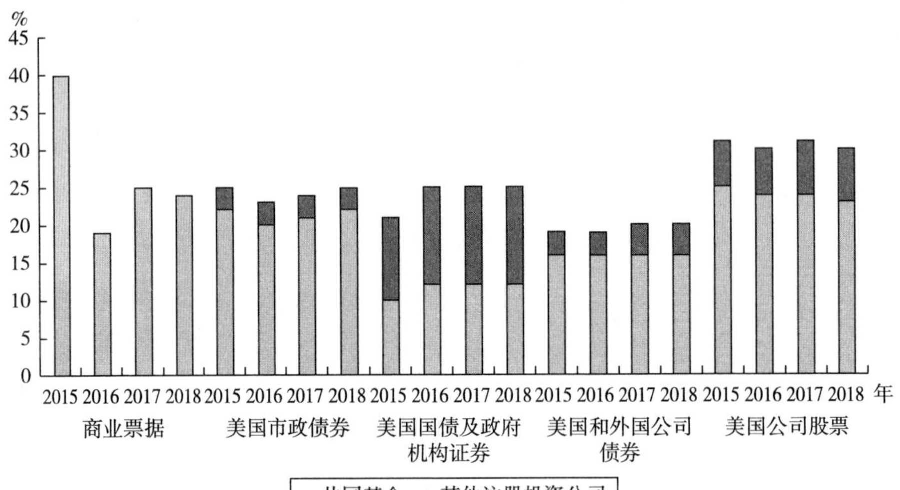

数据来源：美国 ICI，申万宏源研究。

图 6　2015—2018 年投资公司所持资产占证券市场比重

（四）美国资产管理行业集中度高，产业链分工细致

截至 2017 年末，美国排名前 20 的资产管理机构，母公司性质是独立资管的共 11 家，并且排名第一和第二的贝莱德集团和领航集团两家独立资管的 AUM 总额远远领先第三名银行系资管的道富基金。此外，银行系资管上榜 5 家，投行系、保险系均为 2 家（见表 3）。

表 3　美国前 20 大资产管理机构 AUM

单位：十亿美元

排名	资管机构	AUM	母公司	母公司性质
1	BlackRock Inc.	6 288	BlackRock Inc.	投资管理公司
2	Vanguard Group Inc.	4 900	Vanguard Group Inc.	投资管理公司

续表

排名	资管机构	AUM	母公司	母公司性质
3	State Street Global Advisors	2 800	State Street Corp.	银行系
4	Fidelity Investments	2 448	Fidelity Management & Research LLC	投资管理公司
5	J.P. Morgan Asset Mgmt	1 900	J.P.Morgan Chase & Company	银行系
6	BNY Mellon Asset Mgmt	1 800	Bank of New York Mellon Corp.	银行系
7	PIMCO	1 690	Allianz Asset Management	保险系
8	Capital Group	1 600	Capital Group Companies.Inc.	投资管理公司
9	Prudential Asset Mgmt	1 366	Prudential Financial Inc.	保险系
10	Morgan Stanley	1 300	Morgan Stanley	投行系
11	Goldman Sachs Asset Mgmt	1 128	The Goldman Sachs Group Inc.	投行系
12	Northern Trust Asset Mgmt	1 100	Northern Trust Corp.	银行系
13	Wellington Mgmt	1 021	Wellington Management Company LLP	投资管理公司
14	Nuveen	948	Nuveen	投资管理公司
15	T.Rowe Price	948	T.Rowe Price Group	投资管理公司
16	Bank of America	946.8	Bank of America	银行系
17	TIAA-CREF	938	TIAA-CREF	投资管理公司
18	Invesco	917.5	Invesco Ltd	投资管理公司
19	Affiliated Managers Group	803.7	Affiliated Managers Group Inc.	投资管理公司
20	Legg Mason Capital Mgmt	754.4	Legg Mason，Inc.	投资管理公司

数据来源：BCG 研究，申万宏源研究。

美国资产管理行业呈现出集中度逐渐走高的趋势。2005—2017 年规模最大的 5 家基金公司管理的资产比例由 36% 上升到 50%，而规模排名前 10 位的基金公司管理的资产比例由 47% 上升到 60%，规模排名前 25 位的基金公司管理的资产比例由 69% 上升到 77%，行业集中度持续提升。美国资产管理行业的专业化分工细化使得市场呈现出差异化战略定位、特色化发展、专业化运作的特征，并形成大、中、小型资产管理机构特色化发展、差异化并存、功能性互补的机构形态。其中，全能资管、精品资管、财富资管、服务专家四类资产管理机构成为市场中的主力军。

一是全能资管，这一模式最大的特点就是全能、全面。具体来看，体现在以下几个方面：规模领先，往往在几个专长领域特别领先；价值链覆盖比较广泛，从资产获取、产品设计、投资管理到分销和服务，往往都有所涉猎；均衡，体现在不同资产大类间、不同分销渠道间、不同地域间的配置均衡。这一模式的典型代表包括贝莱德（BlackRock）、富达（Fidelity）等。

二是精品资管，与全能资产管理机构不同，精品资产管理机构的核心特征是聚焦，往往在特定的产品甚至行业有专长。精品资管模式成功的关键就在于卓越的投资能力和专业的客户服务。首先是卓越的投资能力，体现为通过长期专注于特定行业或资产类别所积累的前瞻性行业洞察、标的企业合作网络以及所衍生的稀缺资产获取能力和完善的投后管理体系。其次是专业的客户服务能力，主要体现为通过长期服务特定类型的客户所积累的定制化产品开发设计能力，从而可向潜在客户提供独特的价值主张。

三是财富管理，财富管理型资产管理机构指直接面向客户提供资产配置和财富管理综合服务的机构，通常以服务个人客户为主，借助对客户的深入理解，能够实现客户需求与资产配置建议的精准匹配。美林证券（Merrill Lynch）是财富管理的典型代表，其成功得益于三大关键要素：精准的客户定位、以投资顾问为核心的高质量的客户服务体系和综合金融服务能力。

四是服务专家，服务专家主要指专门为资产管理机构提供资产托管、清算、运营等服务的模式。严格意义上的服务专家本身并不能算是资产管理模式的一种，之所以把这种模式也纳入其中，主要是因为其强大的资产服务能力往往有助于建立一系列独特的优势，并对资产管理业务起到反向促进作用。北方信托（Northern Trust）是这一模式的典型代表。对于在托管、清算、运营等领域内具备较强业务基础的银行和信托公司来说，服务专家模式可能是差异化的另一种路径。这一模式的成功主要取决于两大要素：第一，先进的IT系统和高效率的运营体系；第二，迅速建立规模。

三、法律体系及监管：两大法律，双重监管

（一）《投资公司法》和《投资顾问法》为资产管理行业核心法律体系

1940年《投资公司法》和《投资顾问法》是从保护投资者利益的角度出发，针对资产管理行业内在的利益冲突症结构建的以受托责任为核心的监管体系（见图7）。

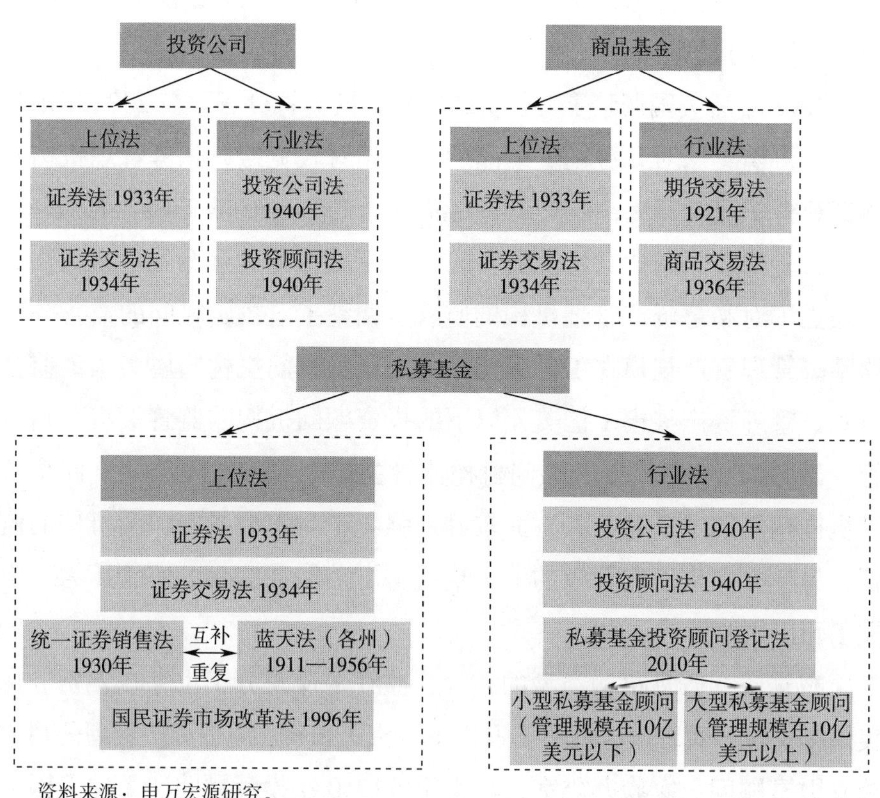

资料来源：申万宏源研究。

图7　美国资产管理行业的核心法律体系架构

（二）美国资产管理行业实行产品和机构的双重监管

美国资产管理行业的监管以产品监管为主。美国证监会是公开募集资产管理产品的监管者，开放式基金、封闭式基金、交易所交易基金（ETF）及单位投资信托（Unit Investment Trust）四种类型的公募基金均以投资公司（Investment Company）为法律架构，对应的投资公司按照《1940年投资公司法》实行监管，对应的投资顾问按《1940年投资顾问法》向美国证监会注册。除了上述四类公募基金外，美国还存在两种公募性质的集合投资产品：公开募集的商品基金（Commodity Pools）以及银行发行的集合投资基金（Collective Investment Fund）。前者受到美国证监会和美国商品期货交易委员会（CFTC）的双重监管，而后者接受美国货币监理署（OCC，Office of the Comptroller of the Currency）的监管。

2008年后美国调整了对投资顾问机构的监管分工。在2008年国际金融危机前美国对私募基金产品的监管相对较宽松，私募管理机构基本都获得了注册豁免，但登记为商品基金（Commodity Pool）的私募基金一直受到美国期货交易委员会的监管。2008年国际金融危机后，美国加强了对私募资产管理机构的监管，调整了对投资顾问的监管分工体系。管理资产规模在1亿美元以上的投资顾问机构归属美国证监会监管，管理资产规模1亿美元以下的投资顾问机构的监管下沉至州监管，当时约4 000家投资顾问机构监管主体由SEC改变为州。此次监管机构范围的重新划分一方面较好地强化了对大型投资顾问机构的监管；另一方面借助监管权的下沉也缓解了美国证监会的监管压力，激发了州层级监管的活力。

根据资产管理机构类型的差异，监管主体及分工也存在差别。在美国提供资产管理服务的主要有以下三大类机构：一是资产管理公司、独立财富顾问、家族办公室，其遵循《1940年投资顾问法》向美国证监会注册，申请相关的业务资质并对资产管理规模、产品策略及投资者适当性等做详细信息披露，美国证监会是其最主要的监管主体；二是私人银行，开展财富管理业务的主体是银行或银行控股公司（Bank Holding Company），银行或银行控股公司是《1940年投资顾问法》豁免的一类机构，因此此类机构无须向美国证监会注册，但银行受到美联储或州银行监管机构、美国货币监理署（OCC）的共同监管；三是大型券商、中小型独立券商等机构，其在美国证监会注册为Broker-Dealer，Broker-Dealer也是《1940年投资顾问法》豁免的一类机构，因此其无须向美国证监会注册，但从业人员受美国金融业监管局的相应监管。大型券商和中小型独立券商受到美国证监会和美国金融业监管局（FINRA）的双重监管。

四、发展启示：养老金、资本市场和完善的法规是三大基石

立法与监管逻辑具有重要意义。在美国资产管理行业发展初期，《1940年投资顾问法》和《1940年投资公司法》相继出台，明确了资产管理行业的监管逻辑、监管主体及其职责。以业务监管为核心，并不针对各类金融机构分别制定资产管理业务监管标准。规定在美国从事资产管理业务的投资银行、商业银行、保险公司、基金公司等各类持牌金融机构，统一由美国证监会（SEC）监管，这可以避免形成跨监管领域套利，从而培育了长期健康的资产管理行业。

利率市场化让资产管理进入快速发展轨道。20世纪70年代前的美国，Regulation Q条例规定禁止联邦储备体系成员银行对活期存款支付利息，且对定期利率规定了上限。利率市场化深刻地改变了市场主体的投融资行为。在完成市场利率化之后，美国居民的投资越来越多地从存款转向金融市场，极大地促进了美国资产管理行业的发展。自20世纪80年代中期开始，美国居民存款和房屋占资产的比重明显下降，投资越来越多地从存款转向金融市场。美国居民和非营利性机构部门金融资产中通货和存款占比从1986年的22%降至2018年的13%。

养老金制度改革推动资产管理行业发展。1974 年美国《雇员退休收入保障法案》和 1978 年《国内税收法》第 401 条 K 项条款的颁布，带来了美国人的退休革命。这两个法案形成了个人退休账户 IRA 和 401（K）计划。401（K）计划账户由雇主为雇员专门设立，但归雇员所有，由雇员自主决定投资决策并承担投资风险；而 IRA 账户由参与者自己创立并自行管理，户主根据自己的具体情况和投资偏好进行投资管理。在这种情况下投资管理服务的需求急剧增长，强有力地推动了美国资产管理行业的发展。此外，根据 1978 年美国《税收法案》和 1981 年《经济复苏和税收法案》，401（K）账户和 IRA 账户享受多种税收优惠。一是年费不缴纳个人所得税，退休后支取时再纳税。二是免征账户内的存款利息、股息和投资收益所得税。这促进了 401（K）和 IRA 计划的持续快速发展，推动了美国基金业的跨越式增长。截至 2018 年底，IRA 账户的资产总额达到 8.8 万亿美元，占美国养老金总资产的 32%。其中，IRA 资产的 45% 投向了共同基金（约 4 万亿美元），比 2017 年底减少了 0.3 万亿美元。其他资产种类在 IRA 资产中占比 43%（包括 ETF、封闭式基金、股票和债券，以及在经纪账户下以共同基金以外的形式持有的其他证券），截至 2018 年底共计 3.8 万亿美元。

截至 2018 年底，401（K）计划的资产规模达 5.3 万亿美元，在雇主发起式 DC 计划中占有最大市场份额。平均而言，与年长的参与人相比，年轻的参与者在其投资组合中配置的权益资产更多。根据美国投资公司协会和职工福利研究院（EBRI）调查 2016 年底的数据显示，平均而言，20~29 岁的参与者在 401（K）计划资产中，约 80% 的比例投向了权益品种；而 60~69 岁的参与者在其 401（K）计划中所投资的权益类资产占比约为 55%。其中，20~29 岁的参与者 29% 的 401（K）计划资产投向了股票基金，48% 投向了目标日期基金，8% 投向了目标日期基金之外的平衡型基金，4% 投向了公司股票。相比之下，年长的参与者在固定收益类品种上的头寸更大（见图 8）。

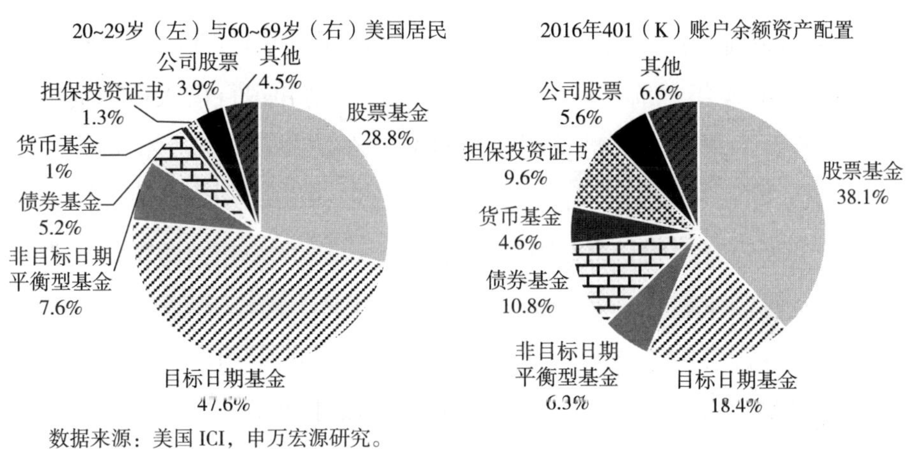

数据来源：美国 ICI，申万宏源研究。

图 8　20~29 岁（左）与 60~69 岁（右）美国居民 2016 年 401（K）账户余额资产配置

资产管理行业的发展离不开资本市场。稳健、完善、理性的资本市场是资产管理业务发展的前提，美国的资产管理产品创新层出不穷就是基于其发达成熟的资本市场。完善的风险定价体系、合理的市场化机制以及 SEC 的有效监管，使投资者、资本市场与融资方之间形成了一个正反馈的闭环，即稳定、理性、不断增加的资金让资本市场保持长期繁荣向上；长期繁荣的市场让企业的融资渠道畅通；融资企业通过回馈投资者让更多的资金愿意投向市场。

第二节　英国：完善的监管体系助推资产管理行业发展

一、发展历程：金融大爆炸推进资产管理行业高速发展

英国的资产管理行业历史悠久，自从 19 世纪末期资产管理正式成

为一个单独的金融服务种类以来，经过 100 多年的发展，英国资产管理行业积累了丰富的运营经验。

18 世纪前，债权类金融产品的发展为资产管理行业的发展奠定了基础。在 1694 年之前，英国政府通过向大公司和银行借入短期资金或者增加税收的形式来筹措资金。1694 年，英国央行英格兰银行发行了一款类似于现在的国债的产品，以 8% 的年利率向社会大众筹措长期资金，英国政府结构化借贷开始起步。到了 18 世纪初，海军建设带来的政府融资需求较大，英国政府开始大量发行国债，促进了规范有序的政府债券市场的形成，也使英国和欧洲其他国家相比具有了市场结构上的优势。1752 年，英国政府发行了世界上首只永续债 Consol，这一具有债股两重性的产品给投资者提供了一种无风险资产，为其进入资产管理领域奠定了基础。

19 世纪，股权市场的兴起催生了诸多从银行和保险公司独立出来的专业投资公司。一方面，在整个 19 世纪，工业化和大英帝国的崛起使英国人变得愈发富有，经济的发展使新涌现的大批中产阶级有着富余的资金去进行投资。另一方面，1815 年以来，英国政府债券的收益率逐年下降，周期性的银行倒闭潮使民众的信任度降低，因此专业的独立资产管理公司成为吸收公众投资的主要渠道。19 世纪末，资产管理在英国正式成为一种独立的金融服务，资产管理机构通过承担风险来寻求长期的高回报率，同时开始向国际市场进行投资。

20 世纪上半叶，投资理念的丰富及客户群体的拓展推进行业发展。20 世纪初第一次世界大战过后，英国的资产管理行业逐步迈向现代化。投资者逐渐意识到，股权投资会获得长期的超额回报，同时，投资中小盘股、高分红股和其他“价值型”股票产生的其他风险溢价使反向投资策略也开始逐渐被应用。投资理念的丰富对英国资产管理行业的现代化进程起到了很大的推动作用，有很多理论至今还被基金公司所应用。1929 年的美国经济危机也使英国资产管理行业产生了诸多创新。当时在美国，投资公司的不规范经营使投资者丧失了对投资公司的信心，转而寻求自由裁量权更受限制的共同基金，以避免资金被公司滥用。共同基金的经营模式随后传入英国，被称为单位信托基金，以期为更多的顾客提供投资服务。但是和共同基金在美国的迅猛发展不同，从业者的不端行为、监管的缺失和第二次世界大战严重限制了单位信托基金在英国的发展，直到 20 世纪 60 年代初，单位信托基金才在英国全面建立起来。在客户端，养老基金在 20 世纪初也发展迅速。起初它们和 19 世纪的保险公司一样，仅仅希望靠债权市场投资获取固定收益来覆盖其对于养老基金持有者的债务。1950 年之后，养老基金意识到，由于存在通货膨胀，股权投资比债券投资能获得更多的实际回报，自此养老基金也开始更多地借助资产管理公司投资于普通股获取更高的收益，并逐渐发展为英国资产管理行业最大的客户。到 1960 年前后，英国的资产管理行业已经基本具备现代化的特征。

20 世纪中叶至今，金融市场及监管制度的变化推动行业发展。第二次世界大战后，英国推行了广泛的国有化计划，实施了严厉的政府管制，英国证券业实行分业经营，证券承销、经纪和自营业务严格分开，金融市场缺乏活力和竞争力。撒切尔夫人在执政期内进行了大规模的金融自由化改革，金融“大爆炸”打破了英国金融分业经营的体制，促进了商业银行业务与股票经纪业务和投资银行的相互结合。英国的商业银行纷纷收购和兼并证券经纪商，逐渐涌现出一批超级金融机构，业务领域涵盖了银行、证券、保险、信托等各个方面，成为与德国相类似的全能金融集团。金融自由化改革也推动了英国证券市场的复兴，使整个金融市场的运作更为高效，同时也使资产管理行业获得了更多的资金来源和投资渠道，加速了行业的发展。

二、行业特征：国际化程度高，独立投资顾问主导销售渠道

（一）英国是全球第二大资产管理市场

英国是全球资产管理规模第二大市场。据英国投资协会（IA）测算，英国的资产管理规模于2017年末达到9.1万亿英镑，其中IA会员管理的资产规模达到7.7万亿英镑。从2007年至2017年的10年间，英国资产管理行业规模总体保持增长态势，年复合增长率接近8.6%。2017年，英国本土基金规模也同比增长了15%，达到1.2万亿英镑，占IA会员资产管理总规模的15.6%。从全球视角来看，英国2016年资产管理规模（6.9万亿英镑）仅次于美国的22.2万亿英镑，排名全球第二位，约为排名第三位的日本（3.4万亿英镑）的两倍。从欧洲来看，英国2016年资产管理规模占欧洲资产管理总规模的35%，大于法国和德国的总和。2017年末，英国资产管理行业的规模是英国GDP的377%，其占比在金融危机之后累计增加了将近200个百分点。相比之下，欧洲其他国家的资产管理规模占GDP平均比重约为100%。这表明资产管理行业对英国经济来说比欧洲其他经济体更为重要（见图9）。

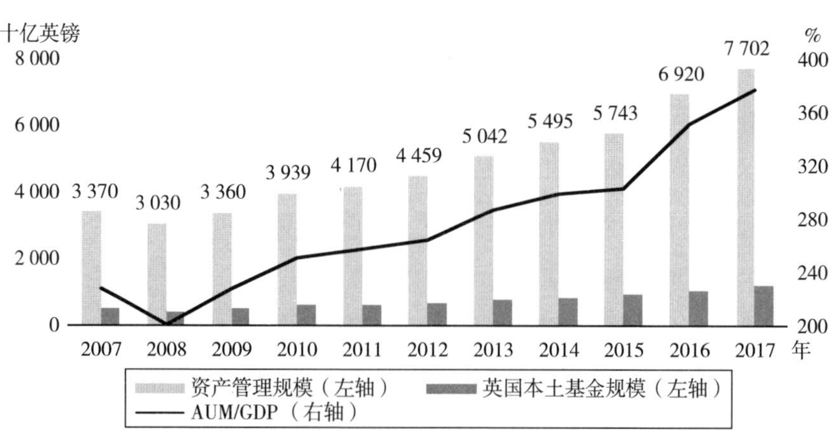

数据来源：英国投资协会年度报告，申万宏源研究。

图9 2007—2017年英国IA会员资产管理规模显著增长

英国资产管理行业国际化程度高。从客户角度看，除了为本国客户提供资产管理服务，英国资产管理公司同时也为诸多海外客户提供资产管理服务。2017 年，IA 会员中为海外客户管理的规模高达 3.1 万亿英镑，占总规模的 40%。海外客户最大来源为其他欧洲国家（1.8 万亿英镑），北美（5 100 亿英镑）和亚洲（4 000 亿英镑）紧随其后。从海外基金角度看，英国资产管理公司于 2017 年末管理的海外基金资产规模达到 1.7 万亿英镑，其中 84% 为爱尔兰与卢森堡的基金。由于英国资产管理行业管理的海外资产增加，其手续费收入成为服务出口收入的重要贡献力量。2016 年，独立资产管理机构管理海外资产产生的出口占英国服务净出口的 6%（见图 10）。

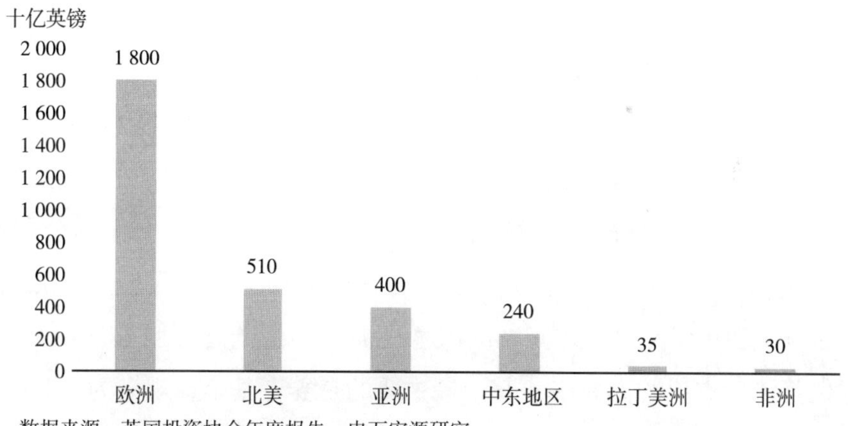

数据来源：英国投资协会年度报告，申万宏源研究。

图 10 2017 年英国 IA 会员为海外客户管理的资产规模

从业人员不断增加。随着资产管理规模的提升，行业从业人员不断增加。据英国投资协会估计，行业从业人员 2017 年达到 3.8 万人，较 2009 年增加近 1 万人。其中投资管理、运营与基金事务管理、商业拓展与客户服务等领域的雇员占比较高（见图 11）。

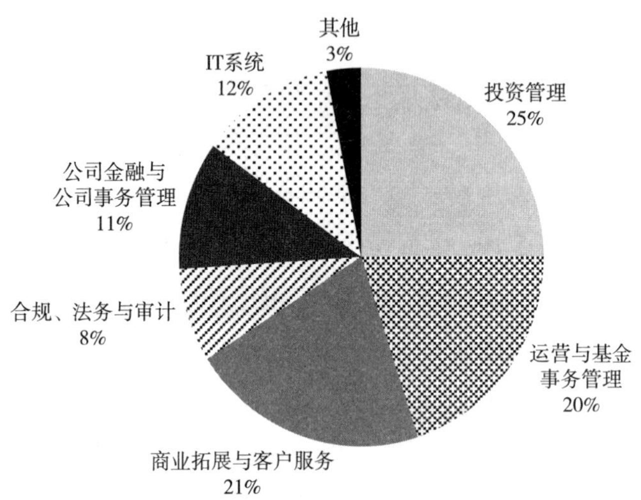

数据来源：英国投资协会年度报告，申万宏源研究。

图 11　2017 年英国资产管理从业人员分布

（二）英国资产管理以本土机构客户为主

英国资产管理行业客户以本土机构客户为主。根据 IA 的报告，英国资产管理行业主要的机构客户可分为养老基金、公共部门、公司、非营利性组织、分层管理顾问、家庭保险公司、第三方保险公司和其他机构。非机构客户主要是零售客户（retail）和私人客户（private client）。2017 年，IA 会员为机构客户提供的资产管理服务规模为 6.1 万亿英镑，占比约为 80%，其中最主要的是养老基金，规模为 3.4 万亿英镑，占比高达44%。零售客户则是主要的非机构客户，占比为 19%（见图 12）。

机构客户以养老金及保险公司为主。机构客户的占比在 2007—2017 年稳定保持在 80% 左右。在机构客户中，养老基金占比最高，且逐年递增，保险公司在机构客户中的占比仅次于养老基金，但呈逐年递减的趋势。随着养老金制度的不断完善，尤其是 2012 年第二支柱的雇主养老金自动加入计划实施以来，员工无须申报，自加入公司开始即可自动加入雇主养老金计划，这使累计 900 多万名员工新加入了雇主养老金计划，使养老金整体保障率越来越高，推动了养老基金规模的不断扩大。因此，以养老基金为客户的资产管理规模逐年增加（见图 13）。

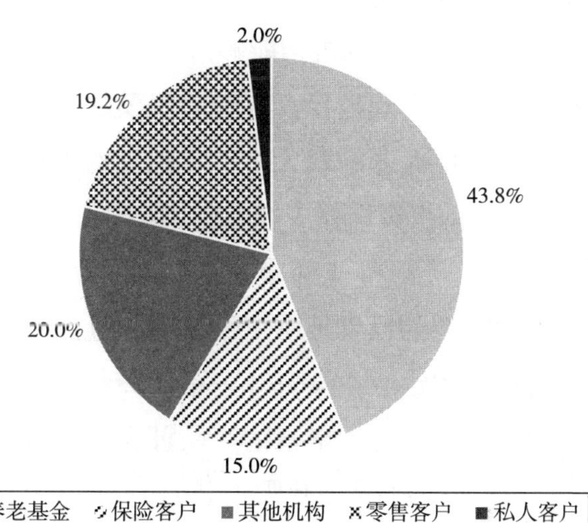

数据来源：英国投资协会年度报告，申万宏源研究。

注：保险客户包含了家庭保险和第三方保险；其他机构客户指除养老基金和保险之外的机构。

图 12　2017 年英国资产管理客户分类及其占比

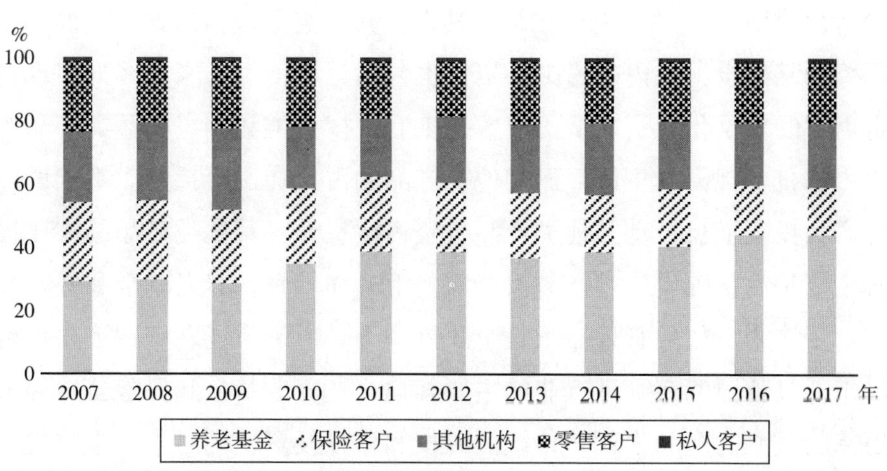

数据来源：英国投资协会年度报告，申万宏源研究。

图 13　英国资产管理客户中养老基金占比逐渐攀升

私人客户和零售客户渠道逐步拓展。虽然私人客户和零售客户的资产管理规模占比相对较低，这两类客户也主要通过银行和保险公司等渠道开展资产管理。但是随着金融科技的广泛应用，资产管理机构可以使用信息技术加强对零售客户以及私人高净值客户的渠道拓展，这使一些非综合类的资产管理机构能够占据市场一席之地。2017 年 IA 会员管理的私人客户资产规模仅占市场总规模的四分之一，有四分之三的私人客户资金交由专业的私人财富管理机构进行管理。信息技术的发展使非机构客户的投资选择更加多样化。

（三）英国资产管理行业资产配置：权益类占比为主

英国资产管理行业的投资范围广泛。英国资产管理行业的投资标的除了权益类资产、固定收益类资产、不动产和货币之外，还包括大宗商品、私募和基础建设等。丰富的产品种类提高了资产配置效果，进一步满足客户资产管理的多元化需求。

权益类产品和固定收益类产品占比较高，其他类产品增长较快。根据 IA 的年报，2017 年 IA 成员中权益类产品和固收类产品分别占总资产管理规模的 40% 和 32%，货币类产品、不动产类产品和其他产品的占比分别为 5%、2% 和 21%。其中，其他类型包括诸如大宗商品、私募和基础设施在内的另类投资，也包括运用衍生品来为客户实现特定需求的定制化投资。从历史数据来看，权益类和固定收益类产品始终占据投资规模的主体，而其他类产品的占比在逐年提升。基础设施类产品投资增长拉动其他类产品投资占比提升。其他类产品的占比提升主要是由基础设施类产品投资额的上升而导致，养老基金和保险公司对于未来负债的管理需求是主要推动力。由于市场利率在近几年持续走低，英国资产管理行业的主要客户——养老基金和保险公司寻求更高收益率的产品来代替传统的股权和债权投资，同时也希望收益更加稳定，避免过高的波动性。而基础设施领域的投资能满足养老基金和保险公司客户的需求。2017 年，IA 会员对于基础设施类的投资中，

75% 投向了基建类基础设施，如能源、交通、公共事业和环保设施等，另外 25% 投向了社会福利基础设施，如保障型住房、学校和医院（见图 14）。

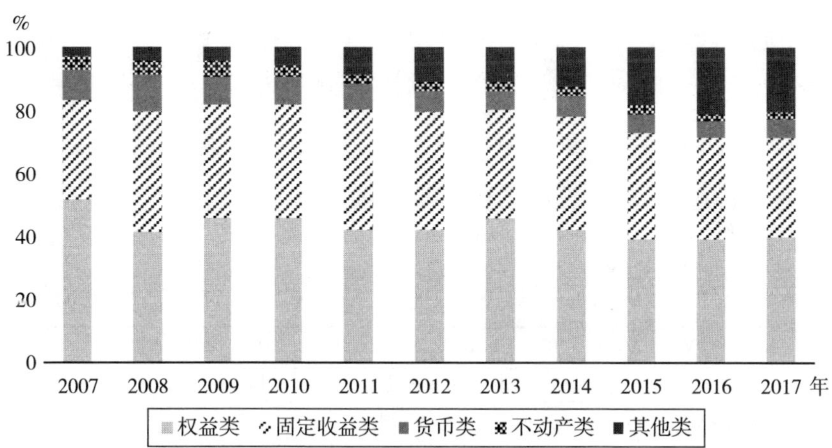

数据来源：英国投资协会年度报告，申万宏源研究。

图 14　英国资产管理行业其他类资产配置占比提升

被动型产品规模提升，对冲技术运用广泛。为帮助客户对冲风险以满足投资者在全球经济低迷时期的保值增值的需求，近年来英国资产管理行业中被动型投资渐成趋势，尤其是 ETF 规模和投资逐年扩大。在资金总规模未能大幅度增长、金融活动降低杠杆作用的趋势下，收入增长越来越困难，通过降低成本来提升利润水平成为业务发展的主要方向。对于英、美等成熟市场来说，在经历了 2008 年国际金融危机之后，主动型投资的绩效表现未能超越被动型，而收费却比被动型高。英国资产管理行业开始重新审视以投资者利益至上的发展目标，进而转向为满足投资者不同的需求而服务。2017 年，被动型投资规模占据资产管理行业总规模的 26%，相较于 2007 年增长近 8 个百分点。除了被动型投资的增长之外，英国资产管理产品还非常重视对冲技术的使用，机构在其中的投资呈不断增加的趋势。对冲产品面对高端收入者、母基金、银行保险、基金会、养老金等，起点较高，监管较松，采取“1%~2% 管理费 +20% 业绩提成”的费率结构，采取的策略主要包括多空对冲策略、全球宏观对冲、风险套利和量化交易等（见图 15）。

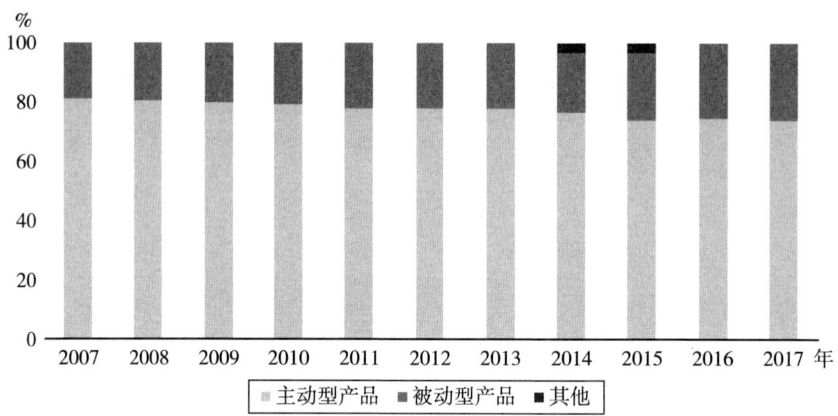

数据来源：英国投资协会年度报告，申万宏源研究。

图 15 英国资产管理行业被动型资产管理产品占比提升

（四）英国资产管理机构形态及竞争格局

英国资产管理机构大致分为五个类型。一是大型资产管理公司，它们有的完全独立于大型银行或者保险公司，有的则是银行或保险公司的一部分。这些公司的业务涉及机构客户和非机构客户，并通常会为海外客户在英国管理大量资产。大型资产管理公司的资产管理规模一般超过 500 亿英镑。二是中小型资产管理公司。和大型资产管理公司的客户遍及全球不同，中小型资产管理公司的客户主要集中于英国本土和欧洲其他国家。此外，中小型资产管理公司从事多元化的金融服务，资产管理服务是其提供的一类服务之一。三是基金管理者。基金管理者的主要资产管理工具为投资基金，其业务主要围绕投资基金而展开。四是精品投行和私人客户管理者。这一类资产管理机构的资产管理规模和客户数量相比以上三类更小，而且更加专注于某一特定投资领域或者客户类型。五是职业养老金计划管理者。其业务较为单一，主要是为更大规模的养老金计划提供公司内部资产管理服务。

行业相对分散，集中化提升缓慢。英国资产管理机构由一定数量的大公司和众多中小公司组成，大部分公司资产管理规模在10亿~150亿英镑。这和英国资产管理行业采取的多样化交易策略以及相对较低的进入壁垒有关。但资产管理规模小于10亿美元的公司有着减少的趋势，与此同时，由于大公司和小公司的并购与重组，规模较大的公司数量在增加，IA会员中资产管理规模超过1 000亿英镑的公司从2013年的12家上升到2017年的18家。2017年，排名前五的资产管理公司的规模占总规模的43%，排名前十的公司则占到总规模的58%，分别比2007年提高12个百分点和11个百分点。使用赫芬达尔指数（Herfindahl Hirschmann Index，HHI）可以直观地度量英国资产管理行业的竞争情况，一般认为HHI小于1 000即为低集中度，2017年英国资产管理行业的HHI为534，较金融危机时有较大提升，但处于低集中度的范围（见图16）。

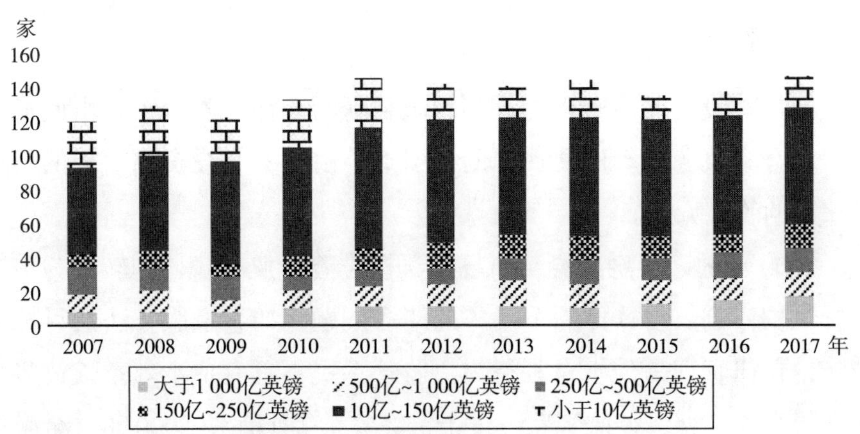

数据来源：英国投资协会年度报告，申万宏源研究。

图16　英国资产管理机构规模以10亿~150亿英镑为主

三、法律体系及监管：法规推进监管体系改革

（一）英国金融法律体系发展促成金融监管架构的演变

英国金融行业经历了以行业自律为主的分业监管到单一监管机构

体制的混业监管，再到审慎监管与行为监管结合的“双峰”监管模式的变迁。资产管理行业的监管主体也由证券与投资局变为金融服务局，再变为英格兰银行。

1986年的《金融服务法》形成行业自律体制的分业监管体系。1986年，在《高沃报告》（*Gower Report*）的基础上，《金融服务法》（*Financial Service Act*）诞生，以其为核心的证券法律体系形成。在该体系下，金融行业实行分业监管，分别是英格兰银行的审慎监管司、证券与投资局、私人投资监管局、投资监管局、证券与期货管理局、房屋协会委员会、财政部保险业董事会、互助会委员会和友好协会注册局。其中证券与投资局承担主要的监管职能，专门负责监管所有投资业务活动。在证券与投资局之下，成立了多个不同的自律监管组织，分别依据各自的经证券和投资委员会认可的管理手册对股票交易、银行、保险、信托、证券等从业者进行管理。为了使大部分资格审查和颁发许可证的工作由自律监管组织来完成，证券与投资局规定向其申请业务许可证的费用要远远高于向自律监管组织申请业务许可证的费用，即把对投资业者管理的许多权限委托给自律监管组织，由此形成了“在金融服务法等成文法律的指引下，由证券与投资局领导的行业自律”的管理方式。

2000年的《金融服务与市场法》标志着行业自律体制转变为单一监管机构体制。自律体制下暴露的诸多问题（如金融服务法的目标不清晰，自律管理易催生自利行为，监管系统不具有成本效益，过多的欺诈行为未受惩戒，监管系统过于错综复杂等）促使2000年《金融服务与市场法》的出台。在该法律框架下，由证券与投资局改制成的金融服务局（Financial Service Authority）作为财政部的唯一代表机构全面负责金融监管工作，而英格兰银行被剥夺监管权。除接手原有各金融监管机构的职能以外，金融服务局还负责过去某些不受监管的领域。为了实现监管任务，金融服务局还被授予了广泛的权力，同时也建立了全面的权力制约机制。《金融服务与市场法》的出台，标志着英国金融监管体制的重大变革，即从 1986 年《金融服务法》确立的“成文法框架下的行业自律”体制转变为“成文法规范的单一监管机构”体制。

金融危机后单一监管体制改为“双峰”制，给予英格兰银行监管地位。金融危机后，英国出台了《2012 年金融服务法案》，金融服务监管局被分拆为审慎监管局和金融行为监管局，审慎监管局归属于英格兰银行，负责重要的大型金融机构（存款机构、保险公司和大型投资公司）的审慎监管；而金融行为监管局则作为金融服务监管局法律实体的延续，仍然直接对财政部负责，负责部分大型金融机构（审慎监管局监管体系以外的金融机构）的行为监管和大量中小金融机构的审慎及行为监管。英国金融市场实行一手抓金融系统稳定、一手抓市场行为规范的“双峰”监管模式。2016 年，审慎监管局升级成为英格兰银行下属审慎监管委员会，与货币政策委员会和金融政策委员会一起形成了英格兰银行的组织架构，进一步强化了英格兰银行的监管职能（见图 17）。

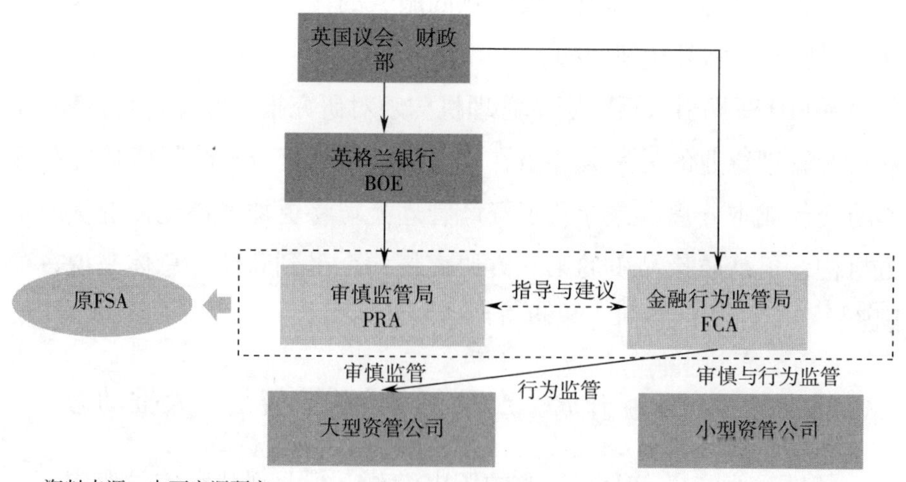

资料来源：申万宏源研究。

图 17　《2012 年金融服务法案》下审慎监管与行为监管结合的“双峰”模式

（二）MiFID Ⅱ的两大影响不容忽视

《欧盟金融市场工具指导》（*Markets in Financial Instruments Directive*，MiFID）是欧盟创立于2007年，用于规范金融性质公司行为的法律框架文件。MiFID及MiFID Ⅱ（2011年欧盟委员会对MiFID进行的修订）在投资者保护、市场结构和透明度、机构治理等方面对金融市场作出了系统性的改革。MiFID法案对英国资产管理行业的影响主要体现在两方面，一方面是销售渠道方面禁止独立投资顾问收取回扣，另一方面是投研方面要求资产管理公司将投资研究的成本与交易成本分离。

MiFID法规及其对标的《零售分销审查制度》禁止独立投资顾问为代销资产管理产品收取回扣。MiFID禁止欧盟地区的独立投资顾问和任意性投资组合的投资经理在为客户推荐或选择产品时，接受产品的返还佣金收入，并加强对产品开发和产品目标的监督。与此对应的，英国出台针对独立投资顾问的《零售分销审查制度》（*Retail Distribution Review*，RDR），禁止英国独立投资顾问向资产管理机构收取佣金获利。这导致独立投资顾问服务的客户向高净值个人集中，从而以服务费弥补代销回扣。

MiFID新规引入后，资产管理机构须对研究报告额外付费。MiFID对资产管理行业的另一大冲击在于要求资产管理公司将投资研究的成本与交易成本分离。这导致了资产管理公司将更加严格地筛选优质卖方机构，更高质量品质的第三方研究机构会受到青睐。总体来说，英国资产管理机构的投研支出将有所下滑。

四、发展启示：开放、产品和完善的监管是三大推动力

经过对英国资产管理行业的历史沿革、行业现状和监管架构等方面的分析，我们认为其对我国资产管理行业的发展有多个启示。

一是规范而丰富的基础产品和金融工具是资产管理行业良好发展

的基础。英国早在 18 世纪前就发行了基本的债券和股票。这些丰富的基础金融工具为英国的资产管理行业打下了坚实的基础。相比之下，我国金融工具较为匮乏，现有的大多数固收类产品流动性偏低，限制了我国资产管理行业的发展。我国应进一步丰富基础产品形式和金融工具，并设置合理交易制度以促进其流动性。

二是不同机构与资产配置策略的共同发展利于打造良性业态。英国资产管理行业中不同类型与体量的机构共同发展，资产管理规模在 10 亿 ~150 亿英镑的中小型机构数量最多。行业集中度虽较金融危机时期有明显提升，但仍然处于偏低的水平，这使行业保持充足的竞争。另外，英国资产管理行业权益类、固收类和其他类产品较为分散，这进一步给予投资者多元化的选择，提升了行业的活力。

三是构建开放的市场有助于提升资产管理行业的活力。英国资产管理行业国际化程度较高，海外客户资产丰富了英国资产管理机构的资金来源，也为英国的服务出口提供了较大的支持。相比之下，我国资产管理行业在客户来源、管理基金来源和资金投向等方面的国际化程度仍然较低。未来随着我国金融行业的进一步对外开放，资产管理行业国际化程度将有所提升。

四是审慎监管与行为监管相结合有助于解决资产管理行业发展中的乱象。英国资产管理的监管架构与时俱进，顺应了金融市场发展的特点。第一阶段，以证券与投资局下设的行业自律组织为主的分业监管体系调动了各行业的积极性；第二阶段，以金融服务局为核心的混业集中监管体系反映了英国混业经营的状况，解决了分业监管下金融乱象频出的问题；第三阶段，一手抓金融系统稳定、一手抓市场行为规范的“双峰”监管模式提升了金融审慎监管和金融行为监管之间的协调。我国对资产管理行业的监管也应从实际出发，合理制定匹配行业发展阶段的监管方式。

第三节　日本：金融体系大发展推动资产管理行业发展

一、发展历程：三阶段逐步深化改革

日本资产管理行业的雏形形成于20世纪初的第一次世界大战后。此时日本经济得益于欧洲“一战”的军需需求从而快速发展，社会财富水平快速积累。由经济高速发展所带来的融资需求使日本政府开始思考如何更好利用居民储蓄，所以最初的资产管理行业以银行为主。此后，随着全球金融体制的不断变化、监管法律的不断完善、社会财富的不断积累，公众对于财富保值增值的需求逐渐强烈，加之日本政府的引导，使日本资产管理行业飞速发展，在新兴的亚太资产管理市场占有一席之地。总体来看，日本资产管理行业大致经历了以下三个发展阶段：

第一阶段：20世纪初至20世纪50年代的雏形阶段。“一战”后，日本经济得益于军事掠夺以及欧洲“一战”的军需需求从而快速发展。经济的高速发展使居民财富以及社会融资需求快速增长，为更好地满足居民投融资需求，日本政府于1900年颁布《日本兴业银行法》，允许银行兼营信托业务，随后以金钱、贷款信托为主的信托公司开始成立，此为日本早期的信托形态。由于不合理的监管制度，许多信托公司以高利贷为主要经营业务。于是，1922年《信托法》和《信托业法》的颁布重新定义了信托，对信托财产的管理和当事人的权利义务都作出了规范。在监管体系上，日本信托业由日本财政部即大藏省根据《信托业法》实施集中监管。例如信托机构的准入、信托机构的经营及业务的监管等。金融产品则以信托贷款为主，资金募集的对象主要为个人投资者。在信托银行奠定其地位的同时，日本基金业的萌芽——投

资者协会于1937年出现于市场上。但由于其组织和运作及合法性受到质疑，在1940年解散。1942年，日本政府为了抑制战争引起的通货膨胀强制性地推出了积累制的厚生年金保险，由此开始了日本养老金的积累。在这一阶段，在日本政府的政策引导下开始出现了资产管理行业的雏形，此时的资产管理行业以融资型业务为主，机构分布多为信托。此阶段下，旺盛的投融资需求使信托行业由最初银行的信托贷款业务变成专业信托银行的速度大大缩减。但由于法律制度和市场环境的限制，信托财产范围相对局限，主要为金钱、贷款信托。

第二阶段：20世纪50年代至80年代的初始发展阶段。“二战”战败所导致的损耗使日本的经济面临崩溃，资产管理行业资金规模萎缩到极点，随着美国马歇尔计划的扶持以及加入国际竞争体系，日本迅速完成了战后的经济复苏，股票市场于1952—1953年经历一轮牛市，资产管理行业也进入新一轮扩张发展。1951年日本证券交易委员会正式颁布《证券投资信托法》，从法律上确立了投资基金的合法性，标志着日本基金业的正式起步。1957年日本投资信托协会成立，用于保障公平交易以及监督基金公司遵守法规。监管体系方面，日本财政部（大藏省）为主要监管部门，它负责按照《证券交易法》对提交的信息披露文件如年报、中报进行审核或实地核查。资产管理机构在这段时间主要为股票型基金，截至1989年，股票投资基金占整个基金市场的79%。投资者方面，市场逐渐形成以机构为主要投资者的趋势。截至20世纪80年代末，日本投资基金的净资产规模约45万亿日元，相比最初，增长了508倍，年均增长13.56%。在这一阶段，基金主导了日本资产管理行业，基金的监管以及法律框架也在这一时期形成。股市行情趋好、居民强烈的理财需求以及逐步完善的监管法规使日本基金的规模在这一时期得以持续迅速扩大。

第三阶段：20世纪90年代之后的改革发展阶段。1997年亚洲金融危机，日本经济陷入低迷，股市随之下跌。为重振市场，日本大藏省自 1997 年进行金融大改革，改革的核心是使金融市场全面对外开放以及金融机构整合。例如外资、银行等得以进入投资基金业务领域，货币基金、私募基金、房地产投资基金以及金融机构主要被融合成三菱、瑞穗、日联和三井住友四大金融集团等。监管体系方面，日本政府于此阶段对金融监管部门进行整合，使金融监管权高度集中。1998 年日本政府从日本财政部（大藏省）中分离出了金融监管权，成立了日本金融厅（旧 FSA）。旧 FSA 负责监管证券、银行、保险公司和小型金融机构等。2000 年旧 FSA 接管大藏省的金融政策制定权以及对濒临破产的金融机构进行处理的职能，从而旧 FSA 转变成新 FSA。金融产品方面，股票型基金依旧大行其道，但是所占市场份额逐渐减少，取而代之的是债券投资基金以及货币管理基金的增加。截至 2001 年日本投资基金业债券投资占比 45%，约为 23 万亿日元，货币管理基金占比 31%，股票投资占比 24%。

二、行业特征：现金配置高，产品销售渠道差异化

（一）行业规模：亚太区最大的资产管理市场

日本是亚太地区资产管理规模最大的市场。截至 2016 财年（2017 年 3 月末），日本的资产管理规模超过 514 万亿日元，仅次于美国和英国，排名全球第三。在 2005—2007 年，日本的资产管理规模保持每年 30% 左右的高速增长，于 2007 年达到 400 万亿日元的规模。受 2008 年国际金融危机和 2011 年欧债危机的影响，日本的资产管理规模在 2008—2013 年下降了约 12%，而后稳定维持在 350 万亿日元。2013—2017 年日本经济逐渐复苏，资产管理规模继续呈现稳步上升的状态，年均增速达到 15%。总体而言，日本资产管理行业规模从 2004 财年至 2016 财年翻了一番。就亚太其他地区来说，截至 2016 年底，中国香港资产管理规模达到 20 万亿元人民币，新加坡资产管理规模则为 14 万亿元人民币。相比之下，日本资产管理行业超 30 万亿元人民币的规模远超

中国香港及新加坡，为亚太地区最大资产管理市场。

公募与私募投资信托规模近年来迅速增长。截至 2019 年 6 月末，各类投资信托净资产规模达到 218.7 万亿日元，超过 2010 年的两倍，其中公募投资信托和私募投资信托的规模分别较 2010 年增长了 78% 和 205%。公募投资信托规模在很大程度上受股票投资信托的驱动，公募股票投资信托占公募投资信托之比由 2000 年的不到 30% 上升至 2010 年的 82%，在 2019 年 6 月末接近 90%，而其中 ETF 的占比由 2010 年的 5% 上升至 2019 年 6 月末的 37.6%，非 ETF 的公募股票投资信托增长较为稳定，由 2010 年的 50 万亿日元上升至 2019 年 6 月末的 63.6 万亿日元。从信托计划数量上来说，2019 年 6 月末公募投资信托基金数达到 6 178 只。近年来，公募投资信托基金数量较为稳定，新设基金数有所下降，意味着行业总规模主要受益于单只投资信托基金平均规模上升（见图 18）。

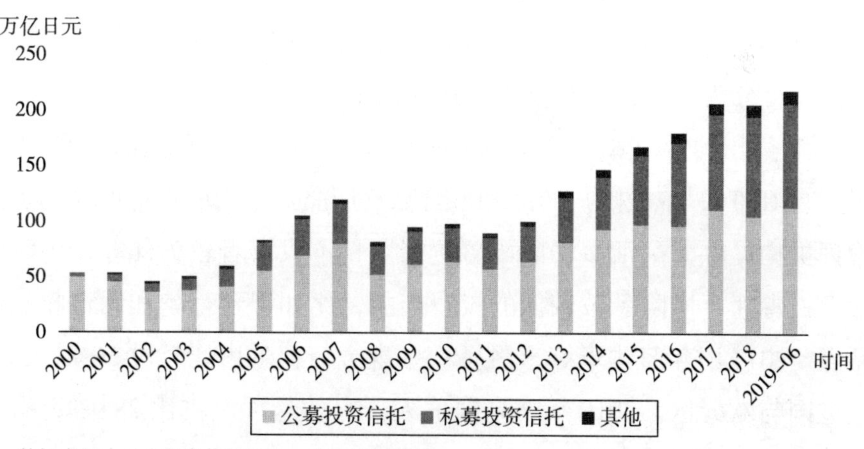

数据来源：日本投资信托协会，申万宏源研究。

图 18　日本近年投资信托规模大幅增长

（二）客户结构：机构和高净值客户占比高

机构与高净值个人资金充足。日本资产管理行业客户可以分为机构客户和零售客户两大类，其中机构客户分为养老基金与金融机构。

养老基金方面，公募养老基金中一大部分为“全国养老金”和“私营部门员工养老保险”，这两者基本由“政府养老投资基金”（GPIF）管理，其余的公募养老金为“国有部门员工养老保险”，由独立资产管理机构管理；私募基金中大部分是确定收益养老计划，投向低风险产品如债券型基金。金融机构方面，银行净资产于2015财年末达到1 015万亿日元，保险公司资产管理规模同期达到395万亿日元。零售客户方面，据日本央行数据，日本家庭金融资产于2018年3月已达到1 752万亿日元，近年来有由存款向投资转化的趋势。值得注意的是，2019年，根据咨询公司Capgemini的标准（高净值个人定义为拥有至少1百万美元可投资资本），2018年日本高净值个人达到316.2万人，仅次于美国（528.5万人），超越德国（135万人）与英国（56万人）。高净值个人是日本资产管理行业客户结构中重要的一部分。

（三）资产配置：现金管理和保险为主

日本资产管理行业的基础投资产品较为丰富。日本资产管理行业的产品可分为7类：公众投资信托计划（Public Investment Trust）、私募投资信托计划（Private Investment Trust）、海外投资信托计划、可变年金、REITS、单设账户产品和混合账户产品。丰富的投资产品为资产管理机构提供了灵活多样的配置选择。日本投资者较为保守，风险偏好低。青睐于风险系数较低的投资产品，比如现金存款和固定收益产品等。2015财年日本家庭金融资产中现金与存款占比超过50%，远高于美国与欧元区。2019年，高净值人群存款与现金占比28.9%，有下降趋势，但仍高于全球27.9%的平均数。

近期产品从注重分红转向注重总回报。近年来，日本资产管理行业体现出风险偏好上升、产品向追求总回报转型的特征。日本投资信托行业在成立的初期曾经扮演的角色是替代银行存款，其产品具有较强的固定收益性质，比较注重股息，每月固定支付股息的投资信托基金占据了主导。销售这些投资信托基金的证券中介也鼓励客户高频买卖这些提供高股息率的产品。近年来行业商业模式有所改变：首先，日本家庭在配置金融资产时更加注重长期资产回报而非仅是短期分红；其次，证券中介开始重视积累客户资产以获取信托费用，所以愈发减少鼓励客户高频操作；最后，对小额投资免税的日本个人存款账户（Nippon Individual Savings Account，NISA）的引入进一步提升了日本家庭对总回报的重视。在这一趋势下，资产管理行业的产品由提供月度固定股息向提供长期资产积累转型。2012 财年至 2016 财年，股票类账户资产年化增速约 13%，主动型和被动型账户资产年化增速分别接近 30% 与 40%，而月度固定股息型账户资产年化增速仅为 2%（见图 19 和图 20）。

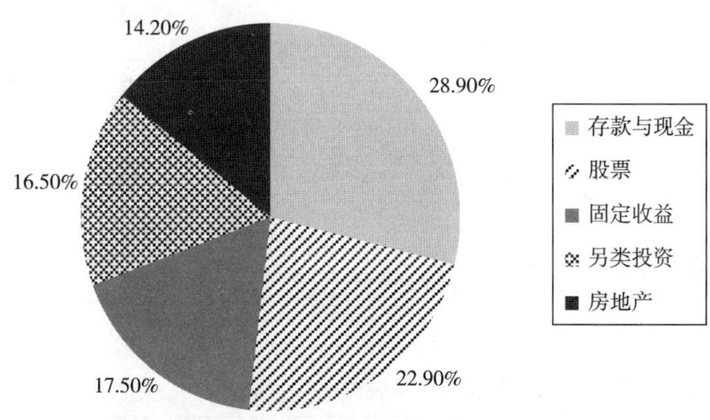

数据来源：World Wealth Report，申万宏源研究。

图 19　日本高净值个人资产配置（2019 年）

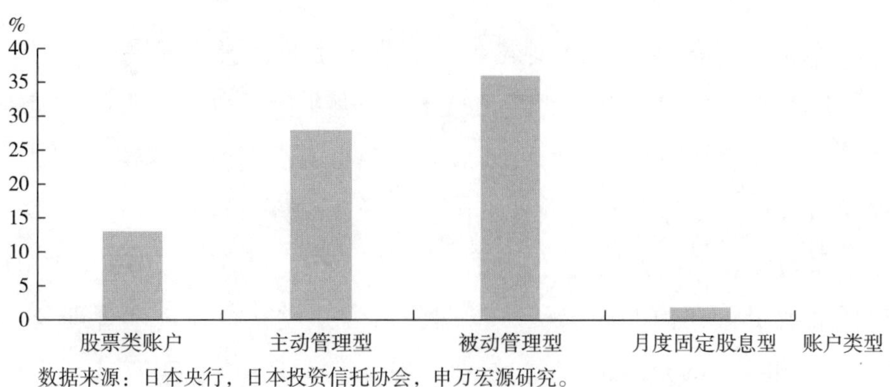

数据来源：日本央行，日本投资信托协会，申万宏源研究。

图 20　日本 2012 财年至 2016 财年各投资类型账户资产年化增速

（四）销售体系：不同产品渠道差异较大

日本资产管理行业的销售体系较为发达，包括银行、证券中介、线上分销商、投资咨询机构等。具体来说，根据产品类型的不同，销售渠道较为多元。公募投资信托计划通常通过银行、证券中介、线上分销商等多渠道销售；私募投资信托计划与海外投资信托计划销售渠道较为单一，一般由证券中介销售；可变年金由银行和证券中介销售；单设账户产品由投资咨询机构代销或由资产管理机构直销，而混合账户产品一般由资产管理机构直销；REITS 份额一般由证券中介代销（见表 4）。

表 4　日本不同产品的销售体系

产品类型	销售渠道
公募投资信托计划	银行、证券中介、纯线上分销商
私募投资信托计划	证券中介
海外投资信托计划	证券中介
可变年金	银行、证券中介
单设账户产品	投资咨询机构、直销
混合账户产品	直销
REITS	证券中介

数据来源：野村综研，申万宏源研究。

（五）竞争格局：大型混业金融集团主导，集中度高

日本资产管理机构类型以大型混业金融集团为主，行业集中度较高。日本金融机构的业态为大型混业金融集团占据行业主导，三菱、日联和三井住友等大型金融集团在金融行业中势力较大。资产管理行业方面同样表现出大型金融集团占主导的特征，尤其是 2016 年 10 月包括瑞穗资管在内的四家资产管理公司合并成立顶峰资产管理公司（Asset Management One）后，行业集中度进一步上升。2017 年末，日本前十大本土资产管理机构 AUM 达到 4.2 万亿美元，占同期行业总规

模的93%。三井住友信托、日本生命保险公司、三菱日联金融集团、顶峰资产管理公司的AUM均超越5 000亿美元（见表5）。

表5　日本前十大本土资产管理机构（2017年末）

单位：百万美元

资产管理机构	AUM
三井住友信托控股公司	791 467
日本生命保险公司	701 396
三菱日联金融集团	663 782
顶峰资产管理公司	520 400
野村资产管理公司	371 212
明治安田生命保险公司	327 188
信金中央金库	326 060
住友生命保险公司	256 320
理索纳控股集团	170 813
三井住友资产管理公司	75 781

数据来源：Willis Towers Watson，申万宏源研究。

三、法律体系及监管：金融大爆炸推进统一监管

日本金融行业的监管体系经历了工商省行政监管与交易所自律监管结合、大藏省统一监管模式、大藏省下分业监管模式、以金融厅为核心的统一监管模式的多次模式变迁。在此期间资产管理行业的上位法、行业法、行业自律规则不断完善，其监管主体也由工商省变为大藏省再变为金融厅。

1893年《交易所法》形成工商省行政监管与交易所自律监管相结合的监管体系。在1874年《证券交易条例》的基础上，日本《交易所法》于1893年诞生，以其为核心的证券法律体系的雏形形成。在该体系形成的初期，日本还未建立专门机构来行使日常监管职能，日本证券市场主要依赖内阁的行政监管和证券交易所的自律监管。在行政监

管方面，明治维新时期负责证券监管的部门主要是农商务省，1925 年内阁下的农商务省和工部省改制成农林、工商两省后，证券监管权（主要包括对证券交易品种的监管）归属工商省；在交易所自律监管方面，日本主要参照的是英国证交所交易模式，自律法则最初制定时只涉及证券交易市场，不涉及发行市场。另外，1882 年《日本银行法》也让日本银行有了对金融机构进行现场检查监管的权力，由此形成了在证券交易法指引下由内阁工商省领导、日本银行协助的行业自律管理方式。

1948 年修订的《证券交易所法》明确了大藏省下的分业监管模式，各资产管理业务法律逐渐完善。战后，日本在证券监管体制上“弃英从美”，在 1948 年重新颁布了以美国 1933 年《证券法》和 1934 年《证券交易法》为蓝本的《证券交易所法》，从法律上明确规定了银行与证券的分业经营。与此同时，日本的基金业、信托业、投资顾问业也形成了以上位法和行业法为根基、以自律法为补充的法律体系。在该法律框架下，大藏省负责所有金融部门的统一监管，旗下银行局（含保险局）和证券局分别对银行（含保险）和证券实行分业监管。在这种情况下，资产管理行业中的投资基金业、信托业都被大藏省证券局和行业自律组织监管，而投资顾问业则由 1947 年成立的证券交易委员会（后成为大藏省管辖下独立行政官厅）负责监管。战后最终形成的监管体系一方面使战后日本在资金匮乏的情况下实现了高速增长，另一方面也维持了金融体系稳定。由此，单一监管机构下分业监管模式得到进一步巩固。

“金融大爆炸”形成金融统一监管模式，给予金融厅监管地位。长期的单一监管机构下分业经营模式暴露出许多问题，如信息披露不完全、易出现对大藏省官员的贿赂等，促使日本再次学习英国监管体系并在 2006 年出台了《金融商品交易法》（原为《证券交易法》），这一过程也被称为日本版的“金融大爆炸”。在这一监管框架下，日本设立了金融监督厅，除了将原属大藏省的金融机构检查监督审批权等转移给它外，还在2001年将金融监督厅和大藏省下属的金融企划局合并，成立了金融厅（FSA），作为金融监管的专职机构。金融厅下设企划局（负责综合性工作）、检查局（负责稽查）、证券交易监视委员会（负责证券市场监管）、监督局（负责检查监管），而在监督局下又设立证券部、银行部和保险部分别对各行业进行监管。至此，日本以金融厅为核心的监管体系基本形式并一直沿用至今（见图21）。

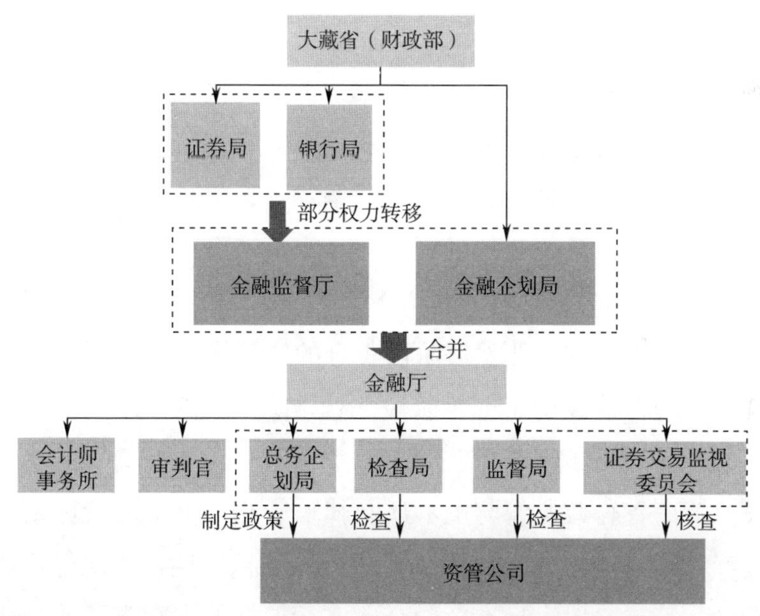

资料来源：申万宏源研究。

图21　2006年《金融商品交易法》下以金融厅为核心的监管体系

四、发展启示：监管体系与行业发展相互促进

经过对日本资产管理行业的历史沿革、行业现状和监管架构等方面的分析，我们认为其对我国资产管理行业的发展有多个启示。

一是产品种类和资产配置风格应随投资者诉求变化而变化。虽然日本投资者较欧美投资者来说风险偏好较低，资产管理行业历史上整体呈现出稳健、偏好低风险金融工具的特点，但是近年来随着日本家庭对投资总回报重视程度的上升而对定期分红的类存款产品偏好下降，行业的产品和资产配置随之调整。在我国目前的发展阶段，家庭财富管理同样呈现出存款与高收益金融资产需求此消彼长的现象，对我国资产管理行业的产品设计与资产配置能力提出了要求。我国资产管理机构应当灵活设计资产管理产品、提升资产配置能力，满足投资者需求的变化。

二是多元化销售体系有助于对接产品与投资者。日本资产管理行业的销售体系一方面十分多元；另一方面因不同资产管理产品而异，如公募和私募投资信托计划的代销渠道有所不同。这个销售体系将产品和投资者很好地连接起来。目前我国资产管理行业的代销渠道已较为多元（银行、证券公司、互联网代销等），但是缺乏对应不同产品的特殊渠道。在未来行业的发展中，日本资产管理行业的销售体系值得学习。

三是积极探索与行业发展阶段契合的监管模式。19 世纪末以来，日本资产管理行业经历了四个阶段，若排除“二战”时的临时统一监管体系，行业经历了“自律监管—分业监管—混业监管”的变迁。第一阶段，工商省行政监管与交易所自律监管相结合的监管体系有助于日本资产管理行业充分发挥资产管理机构的积极性，实现行业早期的快速发展；第二阶段，日本金融行业实行严格的大藏省下的分业监管模式，为战后日本金融市场的稳健发展和经济的腾飞奠定了基础，同时在法律法规方面完善了“上位法—行业法—行业自律规范”三层架构；第三阶段，“金融大爆炸”后以金融厅为核心的金融统一监管模式有助于金融混业经营下行业的规范化发展。我国目前金融混业经营兴起，行业集中度提升的环境下大型金融集团的竞争力进一步加强，“金融大爆炸”后日本资产管理行业的监管体系值得借鉴。

第四章　资产管理行业未来市场格局与业务模式研判①

在资产管理行业逐步统一监管、回归本源的趋势下，整个资产管理行业的市场格局将呈现较大变化。从资产管理机构之间的关系来看，银行理财和保险资管将成为两大重要的“变量”，其他资产管理机构都将更加专注主业，寻求差异化发展；从行业发展格局看，龙头集中与精品资管并存将成为趋势；从开放背景看，中国资产管理行业融入全球市场的速度将加速；除此之外，金融科技也将从产品、投资、运营等多方面赋能资产管理机构，行业发展有望呈现百花齐放的态势。

第一节　形成适应未来资产管理格局的统一监管模式

一、监管统一有助于一定程度上规避资产管理业务的核心风险点

资产管理行业的监管，不是代替市场进行全面风险管理，而是在资产管理机构自身风控的基础上，防止个别风险转化为系统性风险，防止市场因力量不均衡、信息不对称、风险收益错位导致市场风险管

① 本章执笔人：泰康资产张弛、卢昕、杜宇、孙弘莉。

理的失效。资产管理业务的风险具备多样性、复杂性和隐蔽性等特征，目前市场上绝大多数大型、正规的资产管理机构都构建了相对完善的风险管理体系，对资产管理业务的常规风险能进行及时的识别和防控，但在机构监管的监管模式下，资产管理产品多层嵌套较为普遍，资产管理产品的底层资产和最终资金来源均不清晰。对不同市场之间的风险联动管控能力不足，使单一资产管理产品的信用风险或兑付危机极容易演变成全市场的流动性危机和系统性风险，这才是资产管理业务的核心风险点所在。基于此，我们确实需要对资产管理产品实行穿透式监管，明晰产品流程，明确监管分工，在监管统一的基础上引导资产管理机构差异化发展，借助资产管理机构及产品的多样化发展来分散系统性风险，提高整个金融系统的风险防控能力和自我修复能力。

二、平衡统一监管与差异化发展要求

资产管理业务监管统一势在必行，但同时也需要处理好监管统一与机构差异化发展之间的平衡问题。监管统一并不是追求“一刀切”，而是统一监管理念、原则，协调不同资产行业监管指标，设置共同底线和相互联结方式，是在充分发挥各类机构优势、鼓励差异化经营基础上的统一。监管统一有助于更好地推进资产管理机构差异化发展。因为只有在准入门槛、投资范围等监管标准统一的前提下，才能更好地实现资产管理产品去通道，规避监管套利，引导资产管理机构不断提升产品设计、风险定价、投资管理、交易撮合等专业能力；引导资产管理机构从自身资源禀赋出发，选择差异化的竞争模式；引导资产管理行业以竞争力论高低，而不是以牌照优势来论高低。

三、机构监管和功能监管有机结合

资产管理业务监管统一的背后实质还是金融监管体制的改革，核心还是要加速推进金融监管从机构监管向机构监管与功能监管相结合的思路去转变。资产管理行业目前以机构监管为主，但对功能监管的需求和呼声很高，未来将顺应这一呼吁，形成机构监管和功能监管有机结合的监管模式，从监管层面有力支持行业标准形成实质统一。

功能监管的理念旨在引导监管重心从金融机构向金融行为或金融产品转变。在功能监管下，主要基于以下三点原则对资产管理产品进行监管：一是不同法律关系的资产管理产品实行差异化监管，相同法律关系的资产管理产品统一监管标准；二是针对相同法律关系的资产管理产品，在产品设计和产品投资管理环节给予资产管理机构一定的自主权，鼓励机构差异化发展，而在产品募集、信息披露以及登记托管等环节实行统一监管，借助机构准入门槛的统一、可投资范围的统一、资金来源的统一来避免监管套利，引导资产管理机构凭借专业能力来论高低；借助产品穿透式的信息披露和集中备案来实现对底层资产质量和风险敞口的准确判断，做到风险防控“耳聪目明”，促进资产管理行业规范发展；三是明确监管分工，明确不同监管部门及行业自律组织在产品各环节的分工和合作。

展望资产管理行业的未来监管格局，预期会在产品全生命周期管理上，既体现出统一监管又体现出鼓励机构差异化发展的思路，从而实现监管的全覆盖，防止监管空白、监管重复及监管套利。

第二节　资产管理行业更快地融入全球金融体系

在党的十九大明确提出“推动形成全面开放新格局”的大背景下，近年来，我国不断推出并持续优化完善金融市场开放措施。2018 年“两会”将“推动形成全面开放新格局”确定为九项重要工作之一。在全面开放新格局下，以开放促发展也是资本市场改革发展的重要导向。2018 年 4 月，在博鳌亚洲论坛上，习近平总书记和易纲行长发布了新一轮的对外开放政策，包括扩大沪港通、深港通每日额度、推出沪伦通等，此外，提升 QFII 和 RQFII 额度等开放措施也相继推出，2018 年 11 月，首届进口博览会在上海举行，这一系列的改革举措都说明金融双向开放明显加速。资产管理行业是中国资本市场率先开放的行业之一，外资的引入带动了中国资产管理业管理理念和管理水平的提高，在优化内部治理、丰富产品线、提高合规风控水平等方面取得进步。

2019 年以来资产管理行业对外开放加速。一是进一步便利外资在我国从事资产管理业务。金稳会 2019 年 7 月公布的 11 条最新的金融业对外开放措施，一方面鼓励境外金融机构参与设立、投资入股商业银行理财子公司，另一方面允许境外资产管理机构与中资银行或保险公司的子公司合资设立由外方控股的理财公司。外资的加入将使国内机构可以借鉴移植外资机构在海外的成熟经验，推动我国资产管理行业进一步发展。二是进一步加速放开外资对证券及保险资产管理子公司的持股比例。11 条最新的金融业对外开放措施包括了将原定于 2021 年取消证券公司、基金管理公司和期货公司外资股比限制的时点提前到 2020 年，并同时对外资持股保险资产管理公司进行松绑，可以说是为资产管理行业融入全球体系的进程再次按下了“加速键”。

对外开放对我国资产管理行业国际化发展进程有着举足轻重的影响。具体来看，对外开放将在业务形态、行业竞争格局、相关法律和监管等多方面影响我国资产管理行业。在资产管理业务方面，对外开放环境下预计资产管理机构的产品和服务将更加多样化，资产配置和内部管理重要性将提升，风控将进一步向内生和主动转变；在行业竞争格局方面，外资资产管理机构的进入将会提升人才争夺的激烈程度，预计我国资产管理行业将由同质化竞争向大而全头部资产管理机构与小而美的精品资产管理机构并存的格局转变；在法律与监管层面，开放环境下市场对资产管理相关的法制建设提出了更迫切的要求，同时监管也须真正地向功能监管转型。

在金融对外开放加速的大背景下，我国资产管理机构管理能力面临多方面的考验。一是资产配置能力，面对费率收窄、资金端竞争激烈程度上升，本土资产管理机构应加强研究能力建设，培养积累对复杂金融资产定价的能力，在风险可控的情况下赚取稳定的收益。二是风险管理能力，对外开放叠加存量业务的整改，需要本土资产管理机构有序压降老产品，稳固推进存量资产非标转标，确保在整改过程中不发生新的风险。三是渠道和销售能力，本土资产管理机构需要拓展使用好各种渠道，把合适的产品投放到合适的渠道上，最终销售给合适的客户。四是金融科技应用能力，我国资产管理机构与海外同业相比，在金融科技应用方面仍有较大差距，需要通过科技赋能，完成资产管理产品全生命周期以及前中后台全流程管理，业务上实现千人千面，全方位做好客户管理和关系维护，提升差异化的竞争能力。

当然，随着越来越多优秀的外资资产管理机构入驻中国市场，在鲇鱼效应下，国内资产管理机构面临更加激烈的竞争格局的同时，也能进一步激发行业整体活力。比如，2018 年 1 月，Fidelity 在境内发行的私募产品富达中国股票一号私募基金，其管理费低至千分之九；2018 年 7 月，BlackRock 在中国发行首只产品贝莱德中国 A 股机遇私募基金一期，其费率（该产品管理费 0.75%/ 年，业绩提成 10%）和门槛（追加门槛低至 1 万元）较低；同月 Bridgewater 登记成为中国私募基金管理人。诸如这些先进的量化对冲投资策略、养老 FOF 产品成熟运作经验、低费率的商业模式等理念的引入传播，预计也会对国内资产管理机构有一定借鉴、启发价值。这对国内的资产管理机构来说，是挑战，也是机遇。

随着中国资产管理市场对外开放的加速，需要国内各资产管理机构密切关注国际资产管理机构的进展，积极借鉴其战略布局经验，提升自身国际战略的科学性和适用性。资产管理行业需要顺应时代趋势，双向加深自身国际化水平，提升“走出去”和“引进来”的能力。在“走出去”方面，主要服务于受托资金的资产配置，通过国际化的多元投资配置，以期获取更好的投资效果；在“引进来”方面，由于外资机构对中国市场的投资价值认识日益深刻，加大中国资产配置力度的趋势不会轻易改变，需要发挥本土投资能力优势，积极拓展境外机构客户业务，提升公司的国际影响力。国内资产管理机构应提升其资产管理产品设计能力，同时学习海外领先资产管理机构的经验，通过双向开放积极融入全球体系中，提高自身的国际竞争力。

第三节　金融科技赋能资产管理机构提升竞争力

随着金融科技技术迅速发展，科技与金融服务的结合已经愈发深入。在资产管理行业，人工智能、大数据、云计算、区块链等新技术已经开始应用到行业的各个领域，从数据采集和分析、投资研究、战略资产配置、战术资产配置、交易执行等各方面提升服务的效率和能力。

一、在资产投资环节的探索

金融科技应用于资产投资环节，将影响基础资产的构成和投资决策的方式。人工智能等新技术的发展及应用，丰富了风险管理的手段，同时也引入全新的资产识别方式，使过去一些分散的、小规模的资产可以被准确识别和管理，有效扩充了资产管理体系的基础资产池的范围。算法、算力和数据规模的发展推动着投资分析业务由基于有限数据集的因果性推演，逐步向基于海量数据规模的相关性分析演化。人工智能等新技术的应用则使投资决策能够更多地依靠机器学习、海量数据分析等技术寻找事件与投资标的的相关性，避免传统投资决策过程中过多的假设条件带来的主观影响，保证研究策略的一致性和连续性。

在资产投资环节，金融科技将主要在智能投资和智能投研方面赋能资产管理行业：一是智能投资应用，一方面借助于大规模数据处理技术带来的信息处理能力，全面整合投资交易类数据及交互类数据，为投资决策提供高效的数据分析及应用能力；另一方面依靠人工智能的深度学习能力，提供全新的基于市场热度、市场情绪、事件相关性的投资决策思路和智能投资模型，辅助投资人员通过人工智能的方法进行资产的收益预测和资产的交易。二是智能投研应用，体现在智能投资推荐、智能舆情分析及智能资讯整合三个方面，为投研人员提供高质量、稳效能、低延时的决策支持。

基于金融科技，资产管理机构可以迅速、全面地吸收更多市场信息，优化投资模型，提升投研水平，进一步提升其为客户服务、帮助客户资产实现保持增值的能力，也是其核心竞争力的体现。

二、在市场分销环节的探索

金融科技应用于市场分销环节，将改变产品营销体验和客户服务方式。通过建立精准的客户画像，人工智能解决方案针对不同的客户特征提供差异化、精细化、定制化的产品服务，匹配客户的投资需求。同时根据市场状况及客户交互，实时动态调整投资方向和资产配置。新环境下的客户服务体系则是以人工智能等新技术为基础，通过线上、线下渠道整合，逐步向主动化服务、个性化服务、智能化服务、自动化服务方向演化，从而提升服务效率和服务质量、降低服务成本。

在市场分销环节，金融科技可以应用在智能投顾和智能客服两方面。一是智能投顾应用，根据投资者的基本信息、客群属性、资产情况、风险承受水平、投资偏好以及预期收益目标等诸多因素进行综合评估，运用机器学习等人工智能算法及投资组合优化等理论模型，为用户提供与投资者相匹配的资产配置方案，并针对市场变化动态提供资产配置的优化建议，这有助于实现对长尾客户的低成本定制服务。相比于传统的投顾服务，借助于人工智能技术的智能投顾应用具有如下优势：第一，降低服务门槛，使得资产管理服务逐步下沉，具有更强的普惠性；第二，智能投顾应用借助于互联网渠道的低成本、高覆盖度的优势，将客户的接触轻易拓展到物理网点无法覆盖的地方，同时技术驱动的服务模式可以高效地提供 7×24 小时不间断的服务；第三，智能投顾借助于机器学习等人工智能算法可以为不同风险偏好的客户提供个性化、专业化的资产配置方案，并且能够实时监控金融市场的各类变化，及时为客户提供投资组合的动态优化，以此最大限度地避免因市场波动等风险发生时造成的客户损失。二是智能客服应用，利用语音识别、自然语言处理、语义识别等人工智能技术，打造智能化的人机交互体验，通过整合企业对外客户服务渠道，提供在线智能客服服务，掌握客户需求，获取客户特征和知识库等内容。帮助客户服务人员快速解决客户问题，提升服务效率，降低服务成本。

三、在风险控制环节的探索

金融科技应用于风险控制环节，将提升风险识别的范围和识别准确率，提高风险监控的能力，提升风险预警的效率。借助于大数据挖掘分析、人工智能算法等技术，可以提高数据采集的范围、提升数据处理的效率，将覆盖更为广泛的风险事件来源，有效地识别市场情况的变化，更好地对金融风险进行预测和感知，全面提升金融风险识别能力。借助于海量数据采集与处理技术，获取丰富的企业经营信息以及市场动态变化信息，构建全面的企业知识图谱，打破信息的不对称，实现对各类风险事件的有效监控。借助于人工智能技术，可以从资产状况、信用状况、资金状况、交易流向、投资关系、股东及关联方情况、市场环境等诸多维度进行信息的实时分析，有效地对风险事件进行高效的预警。

金融科技将从智能风控和智能合规两方面提升风险控制效率。一是智能风控应用，其本质是以数据驱动的风险管理，是借助自然语言处理、语义分析、深度学习等算法模型，运用于知识图谱构建、实时风险预警、内幕交易监控、反洗钱监控等场景；二是智能合规应用，即实现基于语义分析的智能化、自动化合规法律检索，精准提供最相关的咨询反馈；通过机器学习算法实现自动化的文本分类及概括，完成法律问题及案例分类的自动化处理；以海量法律文档为基础，自动提取关键结论并形成结构化信息，实现法律数据库和文本中信息的自动提取。

强大而有效的风险控制体系是金融机构的业务基础，基于人工智能等新技术，资产管理机构将进一步提升风险控制的全面性和有效性，为前台各项业务的开展提供重要支撑。

第四节　产业链分工精细、头部机构和专业机构共同发展

不同资产管理子行业能力优势有所不同，发展道路未来也会有明显的差异化。从资产管理业务链角度来看，资产管理行业左侧是投资、配置和产品的研发；右侧是客户渠道和服务；中间是投后管理风险监测等服务。各子行业之间的竞争合作以各类机构在资产管理产业链上的位置及所提供产品的差异化作为划分。未来，随着业务产业链分工精细化，各机构不同的优势能力决定了他们不同的发展道路。在行业格局变革之中，通过公平有序的市场竞争，相信未来会有一大批优秀的中国头部资产管理机构能凭借出色的投资业绩、严谨的风控措施，进一步巩固自身行业龙头地位。同时，一些小而美的精品专业资产管理机构也将会在自身擅长的细分投资领域内持续深耕，逐渐脱颖而出。

一、具有客户渠道优势的平台型资产管理机构

第一类是具有客户渠道优势的平台型资产管理机构，以银行、券商为典型代表。未来主要的投资运作模式以 FOF 及 MOM 模式为主，从事资产配置管理，将制定的各细分策略交给更专业的基金或管理人

进行操作。这种模式能够通过运用分散性、低相关性的资产配置原理有效实现风险规避。此外，对于既有的客户渠道优势，未来也需进一步强化满足客户风险偏好的能力，多维度增加客户黏性，在激烈的市场竞争中，提升巩固品牌价值。

二、具有主动投资管理能力优势的全能型资产管理机构及精品型资产管理机构

第二类是具有主动投资管理能力优势的机构，比如以大中型基金、保险资管为典型代表的全能型资产管理机构。由于其已经拥有相对专业成熟的组织体系、投研能力、运营管理和合规体系，在净值化产品管理方面经验丰富，其源源不断地向包括养老金、金融机构、非金融机构等不同投资群体，提供满足其需求的细分工具型产品或一站式投资服务。这类机构凭借出色的投资能力，成为资产管理行业内重要的中流砥柱。

此外，还有一些精品型资产管理机构，比如一些特色私募机构等。这类机构往往长期专注于特定行业或资产类别，制定相应的产品规模和投资策略，常见的包括另类资产投资产品、股权投资产品或量化对冲策略产品等。不像全能型资产管理机构那样，致力于覆盖全产品线布局，这类精品型资产管理机构在对行业定位作出精准判断的基础上，更多地把精力聚焦某一细分市场领域，持续巩固自身护城河，建立特色投资品牌，也能在激烈的市场竞争中脱颖而出。比如专注于孵化早期科技、医药等企业的创业投资基金。由于科技的创新与发展需要经历科技人员的研发、科技成果的转化，进而实现产业的转型升级，因此在整个一系列过程中科技创新不可避免地会受到诸多因素的影响和制约，其中资金要素投融资和风险分担是关键的环节，一个科技企业发展前期阶段存在巨大的生存风险，根据收益风险匹配原则，其对应的投资必然是能承受高风险的股权投资，创投基金就是这一类能与之

风险匹配的金融产品。行业内这样一批优秀的创业投资基金管理人通过发挥自身专业优势，去粗取精，去伪存真，能更好地服务科技创新和经济高质量发展。随着 2019 年上交所科创板及试点注册制的推出，又极大程度地缓解私募股权基金的“退出难”问题，相信这类精品型资产管理机构会迎来更大的发展空间。

三、具备成本优势及规模效应特征的被动型指数基金管理人

第三类是以具备成本优势及规模效应特征的被动型指数基金管理人，这类机构在海外市场规模已十分壮大。以美国为例，美国市场是一个以养老金、保险等机构客户主导的市场，主要通过资产配置获得收益。由于其投资市场已经达到相对市场有效，赢取超越指数的 α 收益较为困难，ETF 成为很多投资者的首选。在此背景下，美国 ETF 基金规模在 2000—2017 年增长了近 10 倍，特别是 2015 年之后呈指数增长趋势。2017 年末，美国 ETF 资产规模占整个开放式基金比重为 15.4%，而在 1996 年规模占比不足 0.1%。此外，美国 ETF 基金市场集中度极高，全球前三大 ETF 发行人分别为贝莱德集团、先锋集团、道富集团。截至 2018 年底，三大巨头在美国市场发行的 ETF 基金规模占比已超过 80%。在这种基金规模庞大且高度集中的市场格局下，基金管理人可利用规模来降低运作成本，给 ETF 费率逐渐下降提供了空间。同时 ETF 低费率的属性又有助于做大盘子吸引更多资金，形成良性循环，最终诞生了一批具备成本优势及规模效应为特征的被动型指数基金管理人。

国内市场自 2018 年以来，流动性较好且能接受实物申购的 ETF 产品也开始得到越来越多投资者的认可。在 2018 年初，公募基金市场上共有 155 只 ETF 产品，合计流通份额达到 831.96 亿份，而到了 2018 年底，公募基金市场上 ETF 产品的数量已经增至 198 只，合计流通份额达到 1 763.43 亿份，较年初已经实现了翻倍。在市场持续调整过程中，大量

资金持续流入 ETF 产品。但目前国内指数基金市场不似美国三大巨头三足鼎立稳固之势，行业格局存在变数，仍处在激烈的竞争中。最近一年，国内各家大中型资产管理机构纷纷加大了 ETF、债券指数基金、Smart Beta 指数基金等不同被动投资产品的布局和推广力度，这也对各家机构在成本控制和资源优化方面的能力提出了更高的要求。未来，随着国内市场有效性的提升，被动化投资理念将得到越来越多国内投资者的认可，相信这类具备发展特色的被动型基金产品管理人也会成为我国资产管理行业中逐步发展壮大的力量。

第五章　资管新规下各个资产管理子行业的发展研判①

从现状出发，银行理财、保险资管、公募基金、私募基金、券商资管及信托机构在资产管理上均有各自的比较优势，基于自身比较优势寻求差异化竞争是必然趋势。在资产管理业务统一监管的格局下，各类资产管理机构将更多是合作关系而非竞争关系。银行理财发挥其在客户、资金端优势做大财富管理，基金行业持续提升主动管理能力，保险机构发挥长期限资金端优势做好资产配置，私募机构根据自身优势发展量化、策略型及被动管理产品等，推进资产管理行业呈现百花齐放态势。

第一节　各资产管理子行业禀赋差异分析

一、银行理财：客户优势突出，投研体系及投资者教育压力较大

统一监管下银行行业资产管理业务的比较优势主要表现在以下三个方面：

一是在客户资源上具备相对优势。客户群体是银行开展理财业务

① 本章执笔人：泰康资产张弛、卢昕、杜宇、孙弘莉。

的资金来源。近年来，一般个人类客户占产品总额比例保持最高，高净值客户占比逐渐上升，而机构客户占比持续降低。从发展趋势上看，高净值客户具备相当的增长潜力，市场份额有望继续提高；普通客户由于数量巨大，仍在理财市场中占据重要地位；银行理财的客户群体将摆脱以机构和个人客户为主的局面，整体结构更加均衡。随着资管新规将公私募产品重新划分后，对于银行理财而言，将同时拥有面向普通客户的公募产品和面向私行客户的私募产品两种形态产品条线，这能更好地满足不同风险偏好投资者的需求。二是在固定收益类资产配置上具备相对优势。固收类、现金管理类作为主打产品。基于商业银行信用研究能力特长，固定收益类产品仍将是产品主力；现金管理类产品具有低风险、申赎灵活、收益稳定特点，既能填补保本理财空缺，又能在过渡期享受“摊余成本 + 影子定价”政策红利。三是在风险管理上具备相对优势。长期以来，银行一直在国内金融市场占据主导地位，具有强大的信用风险管理能力和丰富的管理经验，这些资源禀赋为银行开展资产管理业务提供了得天独厚的条件。

统一监管下银行行业资产管理业务的劣势主要表现在以下三个方面：

一是投资者教育方面，投资者对银行理财产品风险属性的认识存在偏差。大部分投资者（尤其是个人客户）将对银行理财的风险认知等同于银行存款，默认商业银行会按照预期收益率到期兑付本金及收益，在资管新规全面打破刚性兑付下，银行理财面临较大的投资者教育的压力。二是投研体系方面，过去银行理财主要借助类信贷和资产池的运营模式开展业务，在资管新规要求回归本源的导向下，银行理财面临较大的主动管理压力，目前银行在大类资产配置体系、全面的投研体系建设以及市场化的薪酬管理机制上都相对不足。三是针对存量非标资产的处置问题，尽管“央行 720”的补充通知在一定程度上放宽了期限匹配要求，对于存量非标资产的处置，金融管理部门也给予了一定的缓解措施，但银行还是面临较大的压力，这包括资本金的压力以及部分难以回表的存量非标准化债权类资产的处置压力。

二、保险资管：长期限资金优势，投资品种范围相对受限

统一监管下保险行业资产管理业务的比较优势主要表现在以下三个方面：

一是保险资金过去在服务实体经济方面积累了相对丰富的经验，2013 年《关于债权投资计划注册有关事项通知》将债权投资计划发行由备案制改为注册制以来，债权投资经历了快速攀升后平稳增长的过程。资管新规落地后，由于明确消除期限错配，银行理财对非标资产的需求显著减弱，而保险资产管理公司可以发挥保险资金、养老金长期稳定、对资产流动性要求不高的优势，成为非标资产的主要投资人，对非标资产定价将有更多的话语权。

二是保险资产管理机构风控严格、投资稳健。保险资金是负债性资金，具有期限长、规模大、来源稳定的特点，这决定了保险资金运用必须兼顾安全性、收益性和流动性的均衡。在此背景下，逐步形成了保险资产管理机构在资产负债匹配管理基础上的长期投资、价值投资和稳健投资的理念，追求资产规模的长期持续增长。在资产管理行业日渐统一规范、充分竞争的背景下，保险资产管理机构也因此能赢得一些对安全性有较高要求的资金及风格保守稳健的投资者的青睐。

三是深度参与养老资产管理领域。随着中国人口老龄化程度不断加剧，养老保障体系面临巨大压力。国外目前已有运行较为成熟的“基本养老—企业—个人”养老保险制度三支柱体系，对比来看，中国基本养老保险资金缺口压力巨大，而二、三支柱覆盖率依然有限，市场迫切需要一批专业的投资管理机构来保障基金资产的保值增值。目前，在个人养老支柱方面，各资产管理机构创新的养老金融产品层出不穷，主要的发行主体包括银行、保险、基金公司、信托公司，发行产品包

括养老理财产品、养老目标基金、个人养老保障产品等。而由于保险资产管理公司对保险资金、养老金等资金的长期性、安全性属性有着更为深入的理解，长期稳健的投资理念和投资风格更加符合百姓养老理财的特征，因此在这部分资产的投资运作上也具有得天独厚的优势和竞争力。保险资产管理机构要发挥较强的大类资产配置能力、多元化投资能力、长久期资产管理能力和全面审慎风险管理能力，积极开发出安全稳健的养老理财产品，满足人民群众养老需求，创造社会价值。

统一监管下保险行业资产管理业务的比较劣势主要表现在以下两个方面：

一是销售端无法向个人投资者销售保险资产管理产品。资管新规中明确产品销售的合格投资者包括自然人，即“资产管理产品的投资者分为不特定社会公众和合格投资者两大类”，其中合格投资者既包括机构投资者也包括符合条件的自然人。然而，目前保险资产管理产品仅向机构投资者进行发售，这在一定程度上限制了保险资产管理业务的客户群体。

二是投资端投资范围有待扩充。目前，保险资产管理行业在资产配置结构上日趋多元，也侧面反映出投资者多样化的投资需求。但由于组合类保险资产管理产品投资范围小于银行、券商等非保险机构资金投资范围，保险资产管理产品在权益类、固定收益类、另类资产等大类投资范围项下仍有扩充的空间。如不区分投资者的资金性质，非保险性质资金也适用保险资金投资使用范围，则部分来源于非保险机构的资金无法通过保险资产管理产品投资 PPN、私募债等投资品种，但可以通过委托证监会监管下的其他资产管理产品进行投资（该类投资品种在其投资范围内），这在一定程度上给保险资产管理机构的发展造成桎梏。

三、基金行业：产品投研优势相对突出，对渠道端依赖较大

资管新规后，基金行业的比较优势主要表现在以下几方面：

一是基金产品整体较为规范，特别是公募基金受资管新规影响较少、待整改产品规模也较小。目前除货币基金外，大部分基金均较早地实现了净值化管理。净值化管理是打破刚性兑付的实现手段，通过净值化的管理方式，让投资者能够接受资产管理产品的收益波动，逐步接受产品打破刚性兑付。考虑到投资者短期内难以接受打破刚性兑付，因此过渡期安排会更加谨慎，逐步递进式地打破刚性兑付，初期让投资者逐步习惯产品净值波动，但是保持投资风格稳健，避免净值过大波动。对于一些确实满足期限匹配，以持有到期为目的，或者确实没有可靠技术计量公允价值的资产，资管新规中予以了豁免，允许使用摊余成本法估值。

二是基金产品类型较为多元化。当前基金产品中股票型和混合型基金提供了高风险的投资工具，债券型基金则提供了低风险的投资工具，相较其他资产管理细分行业，产品线日趋完善。此外，从资产配置的角度，海外资产、商品资产都是分散风险的有效工具，随着基金在国内市场的 QDII 和商品型、REITs 等领域的陆续布局，其未来仍然有很广阔的发展空间。在指数化产品方面，国内当前指数产品涵盖了宽基、行业、主题等不同类型的指数基金产品，为机构客户和场内专业个人投资者提供了丰富的配置和交易工具。

三是大部分基金行业的公司组织架构较为成熟，覆盖了包括前台投研和交易、中台风控和后台运营估值全业务流程的体系。在投研专业人才方面，基金公司具有较为先进的人才储备、专业的投研团队。根据 Wind 相关数据显示，截至 8 月 15 日，基金公司任职基金经理人数为 2 032 位，加上各基金公司配备的完善的研究支持团队，相较其他资产管理子行业人才储备相对充裕。在营运管理方面，基金公司拥有较为专业化分工和模块化管理的架构，不仅可以实现团队成员专业能力的提升，还可以梳理并优化业务和管理流程，提高工作效率。在风险控制方面，2017 年 9 月 13 日，中国证券投资基金业协会发布《证券投资基金管理公司合规管理规范》，提出公司合规管理人员不得少于公司总部人数的1.5%，并且基金子公司需纳入统一合规管理体系，每年考核。随着各项合规政策和法律出台，基金行业在风控方面配备专业岗位，并建立专门管理系统、管理制度及风险防治机制来提升风险控制能力。

资管新规背景下，基金行业也面临激烈竞争和一些发展困境：

一是投资运作短期化，缺少长期核心价值。由于基金的主要资金来源是散户直接认购的短期基金，在投资上很难实现真正跨越周期的长期投资，基金投资都不可避免地表现出一定程度的机构散户化特征。结构化产品、定增基金、定制基金等短期资金驱动型产品层出不穷，短期化行为突出。另外，对基金投资经理年度或季度的业绩排名在很大程度上也是引致投资短期化的重要因素。

二是基金销售对渠道端的依赖程度高，这进一步加剧了投资者短期化和散户化。传统基金销售以银行和券商为主，其中银行又是绝对主力。2012年四家基金销售机构获得证监会颁发的首批第三方基金销售牌照，互联网基金销售和传统银行线下销售的竞争不可避免，基金销售的格局正在重构。外部渠道的相对竞争优势有所变动，但就整体而言，基金销售对外部渠道依赖程度高。销售利益最大化加剧频繁申赎，基金认申赎总量与资产余额之比达到320%，造成了投资者短期化和散户化。

从长远来看，在资管新规中无论是基金公司发行的公募产品，还是商业银行或其具有独立法人资格的子公司发行的公募产品，其在产品类型和投资标的方面将没有差异。在这样的前提下，作为基金公司严重依赖的销售渠道，银行在基金产品的销售中将会有部分资源被其他公募产品所分流，对于基金公司来说，产品竞争会愈发激烈，销售环境也将愈发严峻，在新的环境与格局下，构建独立成熟的销售渠道、加快搭建资金端与产品端的桥梁已迫在眉睫。

四、券商资管：综合金融平台的比较优势，主动管理有待加强

统一监管下证券公司资产管理业务的比较优势主要表现在以下两方面：

一是在权益投资上具备相对优势，权益投资能力是证券公司区别于其他资产管理机构的核心竞争力之一，未来证券公司资产管理需要充分发挥在权益投资上的比较优势；二是有平台优势，与公募、私募等资产管理机构相比，证券公司的业务种类更加多元，借助发挥证券公司投行业务、销售交易业务与资产管理业务之间的协同，可以为客户提供更多元、多优质的综合金融服务。

统一监管下证券公司资产管理业务的劣势主要表现在以下四方面：

一是总体体量小，尽管近年来券商资产管理规模快速增长，但从体量来看仍不及银行理财及信托，整体规模偏小；二是主动管理不足，资产配置能力相对较弱。截至2018年末，证券公司资产管理产品主动管理规模约31.5%，证券公司资产管理业务发展仍呈现出非主动管理主导的基本特征，资产配置基本以债券为主，大类资产配置能力整体偏弱；三是产品线不完善，目前券商资产管理产品仍然比较单一，跨境资产管理产品以及另类配置资产管理产品都较少，难以满足不同资产结构、不同风险偏好的投资者需求；四是人才激励有待完善，相对于公募、私募等资产管理机构，券商资管的整体薪资水平并不具备竞争力，如何及时有效地保留优秀人才，降低由于人才流失对公司业务的影响已迫在眉睫。

五、信托机构：高净值客户优势，产品体系及流动性相对不足

统一监管下信托行业资产管理业务的比较优势主要表现在以下三

个方面：

一是信托最大的法律制度优势源于其承担受托责任时可以真正实现财产隔离。尽管券商资管、基金子公司与保险公司可通过发行专项资产管理计划充当受托人角色，但在法理上当委托人面临破产清算时，仍存在受托财产将被连带处置的风险，只有信托公司是完全基于《信托法》下运行的天然SPV，具备财产风险隔离功能，这一点是信托所独有的功能。

二是对接优质非标资产优势突出。信托行业发展的30多年间，已经在基础产业、房地产、工商企业等投资领域积累了诸如信托资产、信托受益权、信托应收账款、信托贷款等大量的优质非标资产。未来随着金融混业经营的到来，同业业务的非标资产也将成为信托业务的拓展方向之一，信托行业凭借着在非标业务专属领域中完善的监管制度、专业化的投融资服务以及标准化的业务流程等优势为对接优质非标资产提供基础性支持。

三是高净值客户有一定积累。作为长期以来定位高端资产管理业务的金融机构，信托公司凭借丰富的投资经验和灵活的配资模式，兼具利用信托的制度优势，通过向高净值人群提供有别于其他机构的特色财富管理服务，积累了一批优质客户资源。

统一监管下信托行业资产管理业务的比较劣势主要表现在以下三个方面：

一是信托公司的资金来源渠道限制较多。相比商业银行、证券公司、保险公司等机构均可通过上市、发行债务融资工具、同业借款等多种途径补充资金，信托行业受到发展历史的影响，现行的监管政策对信托公司的资金来源渠道限制较多。在信托投资人门槛的规定、信托产品宣传与销售渠道、非标信托业务的清理方面都存在一定的限制，这在一定程度上削弱了大资产管理行业混业竞争环境下信托公司的业务竞争力。

二是信托产品的流动性有待提高。目前信托受益权转让主要限于信托公司内部撮合，以及部分机构提供的信托产品转让信息平台，此类模式虽然一定程度上缓解了转让方与受让方的信息不对称，但仍处于提供信息的初级阶段，且各机构相互独立，难以形成行业内信托产品统一、公开、高效的规模化流通转让。伴随信托行业的快速发展，信托产品流通转让的需求日益增强。相比二级市场较为成熟的证券产品，信托产品的流动性极为有限，风险定价机制弱化，无法借助流通转让过程逐步释放风险，这也从侧面加剧了信托公司“刚性兑付”的压力。在此背景下，完善信托行业顶层设计、搭建全国性信托产品流通转让体系、运用多种手段提高信托产品流动性，成为信托行业实现发展大突破的重要手段之一。

三是在混业经营大背景下，相关专业人才不足。资管新规拉平了各领域的监管标准，信托公司将直接面临更加激烈的市场竞争，尤其是投资管理和主动管理能力的竞争，这将直接体现在人才队伍建设水平上。目前，国内外市场投研人才主要集中于券商、基金行业，信托公司此类专业人才较少，导致很多信托公司在人才方面不足以支撑公司战略布局。信托公司需要提升管理能力，做好人才培育和储备，一方面要注重内部培养和外部引进并行，另一方面也要在薪酬考核与激励机制上灵活创新。另外，在系统布局上，信托公司试图开拓主动管理业务及国际业务，这对于交易估值等信息系统建设方面要求较高，目前很多信托公司在业务系统及专业人才方面难以满足业务要求。

第二节　资管新规对各类资产管理机构的影响分析

一、银行理财：原有产品形式以及资产配置面临改变，设立理财子公司机遇与挑战并存

资管新规、《关于进一步明确规范金融机构资产管理业务指导意

见有关事项的通知》《商业银行理财业务监督管理办法》等监管新政相继出台，要求银行理财回归“受人之托，代客理财”本质，标志着银行理财业务进入格局重塑、正本清源的新时代。

在产品端，产品净值化的要求对现有银行理财产品体系的冲击较大。当前银行理财同质化程度较高，存量产品中预期收益型产品较为普遍，具有隐性刚性兑付属性，导致市场对于产品的选择标准仅仅体现在期限和价格上。资管新规要求银行理财等资产管理业务打破刚性兑付，推广净值化产品。这将使产品供给端结构发生重大改变，银行理财产品面临的挑战依然严峻：一是净值型产品、长期限产品获得市场接受尚需时日；二是商业银行要使理财产品满足投资者的全方位需求，急需构建涵盖主动、被动、权益、固收、商品、另类、大类资产配置、现金管理等在内的全覆盖型产品体系。

在配置端，从配置非标资产向标准化资产转变。从资产配置结构来看，过去银行理财主要配置在固定收益资产和非标资产，随着资管新规和理财新规对非标资产投资的相对限制，银行理财投资非标资产的规模会相对受限。另外，过多资产配置在固定收益资产上，难以提升银行理财产品的收益率，这使银行理财面临了典型的“新产品收益率低于老产品收益率”的挑战，新产品发行及转型压力大。

在销售端，资管新规要求打破刚性兑付，对投资者教育提出了更高要求。银行理财净值化转型需改变投资者习惯，传导净值化理念，让投资者主动接受净值型产品。参考国外经验，投资者教育作为普惠活动，其实施主体不仅仅是商业银行等资产管理机构，而且包括监管机构、行业协会以及其他组织，形成了多层次投资者教育体系。同时培养了高质量的投资者教育队伍，并充分利用互联网等多种渠道创新投资者教育模式。

在理财子公司设立方面，为实现风险隔离和专业化经营，资管新规鼓励商业银行设立理财子公司。随着银行理财子公司的陆续获批，监管也正在密切研究和制定一系列确保银行理财和子公司业务转型的配套细则和规则解释。但银行设立理财子公司仍面临一定挑战和不确定性。理财子公司属于银保监会发放金融牌照的持牌金融机构，子公司办法出台，针对业务范围、代销规则、注册资本要求、和母行的关联交易等内容虽作出相应规定，但有关净资本、流动性及部分特殊产品类型等内容的管理规则尚待明确；对于已成立公募基金公司或其他资产管理机构的银行，再设立理财子公司存在一定程度的重复建设问题，而将子公司与其他机构“合二为一”又并不现实。如何定位理财子公司与其他资产管理机构的关系、区分各机构的业务，尚需讨论。

二、保险资管：对提高规模经济效应、集约化投资管理提出了更多的挑战

在产品端，资管新规对保险产品的影响主要表现在以下几方面：一是防止多层嵌套，对现有后端集合模式产生影响，以往保险资产管理产品在资金端可以接受银行理财等产品的委托，进行管理投资；在资产端可以通过投资于保险资产管理机构特有的资产管理产品，如基础设施投资计划、股权投资计划、资产支持计划等，开展资产配置、集合运作，由于新规中对于产品嵌套的限制，实际上限制银行委外专户再投资于保险资产管理产品；二是非标投资管理标准更加统一规范，资管新规对产品流动性的限制，对于资金期限较长的保险资产管理产品来说，开放式资产管理产品原本可投资于非标等稳定收益资产的优势将不复存在；三是统一资产管理产品杠杆比例，保监会并没有对组合类保险资产管理产品杠杆比例进行明确限制。险资投资风格稳健，资产配置多元，资产管理产品中杠杆使用并不激进，因此受到资管新规杠杆比例限制的冲击相对较小；四是细化投资集中度限制，资管新规对产品集中度有明确的“双十”以及15%、30%的限制，保监会保险资产管理产品相关管理办法鲜有控制投资集中度的具体要求。通过

本次资管新规对这部分投资监管领域的完善补充，在满足保险资金实现多元化资产配置的需求基础上，能有效地从源头杜绝风险隐患，长期来看也能更好地促进资本市场健康发展。

在资产端，过去保险资产的配置相对多元，非标资产及标准化资产占比相对均衡，受资管新规的冲击不大。随着后续监管部门对保险机构投资权益类资产权重比例上限的放宽，保险资产端配置结构可能会有一些变化。

在负债端，资管新规后，保险资管挑战与机遇共存。一方面，打破刚性兑付后，过去部分资产管理产品依托隐性刚性兑付的优势将不复存在，保险资产管理产品面临更平等的市场环境。针对风险厌恶型的投资者，储蓄型保险产品的吸引力将会得到提升，随之而来带来保费收入的提升，保险资产管理机构受托于母公司及第三方保险公司的规模也将进一步扩大；针对风险偏好型的投资者，具有投资性质兼具保险保障功能的投资连结型保险产品也将进一步得到认可，这将提升保险资产管理产品的吸引力。另一方面，在金融监管强化、理财规模收缩的背景下，短期内银行委外规模将有所压缩，管理人存量博弈、优胜劣汰，保险资产管理机构所承接的第三方银行委外资产管理业务的规模和收入短期内将有所下滑。

三、基金行业：对主动管理及产品的差异化提出了更高的要求

在投资管理上，随着资管新规的出台，基金业之间的竞争将回归到资产管理的本源，即主动管理能力，特别是公募基金的投资管理面临的竞争环境将会更加激烈。资管新规要求“公募产品主要投资标准化债权类资产以及上市交易的股票，除法律法规和金融管理部门另有规定外，不得投资未上市企业股权”。由此商业银行或其具有独立法人资格的子公司发行的公募产品与基金公司发行产品同质化，两者之

间的竞争将加剧。基金公司虽然具有较为先进的人才储备、专业的投研团队，但是在转型主动管理的过程中，基金子公司与母公司的业务模式重叠、整体投资环境欠佳、专业人员如投研团队配备不足等因素，现存的大量"非标"产品和通道业务拖累等，使得"船大掉头难"。

在产品体系上，中国基金业目前的分类仍然停留在大类上，开放式基金的分类主要以股票型、混合型、债券型、货币型等产品为主，私募基金的分类主要以权益型、固收型、混合型、并购型、房地产型等产品为主，基金同质化已经不是新现象，并且在各类基金中都有反映。产品策略上各个基金公司普遍追求大而全，每个公司都想成为全产品的提供商，境内基金公司中几乎少有公司选择单产品线。反观国外成功的基金公司，在长期的竞争中形成了各有所专的产品体系发展方向，有的基金公司做专业债券，最大债券基金一笔达到两百亿美元，先锋专注做指数投资，富达则强调明星基金经理的培养。在未来，如何能够在某一特色领域发挥专长，以差异化产品占据市场份额，成为基金公司不得不面对的议题。

不仅如此，货币型基金规模占比高，体现主动管理能力的股票、混合型基金占比较低，这也与成熟市场差异巨大。截至 2018 年底，我国公募基金中货币型占比超过 58%，而股票型与混合型占比仅 16.7%。与此相比，美国共同基金中权益与混合型基金超过 60%，货币基金占比仅 15%。2017 年 8 月 31 日发布《公开募集开放式证券投资基金流动性风险管理规定》，为了控制流动性，货币基金的监管大大加强。截至 2019 年第一季度，国内公募基金市场上有货币基金 333 只，净值占比约 56%。

未来基金行业要回归投资管理本源，产品体系需要进行重大变革。要不断完善产品线，提升基金公司产品线覆盖的广度；要增强主动管理类产品，增强产品的主动管理能力及风险控制能力，无疑是赢得投资者信任的最好的利器之一；要扩充可投资标的，资管新规明确公募产品可以投资商品及金融衍生品，未来股指期权、股票期权、商品期货、柜台交易品种等多种金融衍生工具都应逐步纳入公募基金的投资范畴，这也是公募基金未来进行业务拓展的重要领域。

在销售端，投资者教育工作要持续推进。近年来投资者在资产管理产品购买中盲目追求高收益、忽视高风险的现象层出不穷，近期频发的代销基金亏损事件中，由于投资者教育的缺失，销售行为不规范，投资者不但蒙受了损失，基金产品发行和管理方也受到了质疑或处罚，带来了一定的声誉和实际损失。未来基金行业机构需要增加对于银行渠道端的培训，让投资者清楚地认识到自己所购买的基金为何物，必要时还可引入第三方研究机构为投资者进行筛选。

四、券商资管：规模面临快速压缩，转型发展压力较大

在“去通道”背景下，券商资产管理规模快速压缩。证券公司资产管理业务主要分为集合资产管理计划、定向资产管理计划及专项资产管理计划。其中，定向资产管理计划占绝对多数，2018 年末定向资产管理计划规模 11 万亿元，占比 82.3%；集合资产管理计划规模 1.9 万亿元，占比 14.3%；专项资产管理计划规模 31 亿元，占比仅 0.03%。证券公司资产管理业务中，主动管理型业务模式本身符合资产管理机构的定位，通道类业务是监管重点。受去通道的持续影响，券商资产管理业务规模快速下降，收入也可能有所下降。从当前券商资产管理规模的结构来看，定向资产管理计划的规模占比接近 80%，在“去通道”背景下，券商资产管理规模将呈现明显下滑趋势。由于券商资管呈现出“通道类业务贡献规模，主动管理业务贡献收入”的基本特征，估计券商资产管理规模快速下降对资产管理业务收入的冲击将相对较小，行业资产管理业务收入可能呈现出稳中有降的趋势。

统一监管下对券商资管的主动管理能力提出了更高要求，加速向本源回归。在推进资产管理业务回归本源的发展趋势下，市场对券商

资产管理业务的主动管理能力将提出更高要求，面对来自各类资产管理机构的市场竞争，券商资产管理业务的竞争压力将更大，行业进一步加速向主动管理转型。在过渡期内，券商资管面临转型阵痛期。在通道类资产管理业务规模快速下降，但主动管理类资产管理业务规模短期内难以显著上升的背景下，券商资产管理业务将面临转型阵痛期。如何构建差异化的竞争优势、不断提升主动管理能力将成为各家券商资产管理机构面临的头等难题。

五、信托机构：净值化及去资金池化对信托产品影响较大

在资管新规下，信托公司现有产品结构面临以下主要风险：一是通道业务占比偏高，通道业务常与杠杆、多层嵌套等问题同时发生，信托公司难以准确识别、有效管理通道业务底层资产风险。底层资产价格波动或违约发生时，相关风险传导路径不明，去通道对信托公司的通道业务起到了有力的抑制作用，在一定程度上有利于控制信托公司开展业务所积累的隐性以及显性的金融风险。二是打破刚性兑付下，信托行业面临较大冲击，刚性兑付一直是信托行业的潜规则，投资人形成了由国家、国有企业与金融机构信用来背负“投资风险”的思维惯性，在打破刚性兑付下，信托公司面临较大的客户沟通或客户流失的压力。三是清理资金池业务和防范错配风险的要求将使一些通过资金池“发新还旧”、期限错配严重的信托公司面临较大流动性压力。四是资管新规对产品设计和交易结构产生重大影响，本次资管新规中规定，“重点针对资产管理业务的多层嵌套、杠杆不清、套利严重、投机频繁等问题，设定统一的标准规制，同时对金融创新坚持趋利避害、一分为二，留出发展空间”，“金融机构不得为其他金融机构的资产管理产品提供规避投资范围、杠杆约束等监管要求的通道服务”。权益类产品杠杆的限制可能会影响员工持股计划、质押融资等部分信托业务开展。同时，大量杠杆并购项目、部分进入 PPP 项目的产业基

金等均会受到影响。

第三节 各资产管理子行业业务模式研判

一、银行理财：理财子公司推动银行理财业务向直接融资方向转型

我国银行系资产管理机构是资产管理行业主要资金来源机构，在资产管理体系中位处上游，与券商、基金、保险、信托等其他资产管理机构相比，客户渠道与品牌优势明显。发达国家银行系资产管理机构的发展经验也表明，银行丰富的个人和机构客户资源、完整的账户体系、多业务平台、全面的网络覆盖及强大的品牌公信力，成为银行在资产管理市场占据优势地位的主要因素。伴随着我国经济转型，资产管理业务进一步发展，银行系资产管理机构将充分利用客户与渠道优势，继续保持行业优势地位。

站在银行理财子公司发展元年这一历史时点来看，如何有效实现资管新规下的经营模式转型，将成为理财子公司设立初期成功的关键所在。展望未来发展趋势，银行理财子公司预计会推动银行理财业务向直接融资战略转型。同时理财子公司的设立，也强化了资产管理业务的交易主体地位，完善了业务组织架构，实现了风险管控和风险隔离，拓宽了银行资产管理业务的边界。

银行理财子公司要改变过去以类信贷为主的业务模式，以发展直接融资的方式推进业务转型，切实提升对实体经济的服务能力。银行理财业务一直以来都是连接金融市场与实体经济的有效媒介，过去银行理财以类信贷和现金管理为主的业务模式在服务实体经济的同时也引发了风险过度集中、融资结构失衡等问题；未来银行理财业务的转型及理财子公司的发展要更多从发展直接融资的战略定位出发，改变

过去类信贷业务模式的低风险偏好特征，培育专业、主动管理能力，更好地适应我国经济转型过程中实体企业经营风险不断增加的趋势；借助市场化定价机制实现风险收益的平衡，有效降低杠杆水平及债务风险，切实提升金融市场对实体经济的服务能力。从过去我国金融业改革发展的经验来看，凡是服务实体经济、适应市场需求的转型都相对成功；凡是与实体经济需求不相一致的创新发展都难以持续。

银行理财子公司要按照直接融资要求推进转型。一是银行理财业务要以独立法人形式进行运营管理，因为其业务特征、风险偏好与传统商业银行业务均存在本质差别，法人化经营能有效实现风险隔离，重塑银行理财业务的风险偏好，同时这也是国际市场的通行惯例；二是银行理财子公司的转型发展要符合资本市场的基本原则，“买者自负，卖者尽责”是资本市场的信用基础，银行理财子公司转型发展要实现理财产品信用与银行信用的逐步分离，坚决打破刚性兑付；三是银行理财子公司转型发展要明确专业资产管理人的边界，转变套用银行存贷款业务的经营理念，基于资本市场的要求去做大股权投资，优化信息披露、风险管理及外部委托人的筛选机制，在提升对实体经济服务能力的同时，切实保障投资人的合法权益。

从银行资产管理业务转型具体实现路径来看，未来银行资管将在产品体系和投研上寻求积极转变。

一是未来银行理财产品体系将呈现创新稳健的格局。第一，产品体系全覆盖，参照国际经验，商业银行需推出覆盖客户全方位资产管理需求的产品，捕捉各类市场机遇，运用技术手段冲抵风险，获得稳健收益。第二，固收类、现金管理类作为主打产品，基于商业银行风险偏好和信用研究能力特长，固定收益类产品仍将是产品主力；现金管理类产品具有低风险、申赎灵活、收益稳定特点，既能填补保本理财空缺，又能在过渡期享受“摊余成本＋影子定价”政策红利。第三，非标期限匹配产品优势凸显，基于商业银行传统信贷业务优势而产生的非标投资，在解决期限错配与打破刚性兑付两个难点后，仍将是银行理财的重要资产配置方向和特色优势。第四，打造差异化净值型产品，针对主流客群，主打低风险的现金管理类或者固收类净值型产品；针对高净值客群，尝试营销挂钩贵金属、外汇、利率等指标的结构化产品。

二是银行资产管理业务投资端将面临进一步的转变。其一，随着国内大行海外业务的增加，跨境投资业务的开展正在成为一种趋势。对大型银行来说，将投资视野放宽至全球更利于自身发展。其二，权益类投资占比或将上升。从国内情况来看，资管新规为资产多元化配置打开通道，公募产品可以投资上市交易股票，为银行资产投向提供更自由的空间。此外，近年来资本市场在我国金融体系中的定位显著提升，随着资本市场一系列基础制度改革的推进，资本市场的投融资体系将进一步完善，这将显著吸引各类投资机构参与资本市场。银行理财产品可顺应资本市场发展趋势，提升权益类资产配比，获取稳健高收益。加之资金端部分投资者对高收益产品诉求强烈，银行资管推出面向中高风险承受能力投资者的产品，这类产品在资产配置中将给予权益类资产更大的配置比例。因此，随着银行理财回归本源、市场日趋成熟，我国银行资管权益类资产占比或将有较大提升。其三，被动投资潜力较大。目前，中国市场目前被动投资指数份额处于7%到10%之间，远低于国外水平，仍有较大发展空间。其四，FOF模式具有较大发展机会。采用FOF模式具备多项优势，不但能够实现分散化投资，降低资产组合的波动率，满足多元化投资的需求，还能够通过FOF模式享受到基金等机构专业的投研能力。同时，能够降低投资门槛，对复杂、专业化的基金产品投资更加容易。随着我国金融市场日趋成熟、监管体系不断完善、金融机构逐步发展和投资者观念的逐步转变，FOF模式具有较大发展潜力。

二、保险资管：管理好母公司资产，积极拓展养老金及第三方受托业务

保险资产管理机构前身大多为保险公司内部的资产配置部或投资部，长期以来，保险资产管理机构大多专注于接受母公司委托，管理保费收入，实现资产稳健增值。相比银行、信托、证券资管、基金等资产管理子行业，从“受人之托、代客理财”的第三方业务来看，保险资产管理机构规模份额较少，参与竞争不够深入，市场化水平有待提升。从 2013 年开始，保监会逐步推动保险资产管理公司开展资产管理业务试点。近年来，监管部门不断对组合类资产管理产品加强规范，并稳步推动配套制度改革。展望未来，在大资产管理行业的背景下，保险资产管理机构将会成为资产管理行业内不可或缺的专业参与机构之一。保险资产管理机构既可以利用自身管理母公司资产的优势，守住根据地，积极发展业务创新；同时，保险资产管理机构自身也应积极发展第三方业务，争取凭借其稳健的投资风格、卓越的配置能力，在行业竞争中脱颖而出。一方面，通过以发行资产管理产品或接受委托投资等模式，为第三方机构提供专业的资产管理服务；另一方面，也可以采用投资顾问的模式，成为客户的“外脑”，特别是对基础设施尚不完善的中小银行、保险等机构，对其提供包括投资建议、产品设计、中后台运营、IT 系统搭建等一系列完善的指导，以此加强行业间的交流沟通，并更好地与中小客户建立起深度联系。

此外，除了机构业务，保险管理公司正在进一步加大在养老第二、第三支柱上投资管理的渗透。由于保险资产管理机构对保险资金、养老金等资金的长期性、安全性属性有着更为深入的理解，长期稳健的投资理念和投资风格更加符合百姓养老理财的特征，因此在这部分资产的投资运作上具有较强的竞争力。

具体来看，保险资产管理业务的转型方向及实现路径主要集中在

以下三方面：

一是加强境内外资产主动管理能力，严守风险底线。A股市场在估值体系、投资者结构、投资理念上向更成熟的方向演进，为国内权益资产管理领域的发展提供了适宜的土壤。过去保险资产管理公司以境内固定收益投资见长，在权益投资、另类投资上的优势并不突出，未来保险资产管理公司要主动调整，补足短板，加强在权益资产方面的主动管理能力，在满足母公司保险资产及第三方客户配置需求的同时，做大管理资产规模；同时，加快推进海外投资能力建设，更好地匹配境内投资者的需求以及“一带一路”倡议。值得关注的是，随着客户愈发多元化、资金性质多样化、投资方式创新化，新的投资风险和合规性风险也将不断出现，这也加大了对保险资产管理机构风险识别、控制能力的考验。保险资产管理机构在加强主动管理能力，拓展投资领域的同时，也要恪守风险底线。风险控制能力的提升不但是保险资产管理机构参与大资产管理行业竞争的基础，也是其未来转型发展的制胜武器之一。

二是建立健全产品体系，健全多资产类别、多策略等配置工具的提供。过去保险资产管理机构在管理母公司保险资金上主要以“普通账户”和“独立账户”实行资产配置分账户管理，在发展第三方保险资金管理时也大多采用专户的形式。传统的专户管理方式以满足委托人的个性化需求为导向，但存在账户规模千差万别、投资管理难度大、管理成本高等问题，其非标准化的特征不利于发挥资产管理机构的专业性和规模经济。相比之下，资产管理产品作为标准化的契约产品，资产管理人依照产品合同来开展投资管理，有助于发挥投资人的专业能力，也能够汇集各类规模的资金，降低投资门槛，发挥规模效应，节约管理成本。从国内外趋势来看，标准化的资产管理产品是资产管理机构做大做强所不可或缺的“标配”。因此，保险资产管理公司应不断完善资产管理产品体系，将产品作为获取第三方资产的主要形式。

在产品化过程中，保险资产管理公司可通过提出资产配置建议，加大认购资产管理产品的比例，形成多样化的产品体系，集中优势力量打造明星产品等举措加快投资产品化的过程。

三是打造卓越的客户体验和品牌认知。回溯保险资产管理机构的设立本源，由于其主要服务于母公司资产，公司整体架构更注重投资决策和风险把控，在市场营销、客户服务、运营体系、IT 架构等其他环节较为薄弱。特别是与基金公司、券商资管等同业相比，需要进一步增强保险资产管理机构综合竞争实力。比如在发行和销售资产管理产品时，应当坚持“了解产品”和“了解客户”的经营理念，加强投资者适当性管理，向投资者销售与其风险识别能力和风险承担能力相适应的资产管理产品；在信息披露环节，做到及时有效准确，切实履行诚实信用、勤勉尽责义务，保护投资者权益。通过建立起一整套服务外部客户的全过程覆盖管理制度，以期打造卓越的客户体验和品牌认知，赢得客户认可。

三、基金行业：强化投研优势及产品创新，弥补销售短板

依据市场规律和国外发展经验，基金业未来将呈现综合和精品两种类型机构并存的市场格局。随着资产管理行业深化改革，定位于不同客户需求的综合型和精品店将呈现出齐头并进的格局，整个基金行业或将重新洗牌。

在发展趋势上，未来基金行业将从以下几方面寻求改革：

一是基金销售体系的重构。随着客户结构的改变和数字化程度的增加，FOF 和养老金产品的推行使资产管理行业进入了资产配置的新时代，基金销售体系的重构也成了改革中的必要环节。目前基金的需求端呈现出以机构客户为主、零售客户为辅的基本特征。一方面以银行委外和险资为代表的机构客户是基金的主力客户；另一方面“80后”“90后”投资者正逐渐加入且影响力增大，高净值人群占比加大

且资产配置需求日益增长。客户结构和客户需求的变更及互联网的推动促使基金销售体系重构。在互联网+的催化下，基金公司也及时调整电商业务的节奏和步伐，通过改善基础平台建设、APP功能优化等逐步加强直销渠道的流量和竞争力，为客户提供更加专业和精细化的服务。毋庸置疑，随着各类机构对于代销规模需求的增加，各类代销渠道间的竞争将更加激烈。比拼费率的价格竞争虽然简单有效但已经是强弩之末，而深化服务，更好地连接客户与产品两端才是未来产品营销的制胜之道。净值化时代简单的收益率评价已不再适用。销售人员必须深入了解客户需求，由“单一产品导向”向“综合配置服务”转型。在这一转型过程中深入了解客户是根本前提，完善产品评价从而构建组合是具体实施关键，两者缺一不可。

二是稳步持续进行产品创新。加强风险防范的同时稳步持续推进创新是基金业的长期发展趋势。一方面借鉴海外经验，不断丰富完善产品线，另一方面立足本土特色，加强风险防范的同时谋求创新。基金要回归投资管理本源，产品体系需要进行重大变革。第一，重视资产配置型产品的提供，在当前的公募基金产品中，中等风险的投资品种相对缺位，未来大力发展FOF、养老目标产品是提供差异化产品的重点；第二，重视多元化、海外资产产品的提供，从资产配置的角度海外资产、商品资产都是分散风险的有效工具，当前国内市场的QDII和商品型、REITs等工具还是相对偏少，仍然有很广阔的发展空间；第三，重视指数化产品的提供，美国市场中被动指数产品的规模占整个股票基金的20%以上，而国内当前指数产品的占比相对较小，可以进一步提供丰富的规模、行业及主题型指数基金产品。除此之外考虑到国内市场有效性相对海外成熟市场较低，因此还可以重点发展Smart Beta，为投资人提供更多的配置工具。

三是加强投资者教育。目前我国资产管理行业“买者自负，卖者尽责”的认识还非常薄弱。投资者选择产品不是出于对其风险收益的判断，不关注产品的底层资产及其内在价值，而是对基金等各类资产管理产品发行人、管理人，甚至是销售机构主体信用的判断，盲目相信所谓的“国家信用”、刚性兑付和隐性担保。加强投资者教育，基金行业一方面需要坚持强化风险警示，建设多渠道警示体系，帮助投资者提高防范投资欺诈的能力；另一方面需要全面系统地发布权威数据和信息，帮助投资者正确了解市场、理性投资。

四、券商资管：做强主动管理及资产管理综合平台

充分发挥投研优势及交易能力，做强主动管理及资产管理综合平台是证券公司资产管理业务的突围发展之路。与其他资产管理机构相比，证券公司资产管理业务在投资范围及产品线上都不具备优势。从投资范围来看，信托借助牌照优势可投资资产范围最广，在统一监管的趋势下，尽管各类资产管理机构的投资资产范围在不断趋同化，但券商资管在不动产等资产投资上经验相对不足；从产品线来看，在公募类产品创新上基金公司领先，如ETF、QDII产品及指数基金等；在私募类产品上，券商小集合资产管理计划和专户与公募专户及银行私人银行理财产品相比也无明显优势；在跨境产品上，尽管券商资管有所尝试，但跨境资产管理业务还是以基金公司、保险和银行等机构为主。券商资管一方面要积极与其他资产管理机构合作，充分发挥其投研优势，为银行、保险等机构提供委外管理；另一方面要借助大力发展交易型产品提升交易能力，做强资产管理业务的大平台，为客户提供综合金融服务。

具体来看，未来证券公司资产管理业务的转型方向将呈现三大特征：

一是差异化发展。不同类型的券商资产管理机构有望基于自身资源禀赋和发展战略的不同，形成差异化发展模式。部分实力雄厚的大型证券公司可能将借助完善产品线及提升主动管理能力来实现全产品、

全周期及全市场的覆盖；在二级市场投资研究上有长期积累和布局的机构可能借助强化主动管理来提升竞争力；有平台效应的券商资产管理机构有望进一步做大平台，提升对各类资金及资产的配置效率，搭建综合性的资产管理业务平台；有量化及结构化投资基础的券商资产管理机构有望借助量化产品或结构化产品打造自身特色产品。

二是完善产品线。在产品布局方面，ABS及跨境资产管理产品有望成为券商资产管理业务新的增长点。一方面，党的十九大报告将发展直接融资放在了更加重要的位置，资产证券化是券商资产管理推动直接融资、服务实体经济的重要突破口，发行规模有望持续突破；另一方面，在人民币国际化的大潮下，全球经营、全球配置已经成为资产管理机构的必然选择。当前我国居民跨境资产配置比例偏低，远低于成熟市场近40%的水平，以“一带一路”为重点的对外开放格局为跨境资产管理产品的发展提供了广阔的空间。

三是借助内部协同提供综合金融服务。证券公司资产管理业务在统一监管下要构建差异化竞争优势还需要充分发挥内部协同。与其他资产管理机构相比，证券公司在投行业务以及另类投资上的比较优势要有效转化成资产管理产品，将资产端的优势以差异化产品的形式呈现给投资者；证券公司可利用平台优势和机构客户基础，借助多元化的交易服务和交易型产品来为客户提供多元金融服务。

五、信托机构：去杠杆去通道，提升核心资产管理能力

资管新规给予信托业一个健康发展引导，未来信托业的发展定位将回归信托本源，通过承担受托人角色，提高委托人财产的安全性与意愿的可达性，保障各参与方的合法权益，提高信托业对促进社会正面效应的贡献力度。

从业务类型来看，资管新规下，信托机构将重点开展以下几种资产管理类业务：

一是大力发展标准化业务和财富管理业务。信托机构首先要坚定树立主动管理的展业思路，大力培养专业投资能力，尽快构建“资产管理+债权融资”双主业模式，降低债权融资类业务占比，将对接证券投资、项目股权投资、PE投资、投贷联动等资金运用方式的资产管理业务，塑造为新的支柱业务，更多地转向标准化债权资产、上市及未上市公司权益类资产的投资，彻底摆脱影子银行色彩；其次要将财富管理业务作为战略性业务进行积极培育，以适应日益增多的超高净值客户对财富安全、财富传承、全球配置资产的需求，此类业务多为单一信托，监管限制相对不多，信托机构展业的自由度很大。

二是发挥资产端优势，拓展股权投资业务。从确保投资稳定的角度来看，实践中股权投资的存续期相对较长，而股权投资的流动性又弱于投资二级市场的证券投资基金，因此信托制度规定的信托具有存续的连续性的特点，使信托公司参与股权投资业务具有巨大的优势与发展空间。未来信托公司可以从以下两方面促进股权投资业务的良性发展：一方面是要努力扩大现有业务的广度与深度，随着外资逐步进入金融行业，信托业要充分利用内资与外资两种渠道，借鉴国外先进的经验与理念，丰富产品种类，提升风控水平，加快股权投资业务的发展；另一方面是要大力培养专业人才，努力提升管理水平。信托从业人员的业务水平是信托公司参与股权投资业务成功与否的关键所在。

三是大力发展信托特有业务。具有事务管理特征的慈善信托、消费信托、土地信托在精准扶贫、污染防治、供给侧结构性改革、农村土地三权分置等国家重大任务和改革活动中不乏用武之地。家族信托、慈善信托等特色业务是未来信托公司打造差异化竞争力的核心所在。同时，信托机构要大力运用以互联网+为代表的金融科技，利用大数据和人工智能，增强风险识别、研判及化解能力。以资管新规为引领，信托公司开展新型受托事务管理业务应当在可持续发展的前提下，开展符合国家战略和产业政策要求、符合国家供给侧结构性改革政策要求的事务管理业务，努力与其他金融机构合作将资金用于支持国家经济结构调整与转型事业中来，努力探索新型受托事务管理业务发展模式，支持市场化、法治化债转股以降低企业杠杆率，达到严控金融风险的监管目标。

四是大力拓展海外业务。当前发展信托公司国际化业务是多家信托公司重点布局的方向之一。此举既可丰富信托公司的产品线，也可提高信托公司开展财富管理业务的竞争力，促进自身业务的转型升级。由于我国信托公司的历史较短，多数信托公司的人才储备和人才培养等条件还不够成熟，再加上境内外的社会政治背景、金融与法律环境的差异以及业务资质及额度的限制，信托公司国际化业务短期内不会成为信托行业普遍流行和可复制的业务。不过从长远来看，在未来人民币国际化和资管竞合的大趋势下，信托公司国际化业务一定会蓬勃发展。此外，资管新规有效解决了资产管理行业的潜在风险问题，将促进资产管理行业提升发展质量。在强化信托国际业务方面，应重点发展跨境资产配置业务。根据信托公司是否直接参与资产配置投资决策，分为主动管理和委托管理两种类型，跨境资产配置业务是任何从事国际业务的信托公司都必须重点投入的业务条线。跨境资产配置业务对于团队、系统、风控与运营管理的要求比较高，一步到位的建设方式成本较高，因此在建设本业务板块时采取循序渐进的方式为宜，可先与境外知名的资产管理机构开展合作，在具备一定的自营产品运作经验后，再大规模复制开展主动管理型跨境资产配置信托业务。

第六章 推进资产管理行业持续健康发展的建议[①]

资产管理行业是我国金融体系的重要组成部分，是我国深化金融供给侧结构性改革背景下，推动直接融资体系发展的重要力量。在新形势下，资产管理行业要实现规范转型发展离不开监管、行业机构以及投资者的共同努力。资管新规为行业发展指明了总体方向，而配套细则及相关机制的完善是推动业务转型的关键所在。未来资产管理机构要坚持“去伪存真、正本清源、服务实体”的理念，基于自身优势实现转型与发展；针对行业面临的投资者教育、中长期投资者培育等问题，更需要行业共同努力去解决，以推动资产管理行业持续健康发展。

第一节 明确法律关系，完善基础法律体系

一、明确资产管理产品的法律关系总体上遵循信托关系

资管新规尚未直接明确各类资产管理产品的法律关系，具体来看，信托产品的上位法为《中华人民共和国信托法》，基金产品的上位法为《中华人民共和国证券投资基金法》，证监会也明确了证券期货私募资产管理产品监管细则的上位法是《证券投资基金法》，同时在《证

① 本章执笔人：中信信托王道远、周萍、张明玺、周工。

券期货经营机构私募资产管理业务管理办法》答记者问中说明私募资产管理产品依据信托法律关系设立。然而，《银行理财子公司管理办法》的第一条确定立法依据是《中华人民共和国银行业监督管理法》，但未明确理财子公司产品的法律地位。在此基础上，建议明确资产管理产品业务的底层法律关系。在现行框架下，建议包括银行理财在内的资产管理业务总体上遵循信托关系，但考虑到历史发展原因，少部分资产管理业务可单独列出其适用的法律关系，比如定向资产管理计划适用委托代理关系等。

二、完善基础法律体系

在明确法律关系的基础上，建议加快推进上位法法律体系的修改和完善。

关于《证券法》，目前修法已经进入三审阶段，在征集社会意见的基础上，建议进一步加快《证券法》的修订和实施，一是将资产管理产品纳入证券范畴。建议用定义加列举的方式调整证券的范畴，将符合以下四大特征的金融产品明确为证券：份额化筹集资金、由他人来从事经营活动、投资者获取收益并承担风险和可交易可转让。基于此，资产管理产品完全符合证券的基础属性，将资产管理产品纳入证券范畴有利于更好地明确上位法支撑，更好地推进资产管理市场的统一，更好地打击各种违法犯罪行为。二是明确私募发行 200 人的限制仅针对个人投资者。当前我国《证券法》明确规定向特定对象发行证券累计超过 200 人的为公开发行，然而这一规定与当前金融市场发展特征不相符合，也没有完全实现对风险本质层面的匹配。区分公开和私募发行的关键并不在于投资者数量的多少，而在于投资者与产品的风险水平是否匹配。对于风险较高的产品，如果仅面向合格投资者发行，那么基于风险匹配的原则，可以不用强调 200 人的限制；如果面向合格投资者之外的人发行，则基于风险匹配的原则，应按照公开发行的方式管理。尽管 2017 年以来我国实行了严格的投资者适当性管理制度，资管新规中也对投资者适当性有明确的区分和要求，但在现有的金融环境下，我们还难以做到直接打破人数的限制。在此背景下，建议修订《证券法》中对非公开发行不超过 200 人的规定，明确非公开发行的 200 人限制仅针对个人投资者，对于合格投资者中的机构投资者，不在 200 人限制内。

关于《信托法》，现有《信托法》较难从根本上解决信托法律制度的完整性问题，也不能满足对民事信托、公益信托、营业性信托等的多样化需求，同时还存在信托财产独立性、登记过户、信托税制安排、流动性、受托人授权或专营、当事人权利平衡等诸多方面的问题，因此修订《信托法》迫在眉睫。建议加快《信托法》的修订进程，明确设立信托时信托财产转移给受托人的法律规定，使信托实现真正意义上的风险隔离。

第二节　持续推进统一监管，加快出台资管新规配套细则

一、从金融供给侧结构性改革出发，明确直接融资的发展思路

资产管理产品一直以来都是连接金融市场与实体经济的有效媒介。然而，过去各类资产管理产品以信贷或类信贷为主的业务模式在服务实体经济的同时也引发了一系列风险问题，如加大社会杠杆、金融风险集中在银行体系、社会融资结构失衡、监管套利抬升融资成本等。各类资产管理机构要从金融供给侧结构性改革出发，从发展直接融资的战略定位出发，回归资产管理本源，服务实体经济。要明确资产管理人的边界，转变套用银行存贷款业务的经营理念，基于资本市场的要求去做大创业投资和股权投资等直接融资，优化信息披露、风险管

理及外部委托人的筛选机制，在提升对实体经济服务能力的同时，切实保障投资人的合法权益。关于机构体系，尽量以独立法人的形式进行运营管理，因为其业务特征、风险偏好与其他金融业务均存在本质差别，法人化经营能有效实现风险隔离，重塑风险偏好，树立“买者自负，卖者尽责”的信用基础，有利于打破刚性兑付，同时这也是国际市场的通行惯例。关于市场体系，大力发展金融衍生品市场和创新的资产管理产品流通二级市场，以帮助资产管理产品实现市场化风险定价，同时缓解各类资产管理产品流动性压力和期限错配等问题。充分利用多层次资本市场和衍生品市场，积极开发个性化、差异化、定制化的金融产品，更好地满足居民理财需求和实体经济差异化的融资需求，推进储蓄向投资转化。

二、逐步推进资产管理行业的监管统一

尽管资管新规及其配套细则从功能监管的理念出发，旨在统一资产管理行业监管，但从现状来看，各类资产管理机构在展业规范上确实还存在一些不一致的地方。在市场地位方面，近年来私募基金行业在推进资产管理业务发展以及服务实体经济融资需求上发挥了重要作用，然而，资管新规及其配套细则都旨在规范持牌类金融机构资产管理业务的发展，私募机构不属于持牌类金融机构（但在基金业协会备案实行行业自律监管）。银行理财细则明确规定，理财投资合作机构应当是具有专业资质并受金融监督管理部门依法监管的金融机构或国务院银行业监督管理机构认可的其他机构，对于合作机构是否包含私募机构尚未明确。应当给予规范经营、符合条件的私募基金相应待遇，通过支持私募基金来实现支持实体经济发展的目标。此外银行理财与公募基金等其他产品在规定上存在诸多不一致之处，包括投资门槛、销售渠道、集中度要求等，在这些方面均需要修订现有监管标准，实现标准的实质统一。

当前我国仍然实行以机构监管为主的分业管理体系，在现有监管体系下，从事同类型资产管理业务的机构分属不同的监管部门实行监管，在此背景下，资产管理行业实现统一监管有一定难度。从监管导向上来看，我们一方面要认识到现有监管模式的局限性，另一方面更要意识到资产管理业务走向完全统一监管是大势所趋，监管政策的制定要逐步向完全统一监管靠近，逐步推进机构准入门槛、日常监管制度以及展业标准的统一。

三、进一步推进中央与地方监管执行尺度的一致

自资管新规发布征求意见稿以来，监管部门一直与市场机构保持了较好的双向沟通，这对推进资产管理行业平稳过渡发展起到了至关重要的作用。但从具体监管执行尺度来看，由于地方监管部门是一线监管主体，在防范重大系统性金融风险的导向下，地方监管部门的实际监管标准可能偏严，这在市场准入、投资运营等环节较大程度上影响了资产管理机构正常的业务开展。建议在后续政策的发布及解读上，中央金融监管部门能加强监管政策指引解读，使地方监管执行标准和中央保持高度一致。

四、加快统一资产管理产品增值税计税规则

从国内资产管理产品增值税收现状来看，不同资产管理产品的征税标准并不完全一样：财税〔2016〕36号文确立了证券投资基金享有买卖股票和债券的免税优势，而银行理财产品和其他资产管理产品转让收入仍需按3%的税率全额纳税。以银行理财产品为代表的非公募基金资产管理产品，按照资管新规转型的压力相对较大，现行的外部税收环境在一定程度上加重了其转型负担，因此建议加快统一资产管理产品增值税征税规则，使公募资产管理产品计税规则保持一致。另外，更精细化的税收制度安排可以有效引导资产管理行业乃至整个金融体

系健康发展，建议在未来的金融改革中充分重视税收制度的运用。

五、加快出台完善资管新规相关的配套细则

资管新规重塑了资产管理行业的竞争格局，在资管新规及相应配套政策的基础上，建议央行牵头、与其他金融监管部门共同尽快明确标准资产与非标准化资产的认定标准和非标转标的相关程序，有序推进资产管理机构存量资产的处置，引导和推动新产品的发行。同时，加快出台完善资管新规相关的配套细则，如进一步完善银行理财子公司资本金要求、销售管理、从业人员管理、信息披露、估值体系、投资者保护等方面的制度体系，给市场机构更明确的行为指南，更好引导投资者预期，持续推进银行理财等产品的转型发展。尽快出台关于创业投资基金以及政府出资产业投资基金的新规配套规则，避免部分基金产品在实际运行中陷入无规可循的困境。尽快出台新产品信息披露模板、T+0 产品投资资产要求等。

第三节　加强自身能力建设，主动寻求业务协同

一、做好机构内部管理建设，为主动变革提供基础

资产管理行业的竞争最终都将回归到各资产管理机构的核心竞争力层面。尽管当前资产管理机构还面临一些差异化监管，也面临转型过渡期的巨大挑战，但做好自身管理体系、业务模式以及保障机制的梳理才是根本所在，练好内功是迎接主动变革的基础。

对于转型压力较大的银行理财业务，建议做好压力测试，并将压力测试的情况积极与金融监管部门沟通，在确保服务实体经济能力稳定的前提下加快存量资产压降，积极化解存量风险。建议各类资产管理机构在战略层面明确业务转型方向，并以此为基础加快推进组织架

构、业务条线的调整，鼓励差异化发展，鼓励银行对旗下理财子公司、资产管理部门、私人银行部以及控股公募基金等板块进行有序整合。建议各资产管理机构加强风险管理和IT等系统建设，以满足资产管理产品净值化的要求以及对风险管理及运营系统的新要求。建议资产管理机构加快完善投研体系和产品体系，加快相应专业人才队伍的建设，以专业团队为基础来推进投研和产品体系的完善。

二、探索金融科技及数字化转型

在数据时代，数据是非常宝贵的一类资产。数据系统建设是资产管理行业发展、数字化转型的基础，也是金融管理部门提升监管有效性的重要工具。然而，当前我国各类资产管理机构分属不同的监管部门，在数据报备标准上存在较大差异，不仅增加了资产管理机构在日常运营中的数据整理及报备压力和运营成本，而且不利于金融管理部门掌握全面、及时的行业信息。未来，建议一是严格遵照资管新规明确由央行统筹行业数据系统建设和管理的思路，加快相应系统的建设以及数据报备标准的统一，推进行业数据系统建设的完善；二是各类资产管理机构应借鉴国外先进资产管理机构经验，结合自身经营发展实际需要，围绕智能获客、智能风控、智能投顾等方向，运用大数据、云计算、人工智能、区块链等前沿技术和方法，探索金融科技在资产管理业务中的应用，研究数字化转型。

三、金融机构主体要明晰资产管理业务与其他业务之间的关系

从现状来看，除公募、私募基金是主业单一的资产管理机构外，其他金融机构资产管理业务都只是公司的主营业务之一。建议各类金融机构进一步明晰资产管理业务与其他业务之间的关系。一方面，有效区分资产管理业务与其他业务的边界，不同业务不能用同一套业务

模式、风险管理和考核机制来衡量，要基于资产管理业务的实质，进行相应的配套机制建设；另一方面，各类机构资产管理业务的发展要在做好风险隔离的前提下，发挥好与其他业务之间的协同关系，如银行理财业务要充分借鉴母行的客户端优势，与私人银行等部门之间实行有效协同；保险资产管理机构要有效管理好母公司的委托资产，发挥保险产品的长久期优势；券商资管要充分实现与投行业务以及投资业务之间的联动，构建差异化竞争优势等。

四、资产管理机构的转型发展难以一蹴而就，应循序渐进

从现状出发，资产管理机构的转型发展难以一蹴而就。在发展路径上，建议各资产管理机构从自身资源禀赋出发，循序渐进推进转型，同时兼顾三大原则：一是不引发新的金融风险，不能因为转型发展引发新的风险点；二是向主动管理、回归本源的方向不断推进，过渡期内所有的转型措施都应是朝回归本源靠近，努力打破原有的惯例思维和路径依赖；三是转型发展节奏要量力而行，要从机构本身现状出发，稳扎稳打，逐步推进。

第四节　统筹推进投资者教育，积极培育中长期投资者

一、多措并举，强化投资者教育和引导

成熟的投资者队伍是资产管理行业可持续健康发展的重要基础。过去我国在刚性兑付预期下，投资者对风险收益的认识不够深刻，很容易将资产管理产品的信用与资产管理机构的信用等同处理。建议从以下三方面着手，强化投资者教育和引导：一是建议打造由监管部门牵头，行业协会、教育部门、金融机构等共同参与的多层次投资者教

育体系。投资者教育是系统性工程，建议金融监管部门下属的各类投资者保护机构发挥投资者教育的积极引导作用，联合行业协会和金融机构共同强化投资者教育。投资者教育作为普惠活动，其实施主体不仅仅是资产管理机构，还应该包括监管机构、行业协会以及其他组织，要形成多层次投资者教育体系，培养高质量的投资者教育队伍。二是建议强化“破刚兑”“净值化”的教育宣传活动，发挥政府部门、行业协会在破除投资者刚性兑付心理上的主导作用。积极开展投资者教育，改变投资者习惯，传导净值化理念，让投资者主动接受净值型产品，加深对净值型产品收益、风险特点的了解，逐步接受“自主选择、自负盈亏”的理念。二是充分利用互联网等多种渠道创新投资者教育模式，提高教育覆盖的广度和深度。

二、积极培育中长期投资者

中长期投资者的相对缺失在一定程度上是引致我国资产管理产品期限错配的重要原因。当前我国金融市场呈现出典型的短期资金过剩、长期资金不足的结构特征，而从资产端的融资需求来看，长期限的融资需求巨大。改变我国资产管理行业期限错配的根源在于要壮大中长期投资者队伍，建议从以下几方面积极培育中长期投资者：

一是加快推进养老体系建设。鼓励企业参与企业年金或雇主基金，尽快推进个人所得税递延型养老账户的税收优惠政策的出台，吸引居民资金扩大个人养老金规模，建立第三支柱有效补充机制，为金融市场提供长期资金。

二是在引入长期资金上，尽快协调人社部给予商业银行、信托公司等资产管理机构在社保基金、基本养老金、企业年金、职业年金等养老金领域的投资管理人资质。

三是积极做大社保基金规模，积极推进国有企业股权划转社保，发挥社保基金作为中长期投资者稳定市场的作用。

四是发挥私募股权投资机构在股权投资中的支点作用，利用产业基金或资产管理产品等多种形式撬动更多社会资金参与股权投资，同时尽快解决私募股权投资机构面临的税收难题和投资退出难题。在税收政策上，由于当前我国按创投机构的投资项目分别核定税收，这使创投机构在盈利项目退出时面临较高的税负，同时亏损项目无法进行相应税前抵扣，建议考虑将创投机构作为商业经营主体进行征税，允许创投机构按照综合经营收益纳税，确保创业投资税收优惠政策的落实和完善。在退出机制上，建议切实落实好创投基金所投企业上市解禁期与投资期限反向挂钩的制度安排，进一步鼓励长期投资。

三、统一从业人员管理，打造专业化团队

当前各类资产管理机构的从业人员管理制度不一，证券业协会对证券基金从业人员有相应的业务资质分类和考核，银行理财也有理财师的相应资质认定，但两者认定差别较大。统一的从业人员管理是推进资产管理行业提升专业能力的基础：一是建议明确资产管理行业统一的从业人员准入标准，整合各资产管理行业从业人员资格要求，建立统一的资产管理行业资格认证体系；二是建议区分销售人员与投研人员的准入标准，销售资质着眼于合规销售及产品解读能力，投研人员着眼于投资交易和产品设计能力；三是建议加快培育和打造专业化团队，推进专业人员的境内外双向持牌制度。

第五节 优化过渡期安排，确保资产管理行业平稳转型

一、多种方式处置存量资产

在非标资产处理上，建议从以下三方面缓解当前困境：一是加快出台非标资产认定及非标转标的政策，适当扩大标准化资产交易场所

的认定范围；二是推进信贷类非标资产回表，在过渡期内针对此类回表的贷款规模建议在一定时期内不纳入或低比例纳入存贷比的指标考核；三是对于无法回表也无法转标的资产，尤其是与国家战略相关的项目资产，建议按照资产到期日让其自然到期，而不以2020年底为限，避免过渡期到期时集中处置引发的风险。

在资本金压力上，建议一方面持续鼓励银行发行永续债、二级资本债补充资本；另一方面，在资管新规过渡期内，在遵循巴塞尔协议基本原则的前提下，建议监管部门适当降低对商业银行储备资本的要求，允许商业银行在过渡期内适当降低储备资本，在过渡期结束后逐步回升和达标。

除此之外，建议过渡期内合理规范信息披露及外部审计要求，给予金融机构一定的系统建设时间；同时，鼓励资产管理公司借助困境债券处置特别基金等形式来构建信用债违约处置机制，为银行表外资产从浮亏到实亏构建市场化化解机制。

二、探索多元化的新产品发行

资管新规以来，各类资产管理机构都在积极推动转型，但从实际运行来看，新产品在发行及运营中还面临一系列问题。建议各类资产管理机构积极主动变革，加大投研体系建设，积极主动开发新产品。建议金融管理部门尽快明确相应业务细则，明确市场预期，降低合规成本，鼓励资产管理机构积极探索发行新产品。建议丰富基础金融产品类型，为资产管理机构创设多元化产品提供基础。建议加快完善期货、期权等基础金融工具，为资产管理机构创设更多的风险管理产品以及多元化的产品体系提供现实基础。

三、做好平稳过渡与防范系统性风险之间的平衡

资产管理行业的转型发展在一定程度上有着牵一发而动全身的作

用，资产管理行业的过渡要平衡好转型发展与防范系统性风险的关系。

良好的外部市场环境是资产管理行业平稳转型的重要基础。当前我国债券违约有所增加，建议监管部门紧密协同，有序化解地方债务风险，打破隐性刚性兑付；建议加快机构间交易平台建设，借助做市商等机制来提升信用债及类固定收益产品的流动性；鼓励风险偏好较高的私募机构参与债券市场，丰富市场参与主体的风险偏好层次，促进高收益债市场发展，着力解决信用资质一般的民营企业融资的问题；建议尽快打通银行间债券市场与交易所债券市场的连通环节，消除市场分割，统筹债券清算、登记及托管平台，提高低等级信用债的流动性，提升债券市场运行效率。对于确实不能在过渡期内完成整改的、底层资产涉及重大工程或国家战略的，建议监管部门按照一事一议的原则灵活处理，推进资产管理行业平稳过渡转型。

资产管理
分行业报告

银行资管篇：银行资产管理业务市场格局与业务模式[①]

一、银行资产管理业务现实语境下的内涵探析

（一）银行资产管理业务的定义

资产管理，顾名思义，即对资产进行管理的行为，既可管理自己的资产，也可管理他人的资产。但在现代金融学中，资产管理主要指“受托投资”行为，即委托人将自己的财产交给受托人，由受托人为委托人提供资金管理与服务的行为[②]。资产管理业务实现了投资者资金与可投资资产间的结合，具有“资金—产品—资产”的业务特征。作为其中一支，银行资产管理业务，是指商业银行向客户募集资金或接受客户委托担任资产管理人，本着为客户财产保值增值的目标，按照与客户的约定对其资产实施投资管理，并收取管理费用及业绩报酬的行为[③]。

---

① 本篇执笔人：工商银行赵柏功、贡方超、肖阳、何盼、李知键。

② 王丽丽．商业银行资产管理业务实践与探索 [M]. 北京：中国金融出版社，2014.

③ 同上。

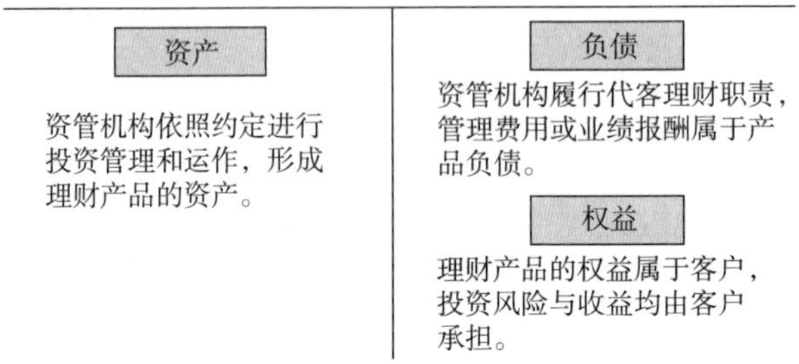

资产	负债
资管机构依照约定进行投资管理和运作，形成理财产品的资产。	资管机构履行代客理财职责，管理费用或业绩报酬属于产品负债。
	权益
	理财产品的权益属于客户，投资风险与收益均由客户承担。

图 1　银行资产管理产品资产负债表

在中国探讨资产管理，必然涉及“银行理财”概念。在我国，资产管理业务由银行理财产品的快速发展所带动。与资产管理这一规范学术概念不同，银行理财业务并非确定且一成不变的，可被理解为银行向客户提供的所有与资金管理相关的业务，其诞生是银行为应对利率市场化和金融脱媒挑战而被动引发的。随着金融改革深化和市场环境变迁，“银行理财”概念也在不断变化，从《商业银行个人理财业务管理暂行办法》中银行个人理财业务的界定[①]，到《商业银行理财业务监督管理办法》（以下简称理财新规）中理财业务和理财产品的定义[②]，再到《商业银行理财子公司管理办法》（以下简称子公司办法）中理财业务的定义[③]；从涵盖保本型和非保本型理财产品，到明确只包括非保本型理财产品。直到当下，“银行理财”与“银行资产管理”在概念上才真正实现统一，成为单一范畴供研究和探讨。

① 个人理财业务，是指商业银行为个人客户提供的财务分析、财务规划、投资顾问、资产管理等专业化服务活动。

② 本办法所称理财业务是指商业银行接受投资者委托，按照与投资者事先约定的投资策略、风险承担和收益分配方式，对受托的投资者财产进行投资和管理的金融服务。本办法所称的理财产品是指商业银行按照约定条件和实际投资收益情况向投资者支付收益、不保证本金支付和收益水平的非保本型理财产品。

③ 本办法所称理财业务是指银行理财子公司接受投资者委托，按照与投资者事先约定的投资策略、风险承担和收益分配方式，对受托的投资者财产进行投资和管理的金融服务。

（二）银行资产管理业务的法律关系

我国目前尚未对“资产管理”进行正式的法律定义，也未明确银行理财产品的法律主体地位。《关于规范金融机构资产管理业务的指导意见》（以下简称资管新规）早期版本中曾把《证券法》《信托法》《基金法》作为新规法律依据，但在2018年11月底的征求意见稿中删除了相关表述。在理财新规中对银行资产管理业务规则和监管规定等方面进行了细化，但基础定义和底层设计基本沿用了资管新规的表述，将资管新规中资产管理业务的“受托人”表述为“商业银行”，并未做新突破。而在子公司办法答记者问中，明确“商业银行和银行理财子公司发行的理财产品依据信托法律关系设立”，由于仅为部门规章答记者问，缺乏上位法支持。

从国际经验来看，对“资产管理”法律关系的认识也未统一。在金融稳定委员会（FSB）等国际组织的定义中，资产管理业务的基础法律关系被定义为“代理关系”[①]。欧洲基金与资产管理协会（EFAMA）关于资产管理的表述[②]认为其属于信义法律关系。

学术界对“银行资产管理”的法律关系也存在一定争议。一种观点基于银行理财产品以委托代理合同为法律基础，认定为委托代理关

① 这里的“代理”指的是：一方面，管理者相对于投资者而言属于代理人，不承受投资后果；另一方面，相对银行表内业务而言，资产管理人属于代理人，对自身资产负债表不产生影响，以区别于表内业务情境下中介机构需自担风险的“当事人”地位。参见刘燕.大资管“上位法”之究问[J].清华金融评论，2018（4）.

② 作为一种行业或专业的资产管理，又称第三方资产管理，指专业人士为实现客户/投资者的特定投资目的而对相关证券和其他类型的资产进行管理与交易的活动。其首要特征是代理人业务模式，即资管机构代表客户利益进行交易，是客户利益的守护人，对客户负有信义义务，资产组合的表现无论好坏都归属于客户。资产的所有权仍然属于客户，即它们不在资管机构的资产负债表上，但资管机构负责管理这些资产并向客户承担责任。参见EFAMA . Asset Management in Europe：Facts and Figures，7th ANNUAL REVIEW[EB/OL]. https：//www.efama.org/Publications/Statistics/Asset Management Report/Asset Management Report 2014.pdf.

系。一种观点考虑银行理财存在的隐性“刚性兑付”情况，认定为债权债务关系。还有一种观点认为银行理财符合“受人之托，代客理财”的信托概念，认定为信托关系。

相较于其他法律关系，笔者认为信托关系更为契合银行理财业务，原因如下：第一，信托的实质是一种财产管理行为，信托事务仅限于与财产管理有关的特定事务，这与理财业务中银行承担的义务和责任相一致。第二，银行理财产品多由银行以自身名义进行管理，这与信托事务由受托人以自身名义办理、委托人不直接与第三人产生权利义务关系等特征相一致。第三，投资者在银行理财产品存续期间不享有财产的所有权和支配权，这与信托的财产权和信托利益相分离特征相一致。第四，在信托关系中，信托财产与委托人未设立信托的其他财产互相区别，这与银行为理财产品单独管理、单独建账、单独核算的操作规则相一致。第五，部分司法实践[①]中将银行理财的法律关系认定为信托关系。

然而，要将银行理财业务的法律关系认定为信托关系也存在一定障碍：第一，受托人主体不适格，我国《商业银行法》第四十三条规定：“商业银行在中华人民共和国境内不得从事信托投资和证券经营业务，不得向非自用不动产投资或者向非银行金融机构和企业投资，但国家另有规定的除外。”这样就使商业银行在我国境内原则上不能成为信托投资法律关系的受托人。第二，与制度规定不匹配，相关法律法规及资管新规、理财新规、子公司办法等最新政策文件对管理人和投资者间关系采用“委托”的描述，试图避免信托法理与我国大陆法系传统的冲突，但未直接揭示该关系的本质属性，而原《商业银行个人理财业务管理暂行办法》（以下简称暂行办法）则直接将银行理财认定

① 河南漯平高速公路发展公司与建设银行漯河分行案。

为委托代理关系。第三，与业务实际不相符，现有银行理财产品合同基本依据合同法中的委托代理合同进行构建，而非依据信托合同构建。

但障碍的存在并不能导致银行理财法律关系本质属性的改变，监管层业已开始进行针对性调整，例如要求设立理财子公司，应对受托人主体不适格问题；又如出台资管新规、理财新规、子公司办法等政策文件，废止暂行办法等旧制度，应对制度规定不匹配问题，这也说明，监管层对厘清银行理财法律关系重要性的高度重视。

（三）银行资产管理业务现状与本质的差异

自 2005 年经过监管机构规范化以来，银行理财用不到十五年的时间，发展到近 32 万亿元的市场规模①，共有 562 家银行业金融机构有存续的理财产品，理财产品数 9.35 万只，在整个资产管理行业占据主导地位，客户类型也从个人客户拓展到高净值客户、企事业单位等机构客户和金融同业客户。同时，银行理财业务紧跟中央政策指导，为居民财富保值增值、优化社会融资结构、服务实体经济发展、维护经济社会稳定发挥了重要作用。银行理财业务通过对永续债、绿色债券和资产支持证券的投资实践，支持了“去杠杆”“补短板”“降成本”；通过投资重点行业的股票及主题基金支持国有企业改革，促进国有资本流转，提高股权流动性，帮助企业降低财务杠杆和融资成本；通过重点挖掘基础产业、国企混改、民生工程等领域投融资机遇，积极支持基础产业、民生领域、先进制造业领域等投融资项目融资需求。

银行理财经过十几年的发展，取得了长足的进步，在诸多方面发挥了积极作用，在我国金融体系中占据着一定地位。因此，监管层一直高度重视银行理财业务风险和监管，不断完善银行理财业务监管框

① 数据来自 2018 年底银登中心《中国银行业理财市场报告》。

架。依据资管新规以及人民银行补充意见[①]、理财新规、子公司办法等一系列资管新规中的针对性解决措施，去嵌套、降杠杆、禁止资金池等工作均有了明确指引，但要从根本上规范银行理财，让其回归资产管理业务本质，首要的任务是转变经营模式，而转变经营模式的核心任务是打破刚性兑付。

资管新规前，部分银行理财的经营模式，因刚性兑付的存在而产生了与资产管理本质不符的异化：第一，将原本商业银行与客户间信托关系异化为债权债务关系。在信托关系下，银行理财业务中商业银行接受客户资金进行投资管理，商业银行仅承担操作风险和合规风险，客户承担投资行为的信用风险和市场风险。而因为刚性兑付影响，商业银行负有到期向客户兑付本金及预期收益这一“债务”，成为信用风险和市场风险的实际承担主体。第二，将原本表外理财资产负债表异化为“类信贷”资产负债表。在信托关系下，银行理财业务中商业银行因履行代客理财职责而取得的管理费或业绩报酬属于理财产品的负债，权益均由客户享有。而因刚性兑付异化后的资产负债表中，负债变为了依照“预期收益率”需在产品到期时兑付给客户的本金及收益，权益则成为除去偿付客户本金及收益后的投资收益“超额留存”部分，而且异化后的银行理财虽然具备“类信贷”形态，但没有信贷管理相应的规模限制、领域限制、拨备监管等要求，为监管套利提供了空间。

① 2018 年 7 月 20 日，人民银行发布《关于进一步明确规范金融机构资产管理业务指导意见有关事项的通知》。

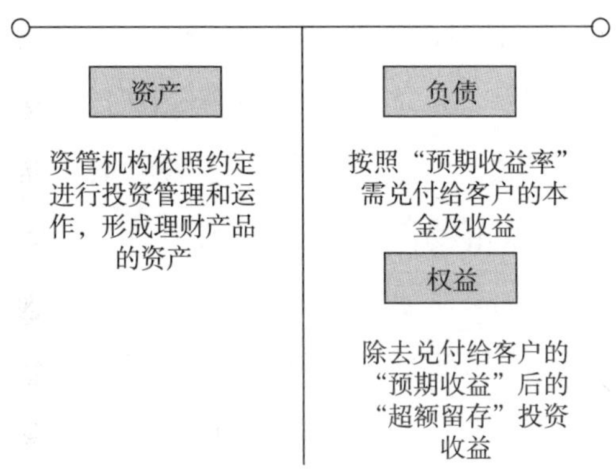

图 2　银行资产管理产品异化后资产负债表

刚性兑付导致异化的具体表现为，商业银行对其所发行的理财产品进行兜底，违反真实公允确定净值原则进行保本保收益，或采取滚动发行等方式转移风险和收益实现保本保收益，或在产品不能如期兑付或者兑付困难时自筹资金偿付或委托其他金融机构代付等，进而使银行理财的投资者获取不含市场风险和信用风险的确定收益。即便是我国发行的非保本理财产品（截至 2018 年底续存余额占比 68.9%[①]），其中大部分也暗含刚性兑付。从 2018 年 6 月理财产品的发行情况来看，净值型产品占比仅为 1.51%[②]，预期收益型理财产品仍占据发行量的绝大部分。刚性兑付成因主要有两个：一是投资者教育不足。目前我国投资者未经受长期资本市场的洗礼，银行理财投资者教育相关制度建设并不完善，大部分投资者无法正确认识风险与收益之间的关系。当理财投资出现亏损或收益达不到预期时，投资者就可能采取诉讼、群体性投诉、舆论宣传等方式向银行施压，银行往往从声誉角度考虑，被迫如期兑付，或采用其他补偿等方式来弥补投资者损失；或是投资者对行业的整体预期下降而用脚投票，导致资金大量离场，

① 数据来源：《银行业理财产品年度报告（2018）》。

② 数据来源：融 360 发布的《2018 年银行理财市场分析半年报》。

引发连锁反应导致流动性风险和系统性风险。这都导致在事实上产生了银行理财的隐性担保机制，投资者应承担的风险被转嫁给商业银行。二是金融市场发展不充分。目前，我国金融市场仍存在较多问题，例如管理机制不全面导致市场准入标准不统一，又如风险定价不完善导致银行理财的投资回报率低于合理预期，再如流动性不充分导致资产无法正常到期退出，还如交易市场未统一导致投资品交易不顺畅。这些问题使银行理财的产品端与投资端完全匹配极为困难，商业银行不得不采取滚动发行、刚性兑付方式实现客户收益的按约兑付，保障产品顺利到期、收益符合预期。

二、当前中国银行理财行业面临的转型困难与挑战

资管新规、人民银行补充意见、理财新规、子公司办法等监管新政相继出台，要求银行理财回归“受人之托，代客理财”本质，标志着银行理财业务进入格局重塑、正本清源的2.0时代。从客户需求端来看，监管新政要求提高投资者风险意识与应对风险能力；从产品供给端来看，要求银行理财向产品多样、服务专业、风险可控、监管统一等方向转变。在转型过程中，银行理财将面临重重挑战，具体如下：

（一）投资者教育方面

投资者对银行理财产品风险属性的认识存在偏差。一部分投资者（尤其是个人客户）将对银行存款的认知转嫁于银行理财，默认商业银行会按照预期收益率到期兑付本金及收益。为吸引客户并维护声誉，商业银行多采用“预期收益＋超额留存”模式对产品进行刚性兑付。受长期刚性兑付思维惯性等因素影响，目前大多数投资者最关心的问题仍是产品保本与否和收益率高低，而忽视风险，对理财产品的合同条款、风险分类、净值变动、投研能力、历史业绩等基本不做

分辨。据2017年消费者金融素养报告显示，认真阅读产品合同条款的投资者仅占38.09%，在阅读合同后能清楚了解自身的权利和义务的投资者仅占19.48%，认真阅读并理解金融产品对账单的客户仅占37.32%。

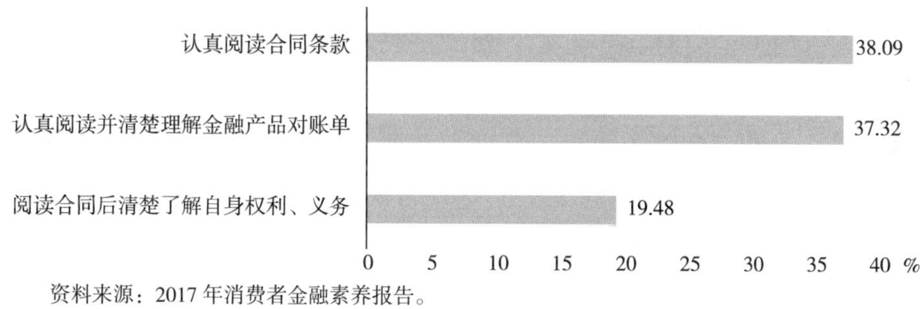

资料来源：2017年消费者金融素养报告。

图3 消费者对投资产品合同条款的理解程度

资管新规明确要求资产管理业务不得承诺保本保收益，出现兑付困难时金融机构不得以任何形式垫资兑付，以推进资产管理产品净值化转型。资管新规要求下，投资者教育任重而道远，其面临的主要挑战有：一是投资者对存款和理财的差异认识尚未普及，投资者教育普及工作量巨大；二是尚未建立专业、系统的投资者教育体系，未有效发挥监管、行业协会的权威作用。

（二）子公司设立方面

为实现风险隔离和专业化经营，资管新规要求“主营业务不包括资产管理业务的金融机构应当设立具有独立法人地位的资产管理子公司开展资产管理业务”，理财新规要求“暂不具备条件的，商业银行总行应当设立理财业务专营部门，对理财业务实行集中统一经营管理”。子公司办法的出台进一步确定了银行理财子公司的一系列要求，明确了监管导向。随着银行子公司的陆续获批，监管也正在密切研究和制定一系列确保银行理财和子公司业务转型的配套细则和规则解释。

但银行设立理财子公司仍面临一定挑战和不确定性。一是理财子公司属于银保监会发放牌照的非银行金融机构，子公司办法出台，针对业务范围、代销规则、注册资本要求、和母行的关联交易等内容虽作出相应规定，但有关净资本、流动性及部分特殊产品类型等内容的管理规则尚待明确；二是对于已成立公募基金公司或其他资产管理机构的银行，再设立理财子公司存在一定程度上的重复建设问题，而将子公司与其他机构“合二为一”又并不现实。如何定位理财子公司与其他资产管理机构的关系、区分各机构的业务，尚需讨论。

（三）合规销售体系方面

2018 年中国银行业消费者权益保护满意度调查结果显示，中国银行业消费者权益保护工作客户满意度整体处于良好水平，其中银行客户对合规销售方面满意度较低，为 77.61%。资管新规在降低理财产品起售点、引入更多客户的同时，对合规销售提出更高要求，例如强调销售人员专业胜任原则，又如要求不得宣传理财产品预期收益率，再如要求建立严格的信息披露管理制度。

要提升合规销售水平，商业银行面临的主要挑战有：一是现有一线销售人员素养有待进一步提升，网点服务水平尚待进一步增强。根据上海金融理财师协会的调研，持有理财师证书的从业者较少，即使是持有率最高的 AFP 金融理财师证书，也仅占到总数的 9.6%；部分理财师对自身专业技能不够自信，61.1% 理财师表示自己理财专业技能一般或较差。二是转型期间由于思维惯性，可能导致销售所涉环节存在合规销售风险。三是银行理财信息披露机制建设有待完善，信息披露标准和信息披露体系需进一步统一。

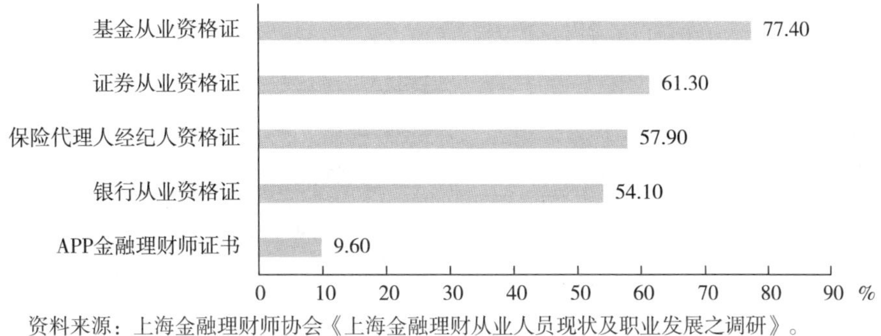

资料来源：上海金融理财师协会《上海金融理财从业人员现状及职业发展之调研》。

图 4　金融理财从业人员拥有各类证书比例

（四）产品体系方面

由于市场对于理财产品的选择标准集中于期限和价格，银行理财存量产品中预期收益型产品较为普遍，具有隐性刚性兑付属性。资管新规要求银行理财打破刚性兑付，推广净值化产品。这将使产品供给端结构发生重大改变，即净值型产品增加、保本产品占比逐渐下降直至消失、长期限理财产品占比提升。

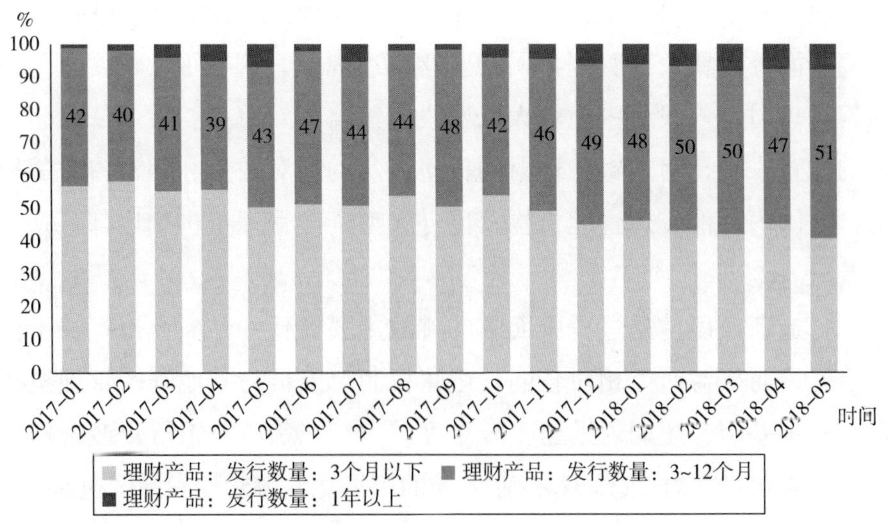

资料来源：Wind。

图 5　各期限银行理财产品发行数量占比

尽管净值型理财产品、长期限产品的发行量明显增长，但占比依然有限。银行重塑理财产品体系任重而道远，面临的挑战依然严峻：一是净值型产品、长期限产品获得市场接受尚需时日；二是商业银行要使理财产品满足投资者的全方位需求，急需构建涵盖主动、被动、权益、固收、商品、另类、大类资产配置、现金管理等在内的全覆盖型产品体系。

（五）投研体系方面

资管新规要求银行理财打破刚性兑付，回归“受人之托，代客理财”本源。在此要求下，产品业绩表现将成为吸引投资者的关键要素，既要在波动市场中取得较高收益，又要具备抗回撤和抗风险能力。这就要求银行理财打造全方位涵盖宏观、权益、信用、量化的新型投研体系，通过大类资产配置、风险对冲、量化套利等方式方法，实现理财投资的低回撤、低波动、长期正向收益。这均比拼投研能力这一核心竞争力。但据普益标准调研结果显示，2018 年第一季度，中国的银行资产管理行业中，从业人员人均管理理财存续规模约 60 亿元，远高于海外主要资产管理公司的人均管理规模，这在很大程度上与国内银行理财委外投资占比较大以及投资策略相对单一相关。从投研人员的配置来看，目前银行理财的投研人员的绝对数量和相对占比都较低，与国内其他资产管理机构及境外大型资产管理机构相比都存在较大差距。

打造新投研体系过程中面临的挑战主要有：一是商业银行长于信用研究，而权益研究相对较弱，运营机制、人员与其他资产管理机构存在一定差距，短期内迅速提升难度较大；二是商业银行资产管理业务尚未建立完善的引进培养专业人才的市场化薪酬管理和激励机制。

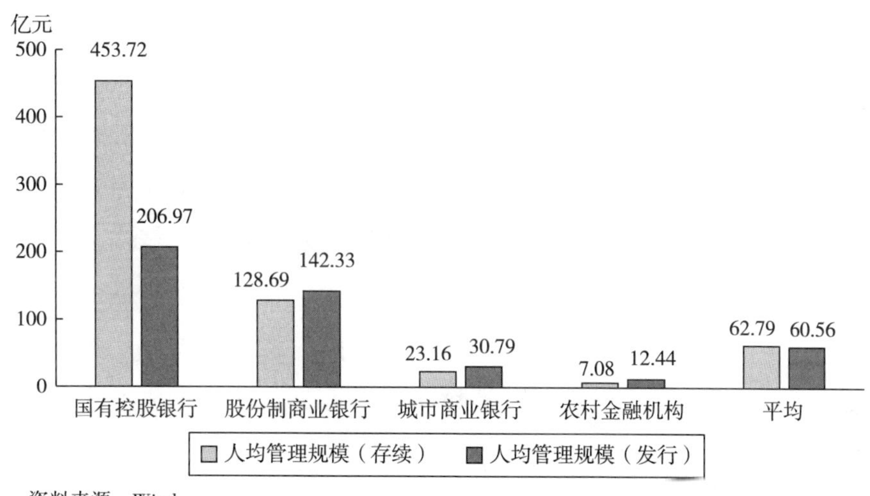

资料来源：Wind。

图 6 银行资管人均管理规模

（六）风控体系方面

受资管新规落地实施、监管持续降杠杆、美联储持续加息、中美经贸摩擦等内外部因素影响，2018 年上半年信用类资产整体规模有所下降，资产劣变规模不断增加，权益类资产受市场波动影响增大。未来资产管理业务面临的信用风险、市场风险管理压力加大，商业银行需构筑与之相适应的，涵盖信用风险、市场风险、操作风险、合规风险等在内的全面风险管理体系。

银行完善风险管理体系将面临两大挑战：一是银行理财涉及部门众多，商业银行既要在各部门设定配套制度、流程和办法，还要做好总体框架设计，风险管理体系重塑的工作面广、工程量大；二是银行理财创新频繁，且面临多市场、多类别的风险因子，风险管理工作要及时有效应对业务变化的难度较高。

（七）存量产品及资产处置方面

一方面，存量老产品压降面临较大压力。资管新规、理财新规要求商业银行对银行理财进行净值化管理，按照“新老划断”原则设置过渡期，确保平稳过渡。过渡期内，银行理财产品应逐步从预期收益型转向净值型，同时逐步压降保本理财规模，具体以 2018 年 4 月 27 日老产品规模为上限，在 2020 年 12 月 31 日前有序压降完老产品。压降老产品面临挑战主要有：一是压降速度较难把控。老产品压降需匹配新产品增长，过快或过慢压降，均会导致银行理财产品断崖式下降，可能引发流动性风险；二是压降老产品时机存在博弈。先行压降老产品，前期客户流失明显；滞后压降老产品，能在过渡期享受老产品“收益”。

另一方面，存量非标资产处置挑战较大。为应对“四万亿”计划引发的经济过热，银监会于2010年出台相关政策，限制银行对地方政府、房地产和“两高一剩”行业放贷。由于房地产、基础设施建设等项目投资期限长，融资需求无法在短时间内消退，为继续满足企业贷款需求，非标准化债权融资激增。2018 年末，银行非保本理财产品存续余额 22.04 万亿元，其中非标资产占比 17.23%。

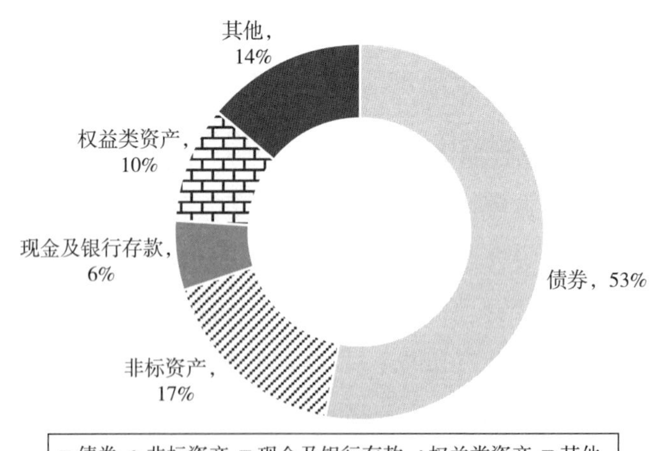

资料来源：银行业理财登记托管中心。

图 7　2018 年银行理财产品配置情况

资管新规采取多种举措规范非标业务：限定了标准化市场，产品与非标债权不能期限错配，股权类资产只能由封闭式产品投资，同时要求去除通道、强化穿透管理等。理财新规出台后，对非标的限制有所放松，但仍提出公募产品投资非标要严格满足期限匹配、限额管理、信息披露等监管要求。子公司管理办法除部分不适用条款外，基本延续了资管新规、理财新规关于非标投资的相关规定，尤其是期限匹配限制。表外非标资产承压，表内信贷和标准化融资增长受限，实体经济融资因而受阻。若社会融资规模下滑，易引起信用收缩，引发系统性金融风险。

在维持社会融资水平前提下，处置存量非标资产方法有三个，即非标资产回表、非标转标和发行产品续接。各方法均面临一定挑战：一是在非标转标方面，资管新规明确了标准化资产发行场所，可供非标转标的场所有限；二是在非标资产回表方面，在资本充足率和信贷规模双重约束下，银行表内承接能力有限；三是在发行产品续接方面，非标投资期限一般较长，发行对等久期产品并销售存在一定难度，同时净值化新产品的市场接受度仍然较低。

三、境外银行系资产管理业的经验借鉴与反思

（一）全球银行系资产管理业务发展呈现四大特征

第一，银行系资管体量大、占比高，盈利能力强。从全球来看，银行系资管在资产管理行业中占据重要地位。根据 Relbanks 公布数据，截至 2017 年底，在全球排名前 20 的资产管理公司中，瑞银、道富银行、摩根大通等 10 家机构均为银行系资产管理机构，占据半壁江山。对于国外大型银行而言，银行资管是盈利最强部门，对整体利润实现有较大贡献，能有效支持其他业务发展。

表 1 2017 年全球前 20 大资产管理公司（标灰色部分为银行系资管）

排名	资产管理机构	市场	资产规模（十亿美元）	母公司类型
1	BlackRock	美国	6 288.20	基金系
2	Vanguard Group	美国	4 940.35	基金系
3	State Street Global	美国	2 781.69	银行系
4	Fidelity Investments	美国	2 448.81	基金系
5	Allianz Group	德国	2 358.04	保险系
6	J.P. Morgan Chase	美国	2 034.00	银行系
7	Bank of New York Mellon	美国	1 892.94	银行系
8	Capital Group	美国	1 778.13	基金系
9	AXA Group	法国	1 731.23	保险系
10	AMUNDI	法国	1 709.48	银行系
11	Goldman Sachs Group	美国	1 494.00	银行系
12	Deutsche Bank	德国	1 453.32	银行系
13	BNP PARIBAS	法国	1 432.97	银行系
14	Prudential Financial	美国	1 393.63	保险系
15	Legal & General Group	英国	1 333.16	基金系
16	UBS	瑞士	1 254.40	银行系
17	Northern Trust Asset Mgmt.	美国	1 161.00	银行系
18	Wellington Mgmt.	美国	1 080.31	基金系
19	Wells Fargo	美国	1 040.90	银行系
20	Natixis Global Asset Mgmt.	法国	997.85	基金系

资料来源：Relbanks。

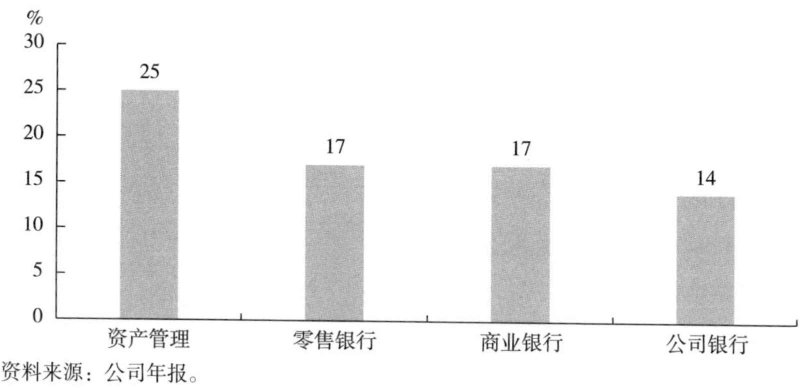

资料来源：公司年报。

图 8　摩根大通各项业务 ROE（2017 年）

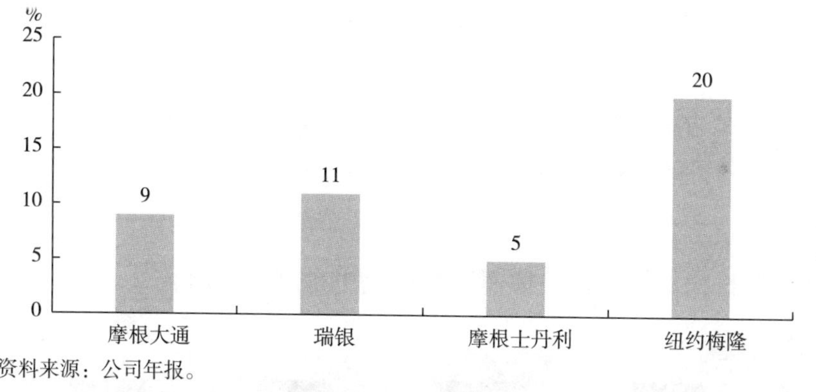

资料来源：公司年报。

图 9　资产管理业务贡献净利润比重（2017 年）

第二，大型机构“赢者通吃”，小型机构“精品胜出”。从海外资产管理机构竞争情况来看，“赢者通吃”和“精品胜出”两种趋势较为明显，大型综合性资产管理机构和小型精品资产管理机构在竞争中处于优势地位。一方面，资产管理业务规模效应影响较强，市场格局中存在“强者恒强”“赢者通吃”现象。根据 Strategic Insights Simfund 数据显示，全球前 20 大资产管理机构管理资产规模市场份额合计 2007 年为 38%，2009 年为 41%，2013 年为 42%，占据全球市场近一半规模。在大机构市场规模不断扩大的情况下，2012—2017 年全球排名 11 位至 100 位的资产管理机构总体市场份额下降 3.3%，排名前

10位资产管理机构主被动投资领域的市场份额均有所上升。从美国数据来看，2016年美国前10大资产管理机构累计资产净流入达462亿美元，是当年美国整个资产管理行业资产净流入量的3.3倍，资产由中小型资产管理公司向龙头转移的趋势明显。另一方面，精品资产管理机构发挥特定领域专长，呈现精品胜出现象。例如，纽约梅隆银行按不同专业投资领域，将旗下资产管理业务分散于Alcentra、Mellon Capital等7家精品资产管理子公司，不同子公司拥有独立投资流程，专注各自领域，提供独特产品和服务，运作相对灵活高效。

第三，权益类资产占比较高。从全球资产管理机构的资产配置类别来看，权益类资产占比高。海外资产管理产品多为净值型，受益于成熟资本市场和市场化投资环境，资金端存在强大动力，流向权益类投资。截至2016年底，全球资产管理机构资产配置中权益类资产占比44.3%，债权类资产占比34.4%，其他类资产占比21.34%。从国际领先资产管理机构的资产配置来看，权益类资产占比同样较高，全球最大资产管理机构贝莱德的股票类资产占比更是高达53%。

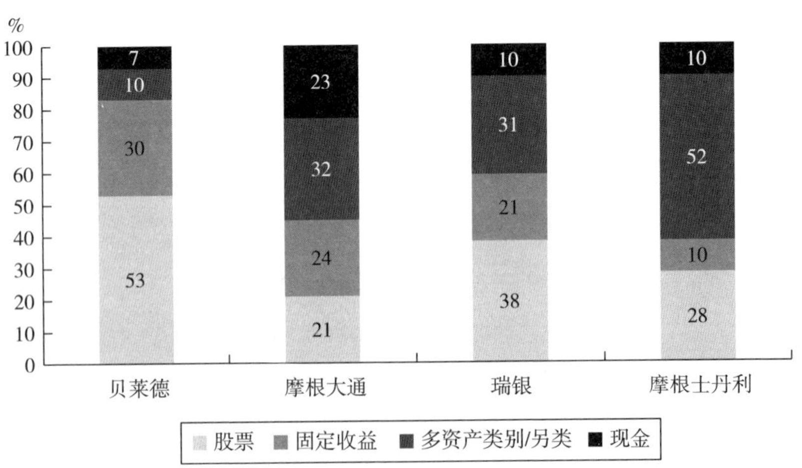

资料来源：麦肯锡，Wills Towers Watson。

图10　全球资产管理机构资产配置结构

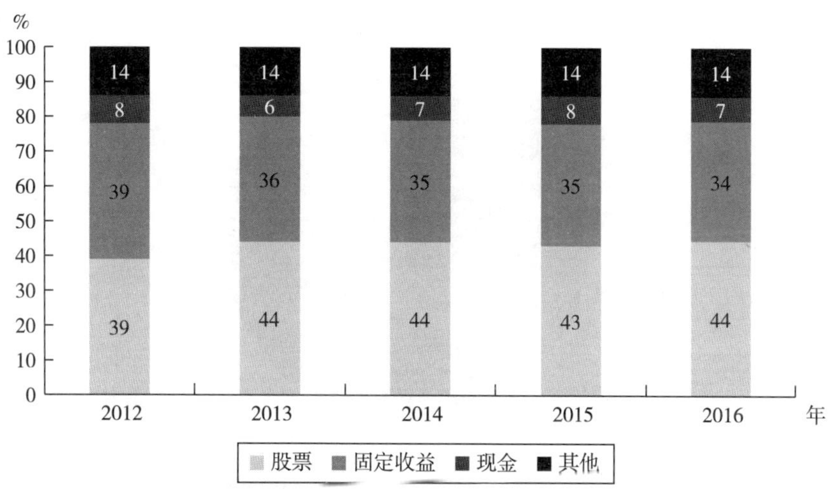

资料来源：麦肯锡，Wills Towers Watson。

图 11 国际领先资产管理机构资产结构（2012—2016 年）

第四，被动投资比重增长迅速。从占比来看，2008—2017 年，全球范围内被动型产品总规模由 4.6 万亿美元增至 18.7 万亿美元，实现了 3 倍增长，规模占比也从 11% 提高至 21%；从增速来看，这十年间全球资产管理行业被动投资年均增速高达 16.8%，远高于同期主动型产品的增速（6.9%）。被动型产品日益升温在很大程度上得益于全球 ETF 产品的大发展。截至 2017 年第一季度，全球 ETF 资产规模达 3.75 万亿美元，同比增长 33.3%；在全球开放式基金中占比由 2016 年底的 7.6% 提升至 2017 年第一季度末的 8.8%。目前，美国是全球最成熟被动型产品市场，ETF 资产规模为 2.77 万亿美元，全球占比高达 74%[①]。我国 ETF 产品资产规模约 4 300 亿元，尚有较大发展空间。

① 数据来源：易方达《全球金融机构资产配置白皮书》。

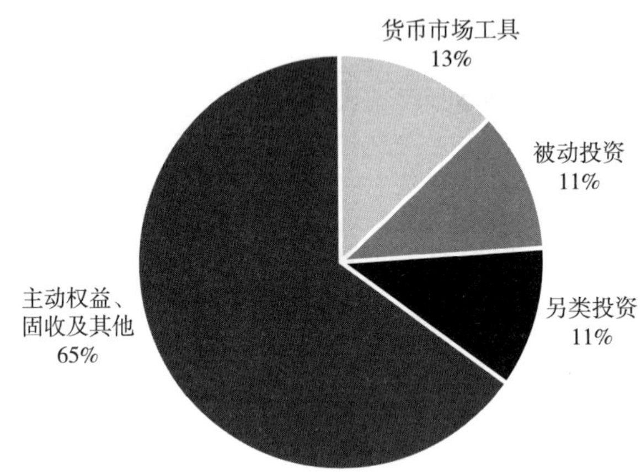

资料来源：麦肯锡。

图 12 2008 年全球资管行业资产配置情况

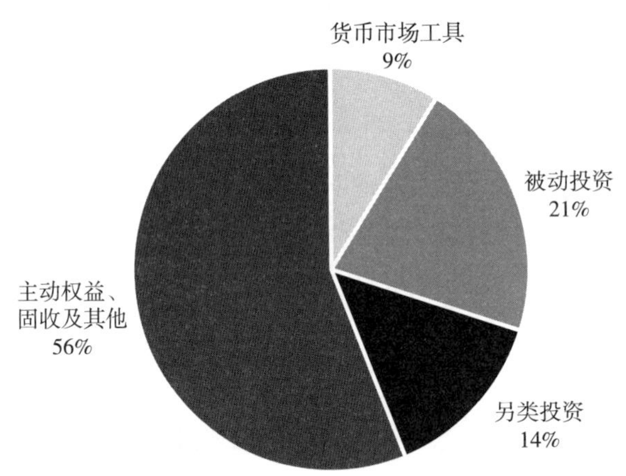

资料来源：麦肯锡。

图 13 2017 年全球资管行业资产配置情况

（二）经验借鉴一：积极开展投资者教育

银行理财净值化转型需改变投资者习惯，传导净值化理念，让投资者主动接受净值型产品。在国外，投资者教育作为普惠活动，其实施主体不仅仅是商业银行等资产管理机构，而且包括监管机构、行业协会以及其他组织，形成了多层次投资者教育体系。同时培养了高质量的投资者教育队伍，并充分利用互联网等多种渠道创新投资者教育模式。

第一，打造由各类机构发起的多层次投资者教育体系。英美等国的政府、行业协会、教育部门等机构共同构成了多层次的投资者教育体系。例如，美联储通过每年 4 月“金融扫盲月”向银行客户提供金融课程。又如，美国金融业监管局通过媒体宣传、舆论引导等方式开展防欺诈投资者教育活动。再如，英国金融服务与中介机构组织金融从业人员实施教育战略计划，开展特色投资者教育活动。同时，资产管理机构在投资者教育中也扮演重要角色。例如，富达投资在提供多元化的投资工具的同时嵌入良好的投资者教育服务，采用 3A 原则，即定期缴费的金额（Amount）、选择的账户类型（Account）和选择投资的资产类别（Asset Mix），帮助投资者识别自身的风险偏好，依此选择适合的资产类别。又如，先锋领航通过互联网、“Vanguard 媒体学院”等形式，提供资产选择、投资组合等专业服务。再如，摩根资产管理开展各类客户培训，加强投资者对理财规划的理解。

第二，组建高质量的投资者教育队伍。高质量的投资者教育队伍对于投资者教育至关重要。投资者教育中介机构为刚入职的从业人员设计了全面课程，如财富管理、资本市场概论等，以提高他们服务投资者的能力。投资者教育机构还在投资顾问从业资格考试、职业培训、职业道德规范和相关法规方面作出严格要求和规定。

第三，积极运用互联网等渠道开展投资者教育。通过互联网进行投资者教育具有成本低、效率高、便捷性强的特点，在欧美国家得到了广泛的应用。例如，美国证券业及金融市场协会开发“通向投资之路”“股票市场游戏”及“投资写作竞赛”等游戏来加强投资者教育。又如，美国金融业监管局通过官网介绍“保护好自己”“如何做投资”和“市场数据”等金融知识。再如，英国金融服务局开通消费者帮助网页。还如，加拿大投资者教育基金建立了最大的独立理财教育网站。

（三）经验借鉴二：以子公司形式开展资产管理业务

从欧美金融市场情况来看，资产管理机构以部门形式存在的例子较为少见，以资产管理子公司为代表的独立法人实体运营模式是主流。其中，施罗德、贝莱德、先锋领航等机构本身是资产管理集团，旗下还控股其他涉及资产管理业务的子公司；高盛资管、摩根资管、东方汇理资管等均以集团子公司的形式存在，并作为集团旗下唯一资产管理平台，旗下设多家孙公司；纽约梅隆相对独特，采取由银行直接控股7家资产管理子公司的组织形式，集团内无统一资产管理平台，各家资产管理子公司独立运作，由银行集团负责分销等业务。

海外金融机构发展独立资产管理子公司的原因，大致有以下四点：第一，独立资产管理子公司可与集团内其他业务隔离，体现所有资产管理机构公平竞争的原则，这是欧美监管体系的要求；第二，独立资产管理子公司有利于降低应对监管的成本，对于欧美银行系资管而言，以部门形式运作可能会面临银行和证券体系双重监管，为应对监管而投入的人力、物力较高；第三，独立资产管理子公司可实现产品在集团内外销售渠道全覆盖，不局限于集团内销售渠道；第四，独立资产管理子公司可以相对较低的成本获得销售、交易、托管服务，在全市场选择最质优价廉的服务供应商。

在国外资产管理子公司中，纽约梅隆银行的资产管理子公司是佼佼者。纽约梅隆投资管理是纽约梅隆银行从事资产管理业务各子公司的统称，业务主体由1个财富管理中心和13个专设精品投资机构组成，子公司与母公司间采取“独立决策，（销售）渠道共享”组织模式。其中，财富中心提供权益投资、固收投资、衍生品投资、负债驱动投资、被动投资和现金管理类产品；13个精品投资机构有自己独立的投资策略决策权，但共同分享纽约梅隆资管的分销渠道。纽约梅隆银行在发展过程中充分利用了内生增长和外延并购两条渠道。一方面，从20世纪

90年代开始，纽约银行在金融生态和整条价值链中抓住了“资本市场服务”和“资产管理”两环，利用自身在销售领域的先天优势积极拓展资产管理业务。另一方面，通过2007年纽约银行与梅隆金融的合并，以及2009年以来收购Lloyds Banking Group，PNC Financial Services以及Talon Asset Management的投资管理业务，积极发展资产管理子公司。近年来，公司资产管理业务的稳定性和增长性上都超过了同业的平均水平，成为全球最大的资产托管商和全球领先的资产管理公司。

图14 纽约梅隆银行资管机构构成

总体而言，资产管理作为银行的重要战略性业务，其部门设置和管理模式调整，应放在商业银行全行组织架构调整、流程优化的全局中整体考虑，既要考虑其相对独立和风险隔离的性质，也要考虑和其他业务的协同联动。纵观全球领先银行资产管理业务经验，以内生增长和外延并购两条渠道发展子公司是主流模式，国内银行可结合自身业务特点，凭借销售渠道、客户资源等优势，进行市场化运作，发展理财子公司。在内部组织架构和职能定位方面，海外领先资产管理机构主要根据资产类别划分部门，产品板块内涵丰富，重视风险管理和合规管理，这对于国内银行发展理财子公司有较强的借鉴意义。

（四）经验借鉴三：加快培育合规销售能力

一方面，要加强对人员持证上岗要求。在国外，高水平、专业化的从业人员是各类金融机构提供有效服务的根本保障，其中理财规划师在理财业务中扮演了重要作用，且建立了相对完善的职业认证和行业体系，针对理财规划师的各种资格考试和行业组织众多，比如国际理财策划师协会（FPA）。汇丰银行推行个人理财服务的重要策略就是多元化的理财服务加上专业理财策划师，要求理财从业人员持证上岗。在中国，持有含金量低的从业资格证书从业人员较多，但持有理财证书的从业人员较少。银行可提高对理财从业人员持有理财证书的要求，鼓励理财从业人员考取相关证书，以此提高全行理财从业人员素质。

另一方面，要严格开展信息披露工作。“麦道夫”诈骗案发生后，给委托其进行资产管理的机构和个人投资者造成了约500亿美元的损失。在投资于麦道夫投资公司期间，机构投资者未曾披露过投资于麦道夫投资公司的相关内容，而个人投资者也从未从麦道夫处获得资产的投资方向和策略的有关信息。最终，这些资产管理机构都对客户的损失进行了赔偿。资产管理机构需做好信息披露和合规销售，若信息披露质量不佳或违反适销性原则导致投资者亏损，投资者可要求资产管理机构赔偿损失。此外，在信息披露方面，建立行业统一明确的信息披露规范。美国《投资顾问法》规定，投资顾问必须向其目标客户披露关于该投资业务的发展概况以及相关人员的教育和从业背景等内容，必须向投资者披露有关其所收取费用的重要信息以及其与客户之间可能存在的利益冲突、自身财务变化状况及其他对客户有影响的所有信息。欧美资产管理产品信息披露规定细致，不仅在所披露的内容上进行了明确的规定，对披露的形式甚至语言风格也进行了界定。

（五）经验借鉴四：打造拳头投资产品，提升投研能力

对标海外来看，银行资管的经营模式将从资金驱动转向投研驱动，强大的投资研究能力是国际大型银行参与资产管理业务的前提。重视建设专门的投研部门、组建科学专业的投资团队、形成特色鲜明的拳头投资能力及构筑协同紧、联动强的研究体系是提高投研能力的关键。

一方面，要建立体系完善的投研团队，加大板块资源投入。海外领先资产管理机构搭建了系统完善的投资研究体系，具有投资策略丰富、资产结构合理、权益类投资占比高等特点。例如摩根资产管理共有近 1 000 名投研人员，其中 45% 为投资经理，49% 为分析师和研究员，6% 为交易员，不同投资团队之间职责明晰，协同合作。对标国外领先的资产管理机构，国内银行需要进一步加大对资产管理板块的投入，增强投研力量，创新人才引进和激励政策，走出一条结构优化、效率提升、资本节约的内涵式发展道路。

另一方面，要构建特色鲜明的“拳头投资能力”。海外领先资产管理机构在构建全面的市场投资能力的同时，依据自身的比较优势，在某一特定的投资领域建立标签式的拳头投资能力，因此能通过特色化、差异化的投资服务占据广阔市场。以贝莱德为例，通过收购巴克莱的 IShares 业务、降低费率等措施，使 ETF 成为其支柱业务。

（六）经验借鉴五：提高全面风险管理能力

领先资产管理机构建立内部风控部门，遵循风险部门独立、高层推动风险管理落实、风控部门参与设计产品、分类管理资产、多部门管理合规和操作风险、与客户协同管理风险等原则。在风险管理框架方面，海外领先资产管理机构业务一般涉及全公司全业务条线：风险管理委员会负责风险的战略安排、重大风险事项的处置；实际风险管理单元负责实际的风险监测和风险管理。在风险管理职能方面，投资

组合风险、市场风险、信用风险、流动性风险、操作及合规风险等五大风险全覆盖，各部分独立运作、相互配合。

国内商业银行可借鉴贝莱德等领先机构的风控经验，利用金融科学技术完善资产管理业务风控体系，运用风控系统为投资管理、运营提供支持和服务，增加收入来源，增强客户黏性，让风控更好地服务于资产管理业务的运作。如贝莱德的阿拉丁系统（Aladdin）就值得国内商业银行借鉴。

四、资管新规下中国银行理财业务转型发展的前景研判

从长期来看，随着居民财富的不断增长、资产管理行业的转型升级，中国未来的资产管理市场规模仍有较大的增长空间，发达国家资产管理行业规模一般可达到 GDP 规模的 2~3 倍。对标海外银行系资产管理机构可以发现，我国的银行理财去除交叉投资、多层嵌套后的真实规模不是发展过度而是发展不足。“一带一路”倡议、粤港澳大湾区、雄安新区等国家重大战略规划的落地，以及楼市调控下居民财富的金融资产再配置需求和养老保险第三支柱制度建设的加快，都需要大规模理财资金的支持和资产管理服务的对接，新时期银行理财的市场和投资空间巨大。

站在银行理财子公司发展元年这一历史时点来看，如何有效地实现监管新规下的经营模式转型，将成为理财子公司设立初期成功的关键所在。国际银行系资产管理公司的发展经验表明，成功的资产管理公司较为注重构建自身的经营模式与核心竞争力。例如，摩根大通定位于以产品全覆盖为特色的全能型资管；瑞银集团定位于以财富管理业务为核心的综合性金融集团；纽约梅隆通过并购多家精品资产管理

公司，形成了独特的“精品店”经营模式。为此，国内银行理财子公司需从实际出发，认真分析并结合母行资源禀赋优势，找准定位、特色经营，实行差异化策略，强化综合竞争实力。

与此同时，中央提出了“金融供给侧结构性改革”的具体要求，强调要优化融资结构和金融市场结构，凸显出金融业的国家战略定位，这对竞争实力强的资产管理机构来说是难得的发展机遇。因此，结合监管要求及国内外资产管理市场的发展特点，对银行理财未来发展研判如下：

（一）银行系资管在资产管理行业的地位进一步加强

截至 2018 年末，我国资产管理机构资产管理总规模高达 120 万亿元，其中银行表外非保本理财存续余额规模最大，达到 22 万亿元。纵向来看，2012—2017 年，银行理财存续规模占比也基本稳定在 25%，始终处于资产管理行业的领先地位。

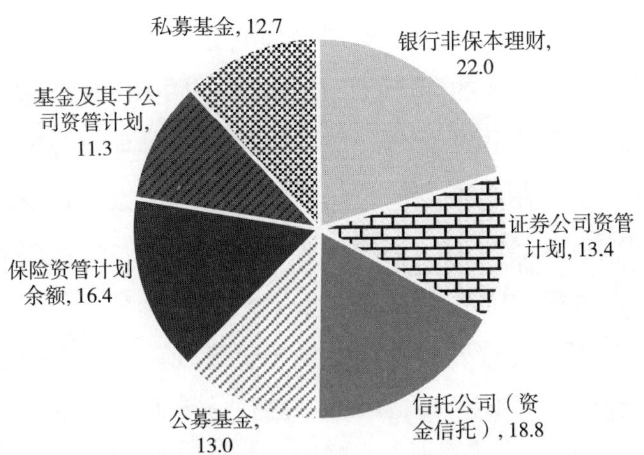

资料来源：中国证券投资基金业协会、中国信托业协会、中国人民银行、Wind。

图 15　2018 年资产管理机构市场份额情况（万亿元）

我国银行系资管是资产管理行业主要资金来源机构，在资产管理体系中位处上游，与券商、基金、保险、信托等其他资产管理机构相比，客户渠道与品牌优势明显。发达国家银行系资产管理机构的发展经验也表明，银行丰富的个人和机构客户资源、完整的账户体系、多业务平台、全球的网络覆盖及强大的品牌公信力，成为银行在全球资产管理市场占据优势地位的主要因素。伴随着我国经济转型，资产管理业务进一步发展，银行系资管将充分利用客户与渠道优势，继续保持行业优势地位。

（二）分工专业化

资管新规等一系列监管政策的落地，弱化了统一监管背景下不同金融机构的牌照优势。资金池运作、期限错配、通道业务等均受到严监管，各类金融机构都在谋求主动管理方面的转型。随着资产管理业务逐步整改与规范，资产管理业务专业化分工程度将大幅提升。借鉴海外经验，平台型、全能型、精品型、服务型等专业化资产管理机构同台竞争的格局将逐渐出现。资产管理业务回归本源、积极拓展多元业务、主动管理能力强的资产管理机构将取得更大的竞争优势。

根据市场规律和国外发展经验，银行资产管理业务未来将呈现综合和精品两种类型机构并存的市场格局。综合型银行资管，特点是全能全面，规模领先、覆盖领域广、业务结构均衡、整体服务链健全；精品型银行资管深耕特定领域，专业能力强。

从国内发展情况来看，行业集中趋势显现。国内大型银行理财业务规模不断增加，市场份额持续处于高位，大型国有银行和股份制银行占据市场主导地位。此外，深耕特定领域的商业银行也能在市场中占据优势。例如，招商银行凭借先发优势和坚定的零售银行战略，在财富管理、私人银行等业务领域表现出一定竞争力。

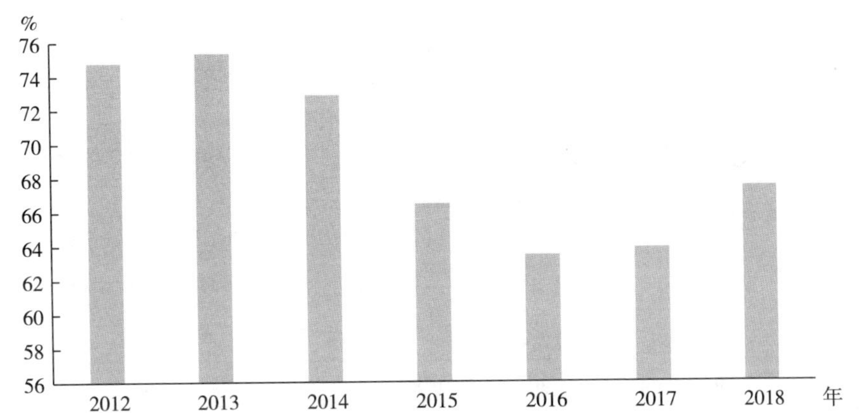

资料来源：G06 报表，十一家银行为工商银行、招商银行、建设银行、农业银行、兴业银行、交通银行、浦发银行、中国银行、中信银行、民生银行、光大银行。

图 16 十一家银行理财规模市场占比（2012—2018 年）

（三）监管统一化

在统一监管形势下，监管套利将逐步消除，以往监管差异带来的业务差异或业务优势将不复存在。资产管理各子业态应差异化战略定位，突出比较优势，构建高效金融生态。而统一监管也将有利于整个金融业规范发展，有效地防范系统性金融风险。银证信保基等资产管理子业态将逐渐重新梳理战略定位，把握自身核心优势，通过发挥比较优势来开展同业竞争与合作。

（四）客户结构均衡化

（1）客户群体是银行开展理财业务的资金来源。近年来，一般个人类客户占产品份额稳定在50%左右，经历2015—2017年的占比回落后，2018 年占比有所回升，仍然为银行理财最主要的客户。高净值客户占比逐渐上升，而机构专属类和金融同业类占比持续降低。从发展趋势上看，高净值客户具备相当的增长潜力，市场份额有望继续提高；普通客户由于数量巨大，仍在理财市场中占据重要地位；银行理财的客户群体将逐渐摆脱以机构和个人客户为主的局面，整体结构更加均衡。

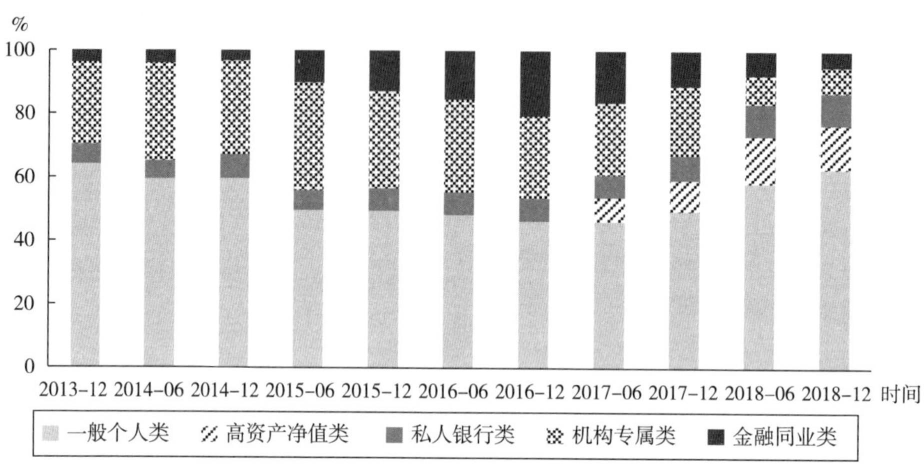

资料来源：银行业理财登记托管中心（2017 年以前，高净值资产类产品存续余额纳入一般个人类统计口径）。

图 17　2013—2018 年银行理财产品存续余额占比分布

（2）高净值客户是支撑业务增长的中坚力量。2017 年中国大陆地区千万资产“高净值家庭”数量达到 147 万家，增长率达 9.7%，其中拥有千万可投资资产的“高净值家庭”数量达 74.9 万家；拥有亿万资产的“超高净值家庭”数量达 9.9 万家，比 2016 年增加 1 万家，增长率达 11.6%①。这类群体拥有保值增值、降低风险、高收益等多种需求，在投资过程中更加注重安全性、隐秘性，能为资产管理机构提供更高附加值。

（3）机构客户比重将提升。国外领先资产管理机构的机构客户占比大部分超 50%，即使是零售渠道具有明显优势的银行系资产管理机构也具有较高机构客户占比。目前，国内机构专属类理财产品占比不到 10%，低于国外平均水平。同时，机构客户未来在以下三方面都有增长前景：第一，随着我国人口老龄化趋势加重，养老金管理需求将增加；第二，企业发展中存在各种闲置资金，该类资金同样具备保值

① 资料来源：WEALTH 财富管理。

增值的需求；第三，随着投资者风险意识增强，保险机构规模迅速扩大，保险资金将可能成为资产管理行业重要资金来源。

（4）普通客户依旧占据重要地位。一是客户群体规模大。我国人口众多，绝大多数为资产较少的“长尾客户”。与高净值财富人群相比，长尾客户个人所拥有资产规模较小，但该群体总数庞大，积累数量不可小觑，余额宝的迅猛发展即是来源于此。二是特定用户也存在细分理财需求，例如同等收入水平的老年客户与青年客户基于风险承受能力和投资目标的差异，其理财需求就存在较大差异。

（五）营销网络化

在“互联网+”的催化下，资产管理机构重视大数据在客户分层和需求分析中的应用，针对不同客户全方位借助柜台、机具、电话、互联网、微信等传统与新兴介质开展客户营销。可以预计的是，未来资产管理机构将继续通过改善基础平台建设、APP功能优化等逐步加强直销渠道的流量和竞争力，为客户提供更加专业和精细化的服务。

（六）产品净值化

资管新规明确了包括银行理财在内的资产管理产品的净值化转型方向。一方面，资产管理机构需要逐渐搭建资产估值、信息披露、风险监控等核算和运行体系；另一方面也将夯实产品净值化管理基础，搭建完善的净值化产品体系，针对不同客群分步骤推出净值型的新产品。

未来银行理财产品体系将呈现创新稳健的格局。第一，产品体系全覆盖。参照国际经验，商业银行需推出覆盖客户全方位资产管理需求的产品，捕捉各类市场机遇，运用技术手段冲抵风险，获得稳健收益。第二，固收类、现金管理类作为主打产品，基于商业银行风险偏好和信用研究能力特长，固定收益类产品仍将是产品主力；现金管理类产品具有低风险、申赎灵活、收益稳定等特点，既能填补保本理财空缺，又能在过渡期享受“摊余成本 + 影子定价”政策红利。第三，非标期限匹配产品优势凸显，基于商业银行传统信贷业务优势而产生的非标投资，在解决期限错配与打破刚性兑付两个难点后，仍将是银行理财的重要资产配置方向和特色优势。第四，打造差异化净值型产品，针对主流客群，主打低风险的现金管理类或者固收类净值型产品；针对高净值客群，尝试营销挂钩贵金属、外汇、利率等指标的结构化产品。

（七）投资多元化

随着资管新规、理财新规、子公司办法的陆续出台，非标投资、资金池模式、多层嵌套等问题得到明晰指导，银行资产管理业务投资端将面临进一步的转变。

（1）跨境投资成为新的增长点。国内大型商业银行近年来纷纷布局海外业务。截至 2018 年末，工商银行在全球 47 个国家和地区设立了 426 家境外机构，并与 145 个国家和地区 1 502 家境外银行建立代理行关系。随着国内大行海外业务的增加，跨境投资业务的开展正在成为一种趋势。对于大型银行来说，将投资视野放宽至全球更利于自身发展。第一，有助于获得国外经济高速发展红利，获取更好投资机遇。第二，通过分散化投资，在全球进行资产配置，熨平个别国家产生的收益波动。第三，满足部分高净值人群的海外资产配置偏好。

表 2 国有银行 2018 年海外布局情况

银行	国家或地区	机构数
工商银行	47	426
中国银行	56	548
农业银行	17	22+1（一家合资银行）
建设银行	29	31
交通银行	16	22 家分（子）行及代表处

资料来源：公司年报。

（2）权益类投资占比或将上升。在我国理财产品的配置结构中，权益类资产占比一直维持在较低水平。在 2013 年至 2018 年，银行理财产品资产配置中权益资产占比一直在 6%~10% 范围内保持低水平波动。在 2018 年底，存量理财产品中权益类投资占比也仅为 9.92%。从国内情况来看：一是资管新规为资产多元化配置打开通道，公募产品可以投资上市交易股票，为银行资产投向提供更自由空间，为迎合多元化资产配置趋势，在未来可进一步提升权益类资产投资占比。二是国内资本市场的发展决定权益类投资是否能提升。近年来资本市场在我国金融体系中的定位显著提升，随着资本市场一系列基础制度改革的推进，资本市场的投融资功能体系将进一步完善，这将显著吸引各类投资机构参与资本市场，银行理财产品可顺应资本市场发展趋势，提升权益类资产配比，获取相对稳健的高收益。三是资金端部分投资者对高收益产品诉求强烈，银行资管推出面向中高风险承受能力投资者的产品，这类产品在资产配置中将给予权益类资产更大的配置比例。因此，随着银行理财回归本源、市场日趋成熟，我国银行资管权益类资产占比或将有较大提升。

资料来源：银行业理财登记托管中心。

图 18　2013—2018 年理财产品资产配置中权益占比不断提高

（3）被动投资潜力较大。目前，中国市场被动投资指数产品规模占比处于7%到10%之间，远低于国外水平，仍有较大发展空间。被动投资在未来有一定的发展潜力。第一，大量历史数据表明，战胜指数正在逐渐成为一件困难的事情。第二，被动投资具有配置成本低、易于扩大规模的优势，在操作上较主动投资更为简单。第三，随着金融市场的日渐成熟，投研团队在获取超额收益方面会愈加困难，并且保有好的投研团队也非易事。全球资产管理行业的实证也表明，借助ETF产品的大发展，被动投资占总投资的比重不断增长，增速也高于同期主动型产品。当我国金融市场逐渐成熟，被动投资较主动投资的优势将会不断显现。

（4）FOF模式进一步发展。目前我国FOF发展尚处于探索阶段，规模在整个基金行业中占比较小。纵观中国市场，FOF发展缓慢且效果不佳，主要原因有：市场环境及配套监管措施尚未成熟，FOF运用意义不大；投资者风险偏好低，期限短，FOF资金端始终缺乏长线资金，难以有效开展大类资产配置。银行理财转型后，采用FOF模式具备多项优势。第一，能够实现分散化投资，降低资产组合的波动性，满足多元化投资的需求；第二，能够通过FOF模式享受基金机构专业的投研能力；第三，能够降低投资门槛，对复杂、专业化的基金产品投资更加容易。近年来全球FOF发展情况良好，截至2016年底，美国FOF数量超过1 400只，管理资产规模达1.87万亿美元。随着我国金融市场日趋成熟、监管体系不断完善、金融机构逐步发展和投资者观念的逐步转变，FOF模式具有较大发展潜力。

（八）业务国际化

从海外经验来看，全球许多成功的资产管理机构在海外市场的收入占总收入的比重通常较高。目前国内资产管理机构在国际市场中的份额相对较低，与全球其他成熟的资产管理机构相比仍有较大发展空间。在当前中国金融市场逐步开放和人民币国际化的背景下，境内资金的全球配置和海外资金的国内配置需求逐年上升，海外业务逐渐成为资产管理机构利润增长的蓝海。2019 年资产管理机构会加速国际业务布局，中国资产管理市场的国际化程度也将进一步提升。

（九）金融科技化

银行业是大数据与人工智能落地应用的重要领域，在人工智能发展已经明确成为国家战略的背景下，传统商业银行或自主创新或跨界合作，全面发力人工智能领域。总体来看，当前我国人工智能技术处于发展初期，在银行的应用较为简单，主要是以常规客服与智能化机具为主，在资产管理领域的应用也比较有限。

未来，人工智能将对资产管理领域的投资、研究、交易、风险管理、产品设计、营销等细分部门产生深远的影响。在投资和研究方面，人工智能在处理非结构化数据以及非线性关系、信息整合和信息检索方面具有独特优势。在投资和研究过程中，依靠人工智能的信息处理能力和知识学习能力，可以更高效地获取和处理数据，形成更有效的投资决策。在交易方面，自动交易（包括决策型交易和执行型交易）能够显著提高投资策略的执行效率，降低冲击成本，并且在一定程度上提高投资组合的收益。在风险管理方面，人工智能技术可以用来对交易员进行监控，以发现内幕交易等不正当行为。在投资组合的风险管理中，可以采用人工智能技术进行数据分析，通过模型对市场可能发生的风险进行预警，同时，也可以针对不同投资者的资产组合进行特定的情景分析。在产品创新方面，目前国内人工智能技术最普遍的应用领域是智能投顾。据 Statista 统计，2018 年全球智能投顾的总管理规模和用户已经达到 5 431.88 亿美元和 2 610 万户，2018 年中国智能投顾的总管理规模为 289 亿美元。

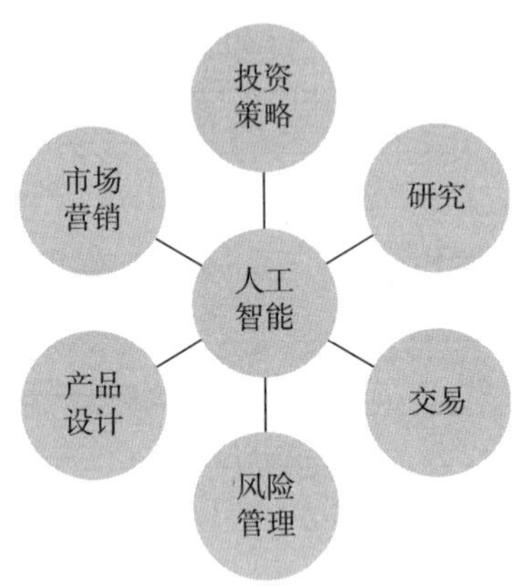

图 19 人工智能影响资产管理行业的细分领域

（十）机构公司化

监管部门对各类金融机构赋予资产管理业务平等准入资格，体现出所有资产管理机构公平竞争原则。商业银行设立理财子公司，有助于强化资产管理业务的交易主体地位，完善业务组织架构，实现风险管控和风险隔离，拓宽银行资产管理业务的边界。2019 年银行理财子公司的加速落地将开启中国资产管理市场全新的市场格局。拥有法人身份就代表着理财子公司在经营上的独立性，从根本上解决银行理财开户资质和多层嵌套的问题。

五、推进银行理财业务持续健康发展的相关建议

（一）在战略定位上，银行理财业务要按照直接融资要求推进转型

银行理财子公司要改变过去以类信贷为主的业务模式，以发展直接融资的方式推进业务转型，切实提升对实体经济的服务能力。银行理财业务一直以来都是连接金融市场与实体经济的有效媒介，过去银行理财以类信贷和现金管理为主的业务模式在服务实体经济的同时也

引发了风险过度集中、融资结构失衡等问题；未来银行理财业务的转型及理财子公司的发展要更多地从发展直接融资的战略定位出发，改变过去类信贷业务模式的低风险偏好特征，培育专业、主动管理能力，更好地适应我国经济转型过程中实体企业经营风险不断增加的趋势；借助市场化定价机制实现风险收益的平衡，有效降低杠杆水平及债务风险，切实提升金融市场对实体经济的服务能力。从过去我国金融业改革发展的经验来看，凡是服务实体经济、适应市场需求的转型都相对成功；凡是与实体经济需求不相一致的创新发展都难以持续。

银行理财子公司要按照直接融资要求推进转型。一是银行理财业务要以独立法人形式进行运营管理，因为其业务特征、风险偏好与传统商业银行业务均存在本质差别，法人化经营能有效实现风险隔离，重塑银行理财业务的风险偏好，同时这也是国际市场的通行惯例；二是银行理财子公司的转型发展要符合资本市场的基本原则，“买者自负、卖者尽责”是资本市场的信用基础，银行理财子公司转型发展要实现理财产品信用与银行信用的逐步分离，坚决打破刚性兑付；三是银行理财子公司转型发展要明确专业资产管理人的边界，转变套用银行存贷款业务的经营理念，基于资本市场的要求去做大股权投资，优化信息披露、风险管理及外部委托人的筛选机制，在提升对实体经济服务能力的同时，切实保障投资人的合法权益。

（二）在转型发展上，商业银行要加快内部机制及业务模式改革

一是加快产品创新，丰富产品类型。在产品布局上，各机构要根据自身现状，建立合适的产品体系。同时，各机构可以对标同业，借鉴主流基金、券商等先进经验，构建既符合资管新规要求，又适应我国银行理财客户特点的产品体系。在节奏上，要先易后难，循序渐进，首先围绕自身优势，打造几款核心产品，树立市场形象及品牌效应；

随后做好客户、市场细分，深入挖掘市场需求，逐步扩大产品规模，形成规模效应；最后不断丰富产品线，满足多元化需求。

二是加大投资者教育，提升产品营销能力。在产品净值化转型中，银行理财一方面要强化客户分层，做好客户分类管理及储备，落实合格投资者准入，确保将合适的产品营销给风险承受能力匹配的客户。同时要利用产品说明书、客户手册、客户权益须知等文档材料，以案例推介、培训讲解等形式，通过各种销售渠道，向客户做好净值型产品的宣传推广，提升客户投资能力和辨识能力。另一方面在投资者教育过程中，要与政府、监管部门、同业加强合作，共同引导理财客户转变理财观念，加深对净值型产品收益、风险特点的了解，逐步接受“自主选择、自负盈亏”的理念。

三是加强投研建设，提升投资能力。转型期内，面对净值化转型和非标投资受限的压力，银行理财应重点加强投研体系建设，提升投资能力，通过优异的投资运作管理，提升净值型产品市场竞争力。第一，银行理财应建立“自上而下”与“自下而上”相结合的投研框架，搭建涵盖宏观策略、中观行业的大类资产研究体系，并根据各自经营情况，针对不同类别资产做好分类研究，以做好研究为基础，提升主动管理及自主投资能力。第二，加快建立市场化的人力资本管理体系，建立有利于人力资本价值体现、卓越人才辈出的人才培养机制、激励机制，同时加强投资人才引进，精心打造强有力的专业投研、交易、运营、风控和营销团队，加快培养具有市场影响力、客户认可度高的明星投资经理和专家型人才队伍。第三，针对银行理财在权益、大宗商品等资产领域投资能力相对薄弱的现实情况，各机构可酌情采取 FOF/MOM 模式等委外投资模式开展相关投资，并重点做好委外投资中的管理人筛选、跟踪、评估等管理工作。通过自主、委外投资相结合的方式，拓展资产配置类别，提高产品风险收益。

四是建立全面、独立的市场化风控体系。银行理财业务的净值化、市场化、公司化转型要求各机构要尽快建立完善全面、独立的市场化风控体系，实现风险管理策略与业务发展有效结合，平衡好风险和收益的关系。其一是需要风险管理前置，在业务开展前对承担的风险形成清晰、可量化的评估，明确业务开展所需的风险资源。其二是业务开展过程中做好风险监测、反馈、控制，不断优化完善风控手段，确保风险管理及时反映业务开展状况与环境变化。其三是根据理财业务特点，以产品维度为核心，建立涵盖制度层面、产品层面、资产层面及运营层面等多层次的立体化风控体系，实现全面风险管理。

五是夯实系统、人才、科技等业务发展基础。为应对转型中出现的相关问题，银行理财要不断加强系统、人才、科技等基础设施建设，夯实业务发展基础。其一是要加强人才引进培养，推进专业团队建设。这需要各理财机构在行内争取更多人力资源支持。一方面，在内部为优秀人才提供明确的晋升通道、合理的绩效考核及薪酬体系，同时做好多元化人才引进，吸引更多优质人才加盟。另一方面，强化存量人员的培训力度，借助定期培训讲座、课程学习、外派培训等方式提升存量人员业务能力。其二是加快理财系统建设。加强与外部的沟通交流，探索有效的业务系统建设框架。持续加大科技力量的投入，配备专业人员，设置专业团队，通过自建与外包相结合的方式，做好理财系统建设，支持业务转型发展。其三是探索金融科技及数字化转型。对于资源较多的大行资产管理机构，应借鉴国外先进资产管理机构经验，结合自身经营发展实际需要，围绕智能获客、智能投顾等方向，探索金融科技在理财业务中的应用，研究理财业务的数字化转型。

（三）在配套机制上，要加快完善银行理财相关的制度安排

在法律制度层面，建议进一步明确银行理财产品的法人主体地位。建议规定允许投资者在国务院或银保监会认可的交易平台进行银行理财产品交易、流转。

在加强投资者教育上，建议打造包含政府部门、行业协会、教育部门、金融机构等参与主体的多层次投资者教育体系；建议开展强化“破刚兑”、净值化产品的教育宣传活动，发挥政府部门、行业协会在破除投资者刚性兑付心理方面的主导作用。在合格投资者判定依据上，建议明确规范合格投资者认定所需金融资产材料样式及材料出具机构，理顺合格投资者资质判定的职责分工。

从业人员管理方面，当前各类资产管理机构的从业人员管理制度不一，证券业协会对证券基金从业人员有相应的业务资质分类和考核，银行理财也有理财师的相应资质认定，但两者认定差别较大。统一的从业人员管理是推进资产管理行业提升专业能力的基础。建议明确资产管理行业统一的从业人员准入标准，整合各资产管理行业从业人员资格要求，建立统一的资产管理行业资格认证体系。

中长期投资者培育方面，一是建议加快推进养老体系建设。鼓励企业参与企业年金或雇主基金，尽快推进个人所得税递延型养老账户的税收优惠政策的出台，吸引居民资金扩大个人养老金规模，建立第三支柱有效补充机制，为金融市场提供长期资金。二是在引入长期资金上，建议尽快协调人社部给予银行理财在社保基金、基本养老金、企业年金、职业年金等养老金领域的投资管理人资质；建议依据相关规则面向基本养老保险基金、企业年金、职业年金、全国社保基金、个人税延养老金发行的养老型银行理财产品的投资范围比照私募理财产品投资范围；建议将养老型银行理财产品纳入税收递延优惠试点。三是积极做大社保基金规模，建议积极推进国有企业股权划转社保，发挥社保基金作为中长期投资者稳定市场的作用。

建议优化过渡期安排，确保资产管理行业平稳转型。资产管理行业的转型发展在一定程度上有着牵一发而动全身的作用，行业的过渡要平衡好转型发展与防范系统性风险的关系。一方面，建议优化过渡期安排，多种方式处置存量资产风险；另一方面，建议丰富基础金融产品类型，为资产管理机构探索多元化的新产品提供基础。

保险资管篇：保险资产管理业务市场格局与业务模式①

一、保险资产管理业务的本质内涵

（一）保险资产管理业务的定义

保险资产管理业务是资产管理业务的一个子类，指保险资产管理机构作为管理人提供的资产管理业务，即保险资产管理公司、保险专业投资机构、受托保险资金的养老保险公司等金融机构向投资人发售标准化产品份额，募集资金，由托管机构担任资产托管人，为投资人利益运用产品资产进行投资管理。

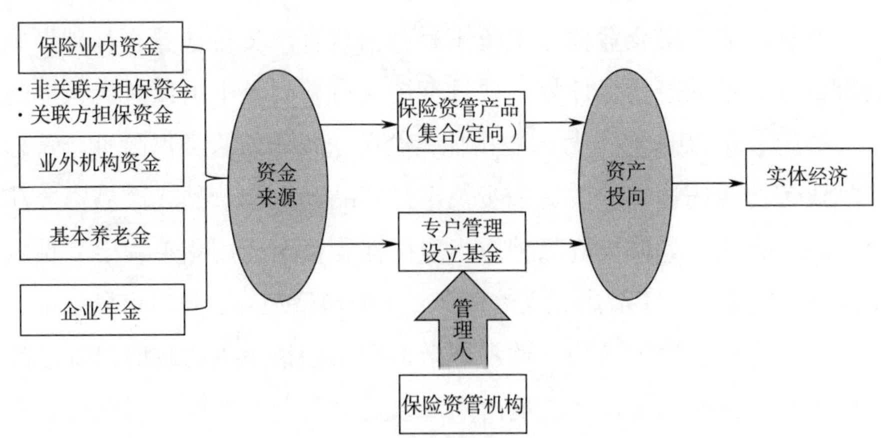

图 1　保险资产管理业务概览

① 本篇执笔人：泰康资产张弛、卢昕、杜宇、孙弘莉。

从资金来源的角度，保险资产管理机构管理资金来源可以包括关联方保险资金、非关联方保险资金、业外机构资金、企业年金、基本养老金，以来自母公司的保费收入为主，第三方委托资金比例逐年上升。资管新规下，保险资管的第三方业务未来将会有更大的发展空间。

从资金载体的角度，保险资产管理机构可采取发行保险资产管理产品、直接投资、开展专户管理、设立基金等方式。根据 2013 年 2 月《中国保监会关于保险资产管理公司开展资产管理产品业务试点有关问题的通知》，保险资产管理产品限于向境内保险集团（控股）公司、保险公司、保险资产管理公司等具有风险识别和承受能力的合格投资人发行，仅面向机构投资者，包括向单一投资人发行的定向产品和向多个投资人发行的集合产品。向单一投资人发行的定向产品，投资人初始认购资金不得低于 3 000 万元人民币；向多个投资人发行的集合产品，投资人总数不得超过 200 人，单一投资人初始认购资金不得低于 100 万元。

从资金投向的角度，根据 2013 年 2 月《中国保监会关于保险资产管理公司开展资产管理产品业务试点有关问题的通知》，保险资产管理产品的基础投资范围限于银行存款、股票、债券、证券投资基金、央行票据、非金融企业债务融资工具、信贷资产支持证券、基础设施投资计划、不动产投资计划、项目资产支持计划及中国保监会认可的其他资产。在 2016 年 6 月《中国保监会关于加强组合类保险资产管理产品业务监管的通知》中进一步规定，产品为集合产品或产品资金涉及保险资金的，具体投资品种应当遵循保险资金运用相关规定，且限于以下投资范围：①境内流动性资产，主要包括现金、货币市场基金、银行活期存款、银行通知存款和剩余期限不超过 1 年的政府债券、准政府债券、逆回购协议；②境内固定收益类资产，主要包括银行定期存款、银行协议存款、债券型基金、金融企业（公司）债券、非金融企业（公司）债券和剩余期限在 1 年以上的政府债券、准政府债券；

③境内权益类资产，主要包括公开发行并上市的股票（不含新三板股票）、股票型基金、混合型基金；④保险资产管理公司发行的基础设施投资计划、股权投资计划、资产支持计划等。产品为定向产品且产品投资人为非保险机构的，产品的投资品种可以按照与投资人约定的产品契约及相关法律文件执行。

（二）保险资产管理业务的法律关系

当前我国规范资产管理的法律有《合同法》《证券投资基金法》《信托法》，证监会、银保监会还分别对私募基金、券商资管、银行理财、信托计划、保险资管等制定了相应的部门规章和规范性文件，但在法律实践中，并无上位法对资产管理业务的法律关系进行明确界定。资产管理业务的法律关系核心是资产管理机构（管理人）和投资者（委托人）之间的关系，目前各子类资产管理产品的法律基础、法律关系并不相同，有的依据国家法律，法律关系为信托法律关系，如信托公司的理财业务；有的依据资产管理机构所在行业监管部门规章，法律关系为委托代理关系，如券商资管；还有的产品仅仅依据当事人之间的约定，法律基础、法律关系均不清晰[①]。

在法规体系上，保险资产管理机构以信托类法律为参照，以《保险法》为基础，以保监会发布的部门规章和规范性文件为依据开展业务[②]，同样在部分业务中存在法律关系不明确的问题，主要争议点在保险资产管理机构和投资者之间属于“委托—代理”关系还是“委托—受托”的信托关系[③]。

① 和平 如何防范资管法律风险——专访国浩律师（北京）事务所合伙人杨征宇［N］. 中国保险报－中保网，2017-12-11.

② 和平 . 如何防范资管法律风险——专访国浩律师（北京）事务所合伙人杨征宇［N］. 中国保险报－中保网，2017-12-11.2018 年 3 月，银监会和保监会合并为银保监会。

③ 刘燕 . 大资管“上位法”之究问 [J]. 清华金融评论，2018（4）：25-28.

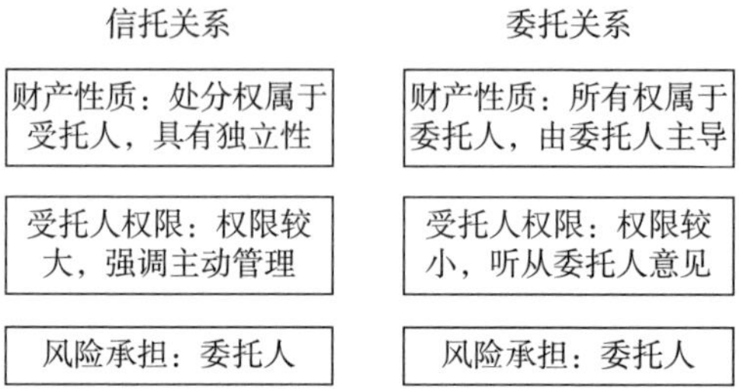

信托关系	委托关系
财产性质：处分权属于受托人，具有独立性	财产性质：所有权属于委托人，由委托人主导
受托人权限：权限较大，强调主动管理	受托人权限：权限较小，听从委托人意见
风险承担：委托人	风险承担：委托人

图 2　信托关系与委托关系的区别

具体来看，保险资产管理公司除接受母公司委托管理保险资金外，还可接受其他中小型保险公司的保险资金和银行、券商、财务公司等第三方机构委托投资，其提供的服务主要涵盖委托专户和保险资产管理产品两种模式。根据资管新规、《中国保监会关于加强组合类保险资产管理产品业务监管的通知》（保监资金〔2016〕104 号）、《中国保监会关于保险资产管理公司开展资产管理产品业务试点有关问题的通知》（保监资金〔2013〕124 号）、《保险资金委托投资管理暂行办法》（保监发〔2012〕60 号）等在内的相关监管政策规定，保险资产管理产品为“信托”的法律关系，寿险、财险等保险机构委托设立的投资专户为“委托”关系，但为银行等非保险机构设立的投资专户，是否以“产品”形式运作，遵从资管新规要求，亟待进一步明确规范。

（三）国际对保险资产管理法律关系的界定

从发达国家的经验看，信托是资产管理的优选方式，财产委托人可以灵活地实施有限责任式的破产隔离，为专业管理人赋予不受掣肘的权利、为受益人提供利益的物权式保障[①]。

英美国家立法，扩展完善《信托法》的内涵和适用范围。建议将《信托法》作为规范资产管理业务的上位法、母法，明确资产管理中“受

① 缪因知 . 资产管理内部法律关系之定性：回顾与前瞻 [J]. 法学家，2018（3）：98-112，194.

人之托，代客理财”的本质是信托关系；进一步明确信托财产的独立性，制定配套的信托登记规则及其法律效力，并在此基础上完善信托当事人的权利、义务关系（尤其是信托受托人的信义义务等问题）；另外，可以在《信托法》修订中考虑将商事信托组织法、民事信托、信托税收、公益信托等问题一并纳入。美国 1933 年《证券法》就将证券定义为股票、债券、各类衍生品以及投资合同。2006 年日本修改《证券法》将“证券”定义扩展至“金融商品”，最大限度地将具有投资属性的金融商品、投资服务纳入《证券法》监管范围[①]。

在金融稳定委员会（FSB）等国际组织的文件中，资产管理业务的基础法律关系通常被描述为“代理关系”（agency relationship）而非“信托关系”（trust relationship）。“代理”有双重指向：一是基金管理人相对于投资者而言属于代理人，不承担投资后果；二是基金管理人这一类金融中介属于不动用自身资产负债表的代理人角色，以区别于银行、保险公司在资金融通过程中需自担风险的“本人”（principal）地位[②]。

二、当前中国保险资产管理行业的特征及面临的挑战

保险资产管理是通过独立的保险资产管理机构所进行的集中化、专业化和市场化的保险资金以及第三方资金受托的一种投资管理方式。2018 年保险资产管理业在金融市场“严监管，防风险，去杠杆”的大背景下，依旧保持稳定的行业发展态势。行业总资产突破 16.4 万亿元，资金运用余额接近 15 万亿元，保险资产管理业已经日趋成为大资产管理行业的重要力量，为保险主业的健康、稳健发展和资本市场的长期稳定提供了有力的支持。

① 王晓明，郭香龙 . 解读资管新规之打破刚性兑付 [N]. 中国保险报，2018-05-28.

② 刘燕 . 大资管“上位法”之究问 [J]. 清华金融评论，2018（4）：25-28.

（一）我国保险资产管理行业概况及特征

得益于保费收入的快速增长，我国保险业资产总规模近年来始终保持较高增速。我国保费收入从 2011 年的 1.4 万亿元增长到 2018 年的 3.8 万亿元，年均增长超过 15%。我国保险市场规模先后赶超德国、法国、英国，跃居世界第 3 位。十多年来，保险总资产从 2006 年的 1.97 万亿元增长到 2018 年的 18.33 万亿元，年均增长超过 21%。截至 2018 年末，保险资金运用余额为 16.41 万亿元，较年初增长 11.42%。

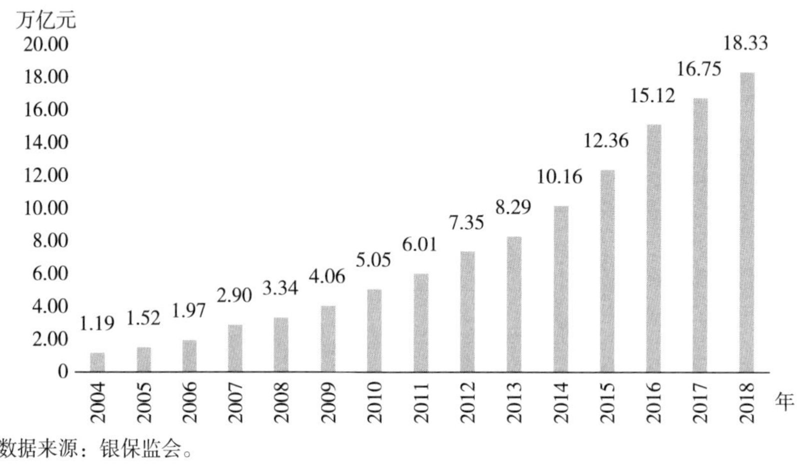

数据来源：银保监会。

图 3　保险业总资产规模

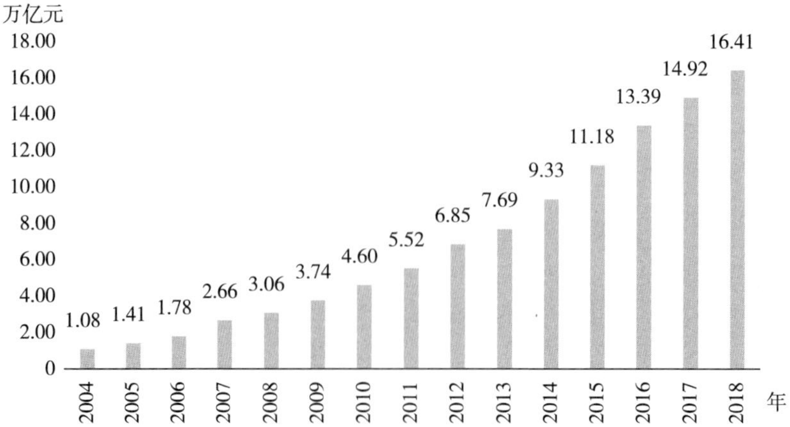

数据来源：银保监会。

图 4　保险资金运用余额

近年来，保险资产配置结构日益多元。保险资金配置中银行存款、债券占比持续下降，另类投资配置比例不断提升，成为保险资产配置的最重要的类别。但在 2018 年这一配置结构的变化趋势有所改变：银行存款、债券的配置比例较往年有所上升。截至 2018 年末，银行存款占比 14.85%，债券占比 34.36%，股票和证券投资基金占比 11.71%，其他投资占比 39.08%（其中另类投资占比约三成）。

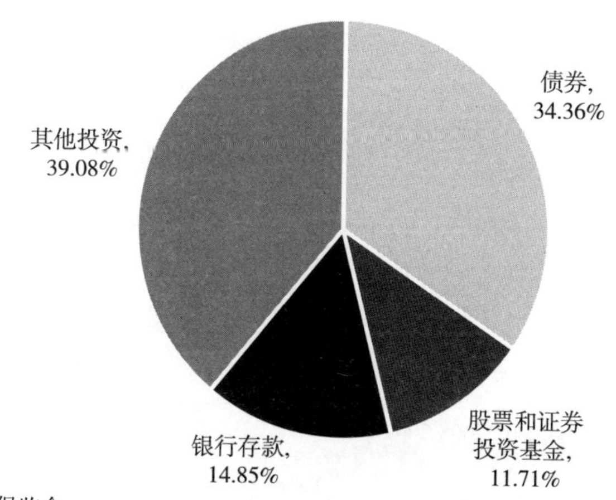

数据来源：银保监会。

图 5　2018 年末保险资金资产配置情况

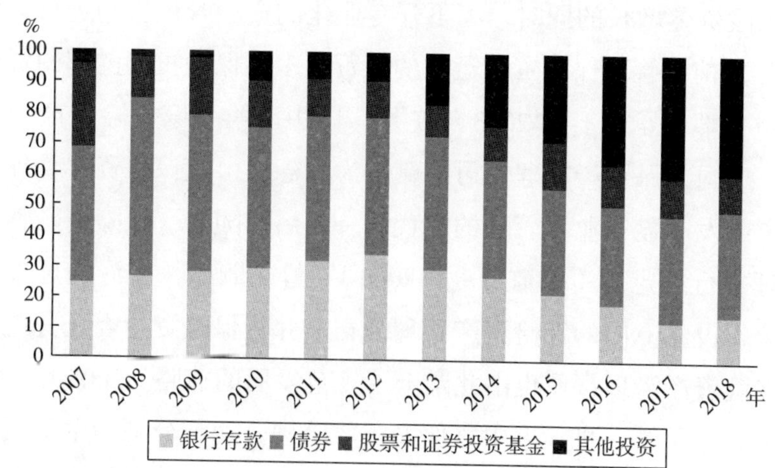

数据来源：银保监会。

图 6　2007—2018 年保险资金配置情况

2018 年保险资金整体投资收益率为 4.3%，相较 2017 年的 5.7% 出现较大幅度的下滑，主要受 2018 年公开权益市场下跌影响。虽然 2018 年保险资金对债券和银行存款的配置比例和收益率都有所上升，但是由于 A 股市场的大幅快速下跌，该部分收益不足以对冲配置证券投资基金和股票带来的巨额损失。

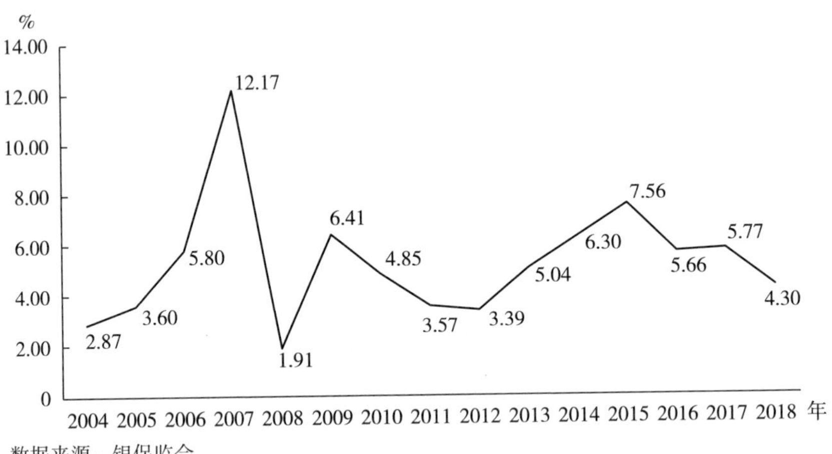

数据来源：银保监会。

图 7　历年保险资金运用投资收益率

保险资金增长的同时，离不开专业化的资产管理机构进行运作。2003 年之前，管理保险资金运作的职责大多以保险机构内部的资产配置或财务部门承担。在 2003 年 7 月，以中国第一家保险资产管理公司——中国人保资产管理公司的诞生为标志，由此保险资产管理领域迈入了越发彰显专业化管理的时代。一年后，随着《保险资产管理公司管理暂行规定》（保监会令〔2004〕2 号）颁布，允许满足条件的保险公司设立专门的保险资产管理公司，并将保险资金委托其进行管理，保险资产管理行业也由此走上了规范发展的道路。2005 年，保监会核准设立了第一批 5 家中资保险资产管理公司，分别为中国人保资产管理有限公司、中国人寿资产管理有限公司、平安资产管理有限公司、华泰资产管理有限公司、中再资产管理有限公司。2006 年，保监会又核准设立了第二批包括泰康资产管理有限公司、新华资产管理有限公司、太平洋资产管理有限公司和太平人寿资产管理有限公司，以及美国友邦保险设立的外资保险资产管理中心在内的 4 家专业国有保险资产管理公司和 1 家外资保险资产管理公司，为行业注入了新鲜血液。在 2012 年，生命保险资产管理有限公司得到批复之后，原有行业局面被打破，中小险企资产管理公司、合资资产管理公司也相继出现。截至 2017 年底，根据中国保险资产管理业协会名单显示，我国已有 23 家综合性保险资产管理公司、10 余家保险资产管理公司香港子公司、8 家养老基金管理（或养老保险）公司等专业化的投资机构。此外，还有百余家保险公司建立了资产管理部门。各家公司通过资金的集中使用和规范管理，为保险资产的稳健增值保驾护航。

表 1　　保险资产管理公司名单（排名不分先后）

序号	公司名称	序号	公司名称
1	中意资产管理有限责任公司	13	生命保险资产管理有限公司
2	新华资产管理股份有限公司	14	中国人保资产管理有限公司
3	中国人寿资产管理有限公司	15	光大永明资产管理股份有限公司
4	华安财保资产管理有限责任公司	16	民生通惠资产管理有限公司
5	华泰资产管理有限公司	17	太平洋资产管理有限责任公司
6	安邦资产管理有限责任公司	18	合众资产管理股份有限公司
7	中英益利资产管理股份有限公司	19	华夏久盈资产管理有限责任公司
8	太平资产管理有限公司	20	长城财富资产管理股份有限公司
9	阳光资产管理股份有限公司	21	英大保险资产管理有限公司
10	中再资产管理股份有限公司	22	建信保险资产管理有限公司
11	泰康资产管理有限责任公司	23	百年保险资产管理有限责任公司
12	平安资产管理有限责任公司		

资料来源：中国保险资产管理业协会。

（二）保险资产管理行业的业务形态发展

保险资产管理公司设立的初衷在于允许满足条件的保险公司将保险资金委托其进行集中、规范、专业化的投资管理，为保险行业资产规模的有序增长和稳健增值保驾护航。而随着2012年以来，监管部门对于保险资金运用循序渐进地开展制度性改革后，保险资产管理公司也凭借自己专业的投资能力逐步将业务范围拓展到保险业界之外的领域，从主要服务于母保险公司、从事资金运作投资配置的下属公司，不断探索业务领域，进一步致力于成为为机构投资者及个人投资者开展包括资产配置、财富管理在内一系列业务的多元化机构。具体来看，目前保险资产管理公司涉足的业务版图可以大致划分为以下几个板块，包括：（1）受托管理母公司的保险资金；（2）第三方保险及非保险机构的资产；（3）养老金及企业年金资产；（4）公募基金。

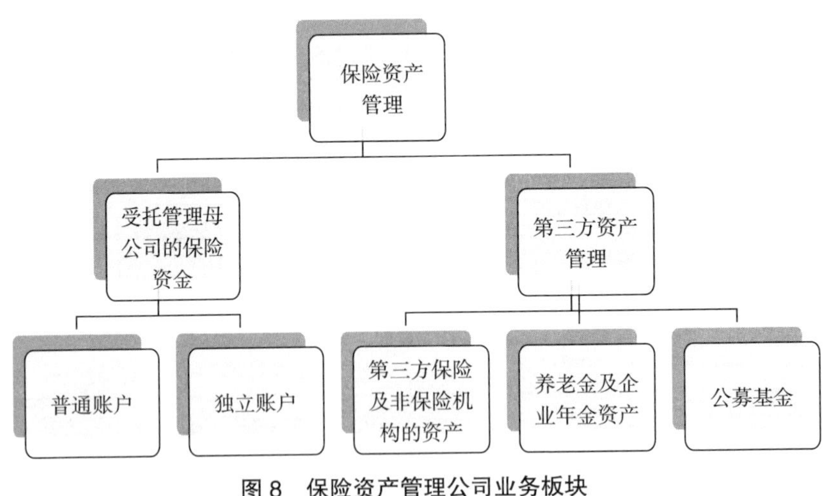

图8 保险资产管理公司业务板块

根据保监会要求，保险机构应当根据保险业务和资金特点，划分“普通账户”和“独立账户”，实行资产配置分账户管理，并在资金清算、会计核算、账户记录等方面确保独立、清晰与完整。普通账户和独立账户因为资金性质的差异，在投资范围、投资策略中体现出了不同的侧重。普通账户管理保障型保险保费，投资策略更为稳健；独立账户管理投资型保险保费，投资策略更为多样灵活。普通账户，是指由保险公司部分或全部承担投资风险的资金账户。该账户资产配置应严格执行保监会有关投资比例限制，保险公司资本金、传统寿险保费等均参照普通账户管理。独立账户，是指独立于普通账户，该账户按照合同约定的资产配置范围和比例，独立进行投资决策和管理，由投保人或者受益人直接享有全部投资收益的资金账户，投资连结保险、万能险等保险产品的资金均参照独立账户管理。

以投资连结保险为例，其作为集保险与投资功能于一身的险种，具有保障和投资的双重功能。每款保险产品下设不同类型的多个投资账户。每个账户的投资组合不同，收益率不同，投资风险也不同。投资连结型保险产品能充分利用专业理财的优势，投保人根据自身风险偏好选择将个人账户资金分配到不同投资账户中，并可在约定条件下进行部分领取及账户间转换。投资账户的资产配置范围包括流动性资产、固定收益类资产、上市权益类资产、基础设施投资计划、不动产相关金融产品、其他金融资产。1999 年 10 月，平安保险公司推出平安世纪理财投资连结险后，投资连结保险正式在国内面世。随后，包括泰康人寿、信诚人寿、新华人寿及中宏人寿在内的多家保险公司也推出了各自的投资连结产品。截至 2017 年，投连险新增保费收入共计 470.42 亿元。

保险资产管理公司除接受母公司委托管理保险资金外，还可接受其他中小型保险公司的保险资金和银行、券商、信托等第三方机构委托投资。随着第三方委托机构在种类和数量上均不断增多，第三方资产管理业务的发展，不但有助于资金体量较小、专业投研团队不甚健全的中小保险公司以更加经济、稳健的方式享受到专业的资产保值增值服务，同时也为保险资产管理公司自身探索出更多元化的业务领域，赢得更多利润回报。目前，其提供的服务主要涵盖委托专户和保险资产管理产品两种模式。

基本养老保险基金包括企业职工、机关事业单位工作人员和城乡居民养老基金。作为补充性养老金制度，企业年金业务是企业为员工提供的退休收入保障。随着覆盖城乡的社会保障体系不断完善，养老基金的积累也在快速增加，但与此同时我国也面临着经济发展进入新常态，人口老龄化挑战日益严峻，养老基金支付压力逐步加大的不利局面。单纯依靠投资银行存款、购买国债等方式已不能适应基金资产保值增值的需要，除了加快完善基金投资政策，拓宽投资渠道，市场更迫切需要一批专业的投资管理机构来保障基金资产的保值增值。这不仅有利于增强现有养老保险制度的吸引力，调动参保积极性，扩大覆盖面；更有利于从根本上加强养老基金的支撑能力，实现资产的平稳增长，促进制度可持续发展[①]。

由于保险资产管理公司在管理诸如保险资金、养老金等追求可持续的长期稳健增值的资金方面经验丰富，在这部分资产的投资运作上也具有得天独厚的优势和竞争力。基本养老保险的投资管理人通常为具有全国社会保障基金、企业年金基金投资管理经验，或者具有良好的资产管理业绩、财务状况和社会信誉，负责养老基金资产投资运营的专业机构。根据全国社会保障基金理事会在 2016 年 12 月最近一次公布的评审结果，境内共有 21 家基本养老保险基金证券投资管理机构，其中不乏优秀的保险资产管理公司的身影。具体名单如表 2 所示：

① 《关于对〈基本养老保险基金投资管理办法〉公开征求意见的通知》，来源于人力资源和社会保障部网站。

表 2 21 家基本养老保险基金证券投资管理机构（排名不分先后）

序号	公司名称	序号	公司名称
1	博时基金管理有限公司	12	南方基金管理有限公司
2	长江养老保险股份有限公司	13	鹏华基金管理有限公司
3	大成基金管理有限公司	14	平安养老保险股份有限公司
4	富国基金管理有限公司	15	泰康资产管理有限责任公司
5	工银瑞信基金管理有限公司	16	易方达基金管理有限公司
6	广发基金管理有限公司	17	银华基金管理股份有限公司
7	海富通基金管理有限公司	18	招商基金管理有限公司
8	华泰资产管理有限公司	19	中国人保资产管理有限公司
9	华夏基金管理有限公司	20	中国人寿养老保险股份有限公司
10	汇添富基金管理股份有限公司	21	中信证券股份有限公司
11	嘉实基金管理有限公司		

资料来源：全国社会保障基金理事会。

保险资产管理公司在企业年金中能充当的角色通常为投资管理人、受托人、账户管理人。其中受托人负责选择、监督、更换账户管理人、托管人、投资管理人以及制定资产的投资策略；账户管理人负责所投资产的账户管理信息；托管人负责安全保管养老金及企业年金财产；投资管理人则对养老金及企业年金基金财产进行投资。根据《企业年金基金管理机构资格认定暂行办法》（人力资源和社会保障部令第24号）以及《人力资源和社会保障部关于企业年金基金管理机构资格有关事项的通告》（人社部函〔2018〕48号）的规定，人力资源和社会保障部在2018年最近一次公布的评审企业年金基金管理机构资格结果中，保险资产管理公司凭借其稳健的投资风格和优秀的投资能力在年金投资领域的占据了重要地位。具体名单如表3所示：

表 3 企业年金基金管理机构资格（排名不分先后）

序号	法人受托机构	序号	账户管理机构
1	长江养老保险股份有限公司	1	长江养老保险股份有限公司
2	华宝信托有限责任公司	2	华宝信托有限责任公司
3	建信养老金管理有限责任公司	3	交通银行股份有限公司
4	平安养老保险股份有限公司	4	建信养老金管理有限责任公司
5	泰康养老保险股份有限公司	5	平安养老保险股份有限公司
6	太平养老保险股份有限公司	6	上海浦东发展银行股份有限公司
7	中国工商银行股份有限公司	7	泰康养老保险股份有限公司
8	中国建设银行股份有限公司	8	太平养老保险股份有限公司
9	中国人寿养老保险股份有限公司	9	新华养老保险股份有限公司
10	招商银行股份有限公司	10	中国光大银行股份有限公司
11	中信信托有限责任公司	11	中国工商银行股份有限公司
12	中国银行股份有限公司	12	中国建设银行股份有限公司
13	中国农业银行股份有限公司	13	中国民生银行股份有限公司
14	中国人民养老保险有限责任公司	14	中国农业银行股份有限公司
		15	中国人寿养老保险股份有限公司
		16	中国银行股份有限公司
		17	招商银行股份有限公司
		18	中信银行股份有限公司
		19	中国人民养老保险有限责任公司
序号	托管机构	序号	投资管理机构
1	交通银行股份有限公司	1	博时基金管理有限公司
2	上海浦东发展银行股份有限公司	2	长江养老保险股份有限公司
3	中国光大银行股份有限公司	3	富国基金管理有限公司
4	中国工商银行股份有限公司	4	国泰基金管理有限公司
5	中国建设银行股份有限公司	5	工银瑞信基金管理有限公司
6	中国民生银行股份有限公司	6	海富通基金管理有限公司
7	中国农业银行股份有限公司	7	华泰资产管理有限公司
8	中国银行股份有限公司	8	华夏基金管理有限公司
9	招商银行股份有限公司	9	嘉实基金管理有限公司

续表

序号	托管机构	序号	投资管理机构
10	中信银行股份有限公司	10	建信养老金管理有限责任公司
		11	南方基金管理有限公司
		12	平安养老保险股份有限公司
		13	泰康资产管理有限责任公司
		14	太平养老保险股份有限公司
		15	易方达基金管理有限公司
		16	银华基金管理有限公司
		17	中国国际金融股份有限公司
		18	中国人民养老保险有限责任公司
		19	中国人寿养老保险股份有限公司
		20	招商基金管理有限公司
		21	中信证券股份有限公司

资料来源：人力资源和社会保障部。

由于企业年金组合数量较多，且其中不乏规模较小的账户，这给投资管理人在运作的效率和业绩上均造成一定阻碍。随着2013年人社部出台政策开放年金投资管理机构发行养老金产品后，一些保险资产管理公司陆续借助养老金产品来归集中小规模资金账户，从而以更加集约化的产品模式进行后端集合管理。养老金产品为年金后端集合模式提供了充分的选择空间，降低了单独投资运作中小企业年金账户的成本，同时能够形成规模效应、提高投资收益率，也在一定程度上解决了中小规模账户的投资瓶颈与障碍。

2013年证监会发布《资产管理机构开展公募证券投资基金管理业务暂行规定》，明确了保险资产管理公司可以开展公募业务，此后保险系基金公司相继成立，为公募基金市场带来新鲜血液。保险机构参与成为公募基金机构主要有以下几类情况：一是新设基金公司，比如直接发起设立公募基金公司的国寿安保基金、平安大华基金；二是收购现有基金公司，比如通过收购中原英石基金获得公募牌照的太平基金；三是事业部形式，比如采用事业部的形式设立公募基金的泰康资产和人保资产。保险企业发起设立公募或申请公募牌照，一方面，出于构建全牌照金融集团的考虑，立足布局于财富管理业务板块，提升在大资产管理时代的综合竞争实力；另一方面，保险系基金管理人通常有着丰富的管理机构资金的经验，通过严格的风险控制和多领域分散化的资产配置，能够为资产稳健增值保驾护航。经过几年的发展，保险系基金管理人的资产管理规模也稳步增长，在公募基金行业占据越来越重要的位置。举例来说，截至 2018 年 6 月 30 日，剔除货币基金规模后，国寿安保基金以 441 亿元的资产规模在 124 家公募基金管理人规模排行榜中排名第 32 名；平安大华基金公募基金资产规模为 271 亿元，排名第 44 名；泓德基金和泰康资产分别以 188 亿元和 108 亿元的资产规模排名第 56 名和第 71 名。在投资收益方面，保险资基金管理人在货币型、固定收益型、混合偏债型等类型的基金产品上业绩表现更突出，这也与保险公司在投资中追求稳健的投资风格一脉相承。

（三）资管新规对保险资产管理产品端的四大影响

一是限制多层嵌套，对现有后端集合模式产生影响。资管新规通过对嵌套的约束，便于穿透至资产管理产品所投的底层资产进行监管，有效地减少了投资风险和跨界监管难度，避免了链条式传导扩散金融风险。但对比来看，由于相较《关于加强组合类保险资产管理产品业务监管的通知》中对于嵌套层数有更为明确严格的限制，实质上会对保险资产管理产品现有的后端集合模式带来一定影响。以往保险资产管理产品在资金端可以接受银行理财等产品的委托，进行管理投资；在资产端可以通过投资于保险资产管理公司作为投行发行的产品，如基础设施投资计划、股权投资计划、资产支持计划等，开展资产配置，集合运作。但由于现在对产品的嵌套层数有了明确限制，实际上会制约该模式的发展，使投资更为分散化，运营管理成本更高。

二是对非标投资管理标准更加统一规范。对比保监会发布的《关于加强组合类保险资产管理产品业务监管的通知》可以看出，在资产配置上，保监会规定的非标投资范围更为严格，表现为组合类保险资产管理产品对接的非标资产限制范围为保险资产管理公司发行产品，例如基础设施投资计划、股权投资计划、资产支持计划等。一方面，由于险资投行业务板块风控较为严格，且产品类型涉及债权、股权、ABS 等多种类型，产品设计上能够匹配险资资金属性和多元化配置需求；另一方面，这也减少了因对接外部信托、券商资产管理计划等非标资产而导致的多层嵌套问题，减少跨界监管的难度。不过，资管新规在资产管理产品设计上还提出“资产管理产品直接或者间接投资于非标准化债权类资产的，非标准化债权类资产的终止日不得晚于封闭式资产管理产品的到期日或者开放式资产管理产品的最近一次开放日”。这限制了每日开放的资产管理产品投资非标资产，特别是对于长线资金的保险资产管理产品来说，开放式资产管理产品原本可投资于非标等稳定收益资产的优势将不复存在。除此之外，由于非标的期限问题是资产管理行业面临的共通问题，其变现变得更加困难，在资管新规限定的 2020 年底过渡期结束后，部分产品可能会面临运作模式调整或资产被迫转让的情况。

三是统一资产管理产品杠杆比例。保监会并没有对组合类保险资产管理产品杠杆比例进行明确限制，仅通过窗口指导的方式给予规范。总体来看，险资投资风格稳健，资产配置多元，资产管理产品中杠杆使用并不激进，因此受到资管新规冲击较小。但由于资管新规为大资产管理行业梳理起统一规范的杠杆使用限制，有助于减少因过激使用杠杆而引发的系统性风险，实则为资产管理行业发展营造了良好的环境，并且也使所有资产管理产品站在同一起跑线，标准更加统一、明确、规范。

四是细化集中度投资限制。保监会保险资产管理产品相关管理办法鲜有控制投资集中度的具体要求。通过本次资管新规对这部分投资监管领域的完善补充，在满足保险资金实现多元化资产配置的需求下，能有效地从源头杜绝风险隐患，长期来看也能更好地促进资本市场健康发展。

三、全球保险资产管理行业的发展方向及经验借鉴

保险资产管理机构，是与公募基金、私募证券基金、证券公司等资产管理机构共同竞争的投资管理子行业。在国际上，发达国家普遍对各类金融机构进行统一监管，其实并无保险资产管理公司这一特定概念，境外的保险资产管理公司主要是指股东或母公司为保险公司的资产管理机构。我国保险资产管理行业仍处于发展中的阶段，而美国、英国、德国、日本等金融市场已经发展得较为成熟，在管理部门设置、市场准入、监督管理等方面探索出了适合本国国情的行业监管体系。目前我国资产管理行业监管体系也正处于一个改革期，银监会和保监会合并、资管新规出台、保险资产管理业务细则正在酝酿，国外成熟市场监管体系的变迁历史具有重要的参考价值。其次，在这些成熟的金融市场中涌现出数量众多的大型保险资产管理机构，它们从市场环境、客户结构、监管机制等方面出发，逐渐形成自己独特的业务发展模式，这对于我国保险资产管理机构开展业务同样具有参考意义。

（一）国际保险资产管理业务的三种模式

国外保险资产管理业务模式主要分为三种：外部委托投资、公司内设投资部门、专业化保险资产管理机构。外部委托投资是指保险公司将本公司的保险资金委托给第三方投资管理机构来进行运作，对一些中小型保险公司而言，由于规模较小，设立单独的资产管理业务线

成本较高、内部投资也难以覆盖所有的需求，往往会选择委托给一些管理能力突出的第三方机构进行管理，但一些大型保险公司也会选择将部分保险资金委托给基金公司来运作。这些外部机构既提供养老金、基金、保险资金的综合性资金运作服务，也专门针对特定的保险产品资金进行运营，诸如企业年金、养老金、投资连结产品等。内设投资部门是指保险公司内设专门的投资部门，负责管理本公司的保险资金。这种管理模式的优势是保险公司能够对保险金进行直接运作，并掌握保险资金的流向和运作情况，但缺点是缺乏竞争性与专业性。专业化保险资产管理机构模式是指保险公司成立或者设立控股子公司来对保险资金进行运作管理，这种模式在大型的保险公司较为常见，既让保险公司能够掌握资金的运作、降低投资风险，又能够确保保险资金运用的专业化和规范化。而且这些机构除了运营集团本身的资金外还会经营第三方资产，不断提升资产管理规模和资产管理业务的专业性。

不同地区间保险资产管理机构也存在一些结构性特征。美国的保险公司资产总量一直保持增长态势且保险资金投资收益率较高。美国保险公司的保险资金运用主要有债券、贷款、股票以及不动产投资几种方式，资金运作呈现出贷款比例下降、股票投资资金比例上升的状态，而且债券的比重最大。自 1995 年之后，在美国保险资金的运用结构中，投入股票的比重就一直高于投入贷款的比重，不动产投资和其他投资所占比重一直较为稳定。欧洲资产管理公司多数是独立公司形态，以机构客户为主，特别是养老金、保险公司、学校捐助基金、主权财富基金等，因此欧洲资产管理市场有着较为成熟合理的投资者结构，机构投资人往往具备较长期的投资视野与理性的投资理念，不会过度关注产品短期收益，拥有合理的收益风险偏好。从投资策略来看，欧洲资产管理业务主要包括可转让证券集合投资计划、非可转让证券集成投资基金、特定投资基金、风险资本投资工具等。涉及货币市场工具、债券、股票基金、衍生品和另类（包括艺术品、奢侈品、大宗商品）

等各类资产，注重衍生工具和金融工程技术的运用，投资标的基本都是标准化投资工具，非标工具较少。日本保险公司以个人客户为主，资产配置也受到监管比较严格的约束，国内股票、地产以及外国证券的投资分别不得超过公司总资产的30%、20%和30%，20世纪70—80年代的约束更为严格。在80年代前，由于直接融资市场不发达，寿险公司贷款成为企业融资的重要来源，贷款配置比例较高（在70年代末达到总资产的近68%），此后则逐步转向配置固定收益类资产。此外，即使海外投资存在诸多风险，日本保险资产管理机构仍然积极配置海外资产，不断提升海外资产尤其是新兴市场的投资力度，2014年日本商业寿险公司合计配置权益资产的比重约7%，外国证券投资比重近20%，外国证券投资中主要配置固定收益类资产。

（二）国际保险资产管理行业监管机制探析

在国际上，发达国家普遍对各类金融机构进行统一监管，并无保险资产管理公司这一特定概念，境外的保险资产管理公司主要是指股东或母公司为保险公司的资产管理机构，即保险系的资产管理机构。

自20世纪80年代以来，国际成熟市场逐步呈现出银行、保险、证券的界限逐渐模糊的特点，出现了混业经营的趋势，各类资产管理机构，无论股东背景是银行还是保险公司，在开展资产管理业务时统一由某一监管机构进行管理，与我国的资产管理行业监管体系存在较大差异。此前我国金融体系的监管架构为“一行三会”，此后银监会与保监会合并后，监管架构也转变成“一行两会”，保险资产管理行业由银保监会直接监管，而公募基金、券商资管等其他资产管理人则受到证监会的监管，与保险资管并不属于同一监管体系，这也造成保险资产管理行业发展的一些阻碍。因此，对国际保险资产管理行业的监管体系进行系统梳理、对比分析，对于我国保险资产管理行业的监管体系的发展，具有重要的参考价值。

欧洲资产管理公司多数是独立公司形态，而银行系资产管理机构，也往往以银行控股或全资子公司的模式存在。其业务客户以机构客户为主，特别是养老金、保险公司、学校捐助基金、主权财富基金等。就监管情况来看，欧洲资产管理行业正在由各成员国的分散监管转向由欧盟统一监管。欧盟委员会按照资产管理产品募集方式的不同分别制定了针对公募产品和私募产品的监管法规《可转让证券集合投资指令（UCITS）》和《另类投资基金经理指令（AIFMD）》，监管对象也明确为各类资产管理公司，保险系的资产管理机构也包括在其中，但监管机构仍为各国监管部门，譬如德国由联邦金融监管局（BaFin）负责，法国是由金融市场监管局（AMF）负责。考虑到欧盟的统一监管进展较浅，且英国正处于脱欧谈判阶段，因此在后续分析时，并不以欧盟为对象进行监管体系的整体分析，而是挑选德国、英国这两个具有代表性的成熟金融市场，对各自保险资产管理行业的监管体系进行分别分析。

德国的金融市场监管同样实行统一监管，并构成了以联邦金融监管局为主，联邦银行、经济审计师协会为辅的监管体系。2002 年德国通过《统一金融服务监管法》，在合并原银行监督局、保险监督局、证券监督局三家机构的基础上，成立联邦金融监管局（BaFin），集监管银行业、金融服务业、保险服务业功能为一身。德国联邦银行同样在监管中发挥了重要的作用，在全国 9 个地区设立的办事机构和下属的 118 家分行承担对于各类金融机构日常经营活动的具体监管，并负责将监管的情况向金融监管局报告，最终决策仍由联邦金融监管局完成。此外，在德国的金融监管体系中，外部审计师扮演着非常重要的角色，承担大多数的现场检查任务，出具的审计报告直接作为联邦金融监管局评价金融机构的重要依据。在德国金融行业监管体系中，联邦金融监管局负责对保险资产管理行业的监管。德国金融监管局内部按照监管对象的不同种类划分为不同的部室，比如：大银行监控部、区域银行监控部、合作银行监控部、人寿保险公司监控部、私人医疗保险监控部、财产保险公司监控部等。不同的部室设置确保金融监管局对于各个行业能够全面监管，保证德国国内金融机构业务经营的合规性和安全性，防范金融风险，维护保险投资者和债权人的资产安全。

英国的金融业监管同样采取“混业经营、统一监管”的模式，投资管理机构受到英国金融行为管理局（Financial Conduct Authority，FCA）的统一监管，在监管机制的历史沿革中经历了从行业自律向统一监管的发展阶段。2001 年 12 月 1 日，英国《2000 年金融服务与市场法》（FSMA）正式生效，取代了此前制定的一系列用于金融业监管的法律法规，“单一监管机构”体制正式形成。英国金融行为监管局（Financial Conduct Authority，FCA）继承了此前证券投资委员会（SIB）、英格兰银行、财政部对于不同类型金融机构的监管职能，成为单一监管机构，监管范围涵盖了包括证券、银行、保险及各类互助会在内的全部金融领域。在对金融机构界定方面，FCA 列举了其管辖的 19 类金融机构、21 类金融活动以及 21 类金融产品或服务，涉及传统的银行、保险、证券等各个方面。对金融产品和服务这一项则分为银行、投资、保险和抵押四大类，其中投资则包括各类养老金、REITs、结构化金融产品以及单位投资信托等。

美国资产管理行业实行混业监管，而并非单独设立对保险资产管理行业的监管机构。从事投资管理业务的各类机构，虽然股东背景可能为银行、保险公司等，但统一纳入投资管理行业的监管体系进行统一管理。在监管机构方面，在美国投资管理行业的监管体系中，各类投资管理机构受到美国证券交易委员会（SEC）的统一监管，商品基金管理者（Commodity Pool Operator，CPO）投资于大宗商品期货、期权以及外汇合约或掉期产品，还受到商品期货交易委员会（CFTC）的管辖。在监管法规方面，美国资产管理业务经历了“各州蓝天法监管—联邦法律监管—牌照管理”三个发展阶段。美国投资管理行业监管体系发展至今，已形成一套成熟、规范化的监管机制，目前1933年《证券法》、1934年《证券交易法》、1940年《投资顾问法》和《投资公司法》构成对投资公司监管的主体，对投资管理公司的定义、注册、交易及销售资质、信息披露等方面进行了统一规定。

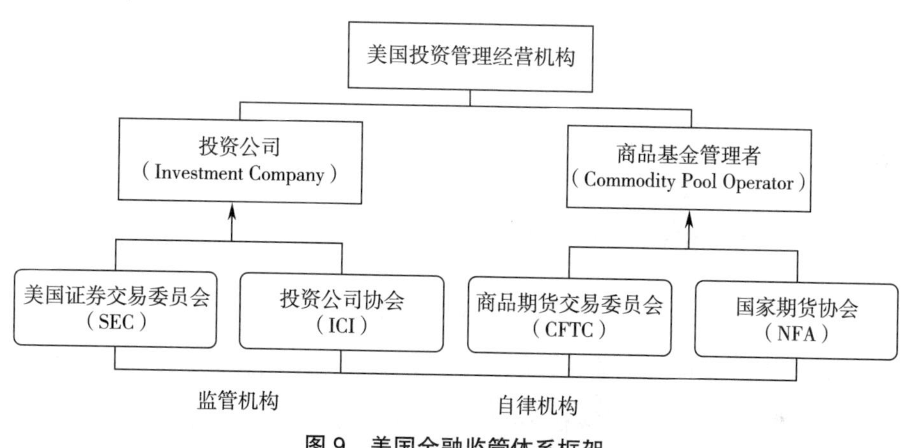

图9　美国金融监管体系框架

在20世纪90年代末，为了应对金融市场变化，日本开始对金融监管体制进行大举改革，将过去分立的金融监管机构并入一个机构进行统筹监管。2001年，为了确保金融监管的独立性，日本改组金融再生委员会的下属机构金融监督厅，将其与大藏省金融企划局合并设立金融厅，主要负责制定金融制度、金融执法和金融监管。金融厅成为内阁府的直属机构，承担对于银行、证券、保险的监管，只有在处置金融破产和金融危机相关事务时，金融厅才需要与财务省共同负责。目前金融厅仍然是日本负责监管金融体系（涵盖保险资管）的机构，下设总务规划局、证券交易监督委员会、注册会计师监察审查会、监察署、监管署等多个部门，其中银行、保险、证券的分立监管部门就隶属于监管署，此外监管署还设有专门的监管协调部门。

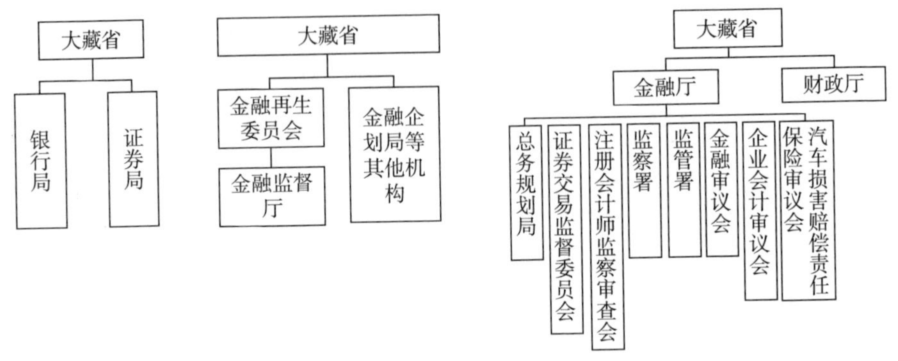

图 10 日本金融监管体系框架

（三）国际保险资产管理机构经验借鉴

在分析国际先进的保险资产管理行业经验时，我们重点挑选了德国安联、英国法通、美国保德信、日本 T&D 资产管理公司四家机构作为代表进行研究，这四家机构处于欧洲、美国、日本等成熟市场，在组织架构、发展策略、资产配置上也有自己独特的模式。

1. 德国安联：不断收购以扩大第三方资产管理业务

德国安联保险集团成立于 1890 年，总部设于德国，是欧洲最大的综合性金融集团，也是世界领先的综合性保险集团和资产管理集团之一，拥有超过一百年的历史，业务范围包括保险、再保险、风险管理咨询，以及机构和个人的资产管理业务等。

从 1998 年开始，在金融市场全球化的背景下，安联开始重视资产管理业务，并通过不断地收购多家外部资产管理公司，使旗下资产管理业务线管理规模一跃而至 6 000 亿美元。从 2000 年至 2008 年，安联先后收购了太平洋投资管理公司（Pacific Investment Management Company，PIMCO）、Cadence 资本管理公司、奥本海姆资本（Oppenheimer Capital）等多家外部资产管理公司，收购完成后，安联将资产管理部门独立出来成立了德盛安联资产管理有限公司（Allianz Dresdner Asset Management），并在 2004 年将德盛安联资产管理有限公司更名为安联全球投资者（Allianz Global Investors，AGI）。2011 年，安联资产管理公司（Allianz Asset Management，AAM）成立，统一管理安联集团旗下的所有投资公司。目前，安联资产管理公司是世界上最大的资产管理公司之一，旗下包括 PIMCO、AGI 两家企业，其中 PIMCO 主要负责二级证券市场投资，AGI 则侧重于另类资产投资，这使安联能够为客户提供公募基金、专户管理、养老金管理等多元化资产管理服务[①]。

从资产管理规模来看，截至 2018 年末，安联管理资产规模达 1.96 万亿欧元，其中，集团内资产 5 120 亿欧元，占比 27%，第三方资产 1.45 万亿欧元，占比 73%。从第三方资产规模占比可以看出，第三方投资是安联发展的重点和优势，这与安联本身的扩张方式有关。从成立之初，安联就不断地收购业内资产管理机构，资产管理规模也得到了快速扩张。安联集团给予旗下的资产管理公司足够的运营管理独立性，被收购的子公司既可以为集团提供专业的资产管理服务，也带来了过往的第三方客户资源，第三方业务作为安联的优势领域，为安联的扩张与发展打下了扎实的基础。

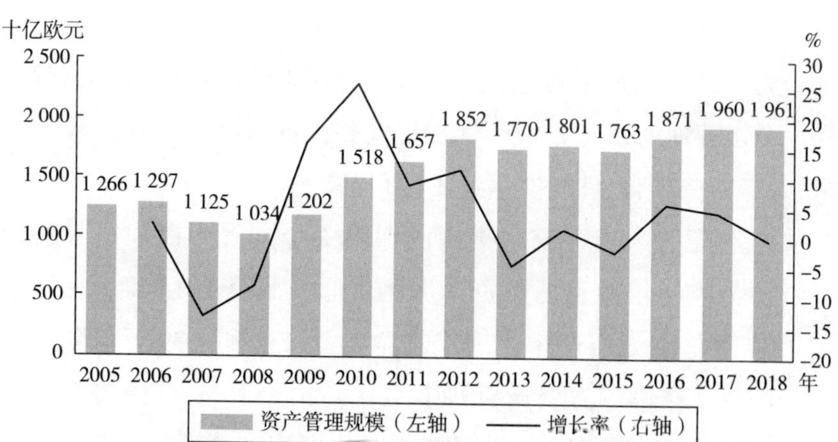

资料来源：安联集团年报，日期截至 2018 年 12 月 31 日。

图 11 2005—2018 年安联资产管理规模及增速

① 海通证券《国际保险资管业务发展趋势研究（1）：国际大型保险资产管理机构运作经验》。

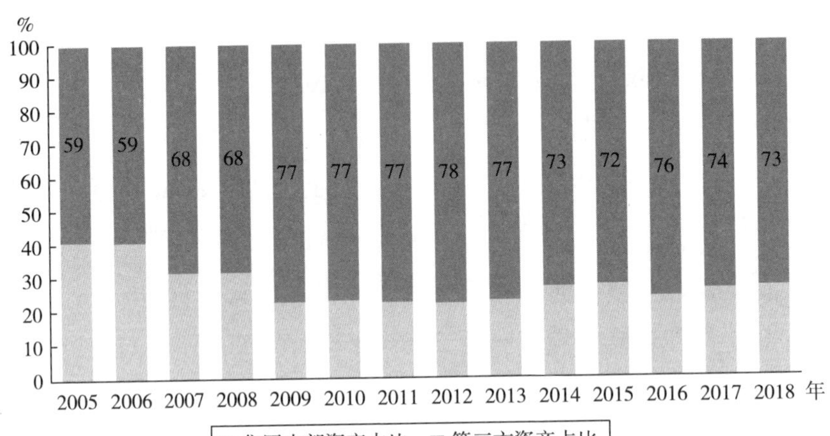

资料来源：安联集团年报，日期截至 2018 年 12 月 31 日。

图 12 安联第三方资产管理额占比

从第三方业务的规模来看，PIMCO 管理的第三方资产规模远超 AGI，但在 2012—2015 年，明星基金经理、首席执行官纷纷离职，PIMCO 的业绩出现大幅下滑，减少了固定收益产品在美国市场的投资规模，PIMCO 管理的第三方资产管理规模也从 2012 年的 1.23 万亿欧元下降至 2015 年的 0.99 万亿欧元，此后随着转型不断进行，PIMCO 管理的第三方资产业务也逐渐回升，截至 2018 年底达到 1.11 万亿欧元。同期，AGI 管理的第三方资产管理规模和比重则逐年上升，截至 2018 年末，第三方资产管理规模达到 3 190 亿欧元。

从资产配置来看，安联集团的保险资金配置中以固定收益类资产、贷款为主，权益及另类资产占比较低，截至 2015 年，在安联管理的 1.77 万亿欧元资产中，固定收益类资产达到 1.39 万亿欧元，占比为 78.5%。在第三方资产管理业务中，由于 PIMCO 主要发展方向及优势领域均集中在固定收益类投资，安联资产管理公司的第三方资产管理业务中，2015 年固定收益类资产占比达到了 74%，权益类资产占比仅 11.8%。

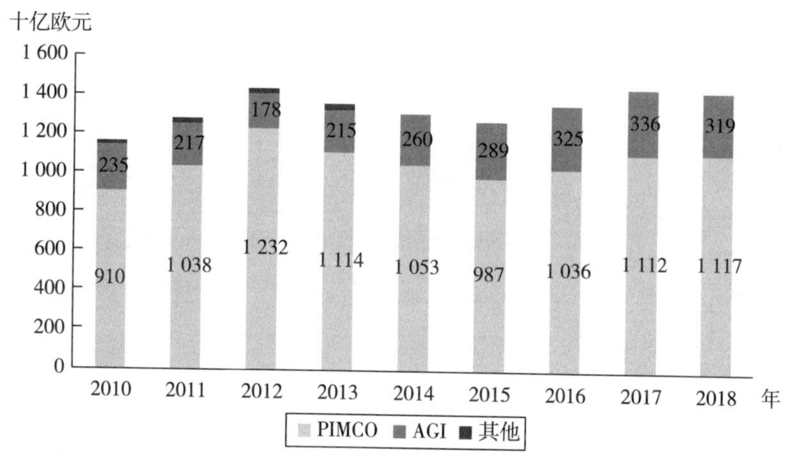

资料来源：安联集团年报，日期截至2018年12月31日。

图13 2010—2018年安联第三方业务资产管理规模

从客户类型来看，安联提供服务的对象涵盖全球各种类型的养老基金、企业等机构客户，以及个人零售客户。随着保险资产管理行业的竞争日趋激烈，机构客户的增长放缓，零售客户比例呈现缓慢上升的趋势，截至2014年末，安联资产管理公司的第三方受托管理资金中，64%的第三方管理资产来自机构投资者。

总结安联的发展经验可以看到，安联初期采用"收购外部机构+重点发展第三方业务"的策略，通过大量收购外部机构以实现资产管理规模快速扩张的目的，并给予旗下资产管理公司以极大的运营管理独立性，这使旗下资产管理公司能够有效保持专业性和原有业务，第三方业务成为安联的优势业务。同时，为了提高资产管理业务的竞争力，旗下的两个资产管理机构（PIMCO和AGI）在业务上有不同的侧重，这使安联能够为客户提供多元化的丰富服务。在业务推广方面，在机构投资者获取难度不断增加的同时，安联开始注重对于零售客户的获取和国际化业务的开展。

2. 英国法通：国际化扩张叠加LDI优势业务

法通保险是全球最大的保险与资产管理集团之一，总部位于英国，其资产管理业务开始于1970年法通投资公司（Legal & General Investment）的成立，随后变更为法通投资管理公司（Legal & General Investment Management），为机构、个人、养老金提供多样化的资产管理服务。与安联、安盛不断收购外部资产管理机构以扩大第三方业务的模式不同，法通投资公司更依赖内部增长来扩大资产管理业务规模，部门设置也根据侧重业务的不同、地区的差异分为投资管理、投资组合管理、信托管理、美国投资管理、亚洲投资管理五大部门。法通投资管理与旗下五大投资管理部门协同合作，为客户提供资产管理解决方案。同时，法通投资管理也与法通集团旗下的法通资本在房地产、商业贷款、资产金融、基础设施投资等另类投资领域合作，进行直接投资。

从资产管理规模来看，截至2018年底，法通集团资产管理规模突破1万亿欧元，从2007年起资产管理规模的年复合增长率接近13%，虽然2008年受到国际金融危机的冲击，资产管理规模略有下降，但随后又进入稳步上升的阶段，2014年更由于在负债驱动投资（Liability Driven Investment，LDI）领域的业务优势，资产管理规模快速上升。

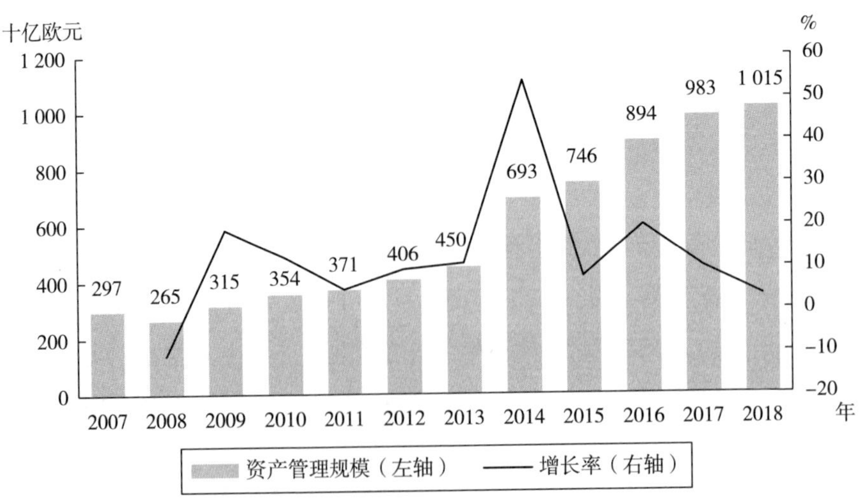

资料来源：法通保险集团年报，日期截至2018年12月31日。

图14 2007—2018年法通资产管理规模及增长情况

从资金来源来看，2018 年底在法通管理的 1 万亿欧元资产中，外部资金占管理资产总规模比例约为 75%，法通资产管理业务仍以第三方资产管理为主。从发展策略来看，法通将国际业务和英国国内业务进行区分，在海外市场广泛布局，扩大业务范围、增加管理规模，在英国国内则侧重于养老金业务。在国际业务扩张方面，法通资产管理不断地将业务扩展至欧洲、亚洲、美国、海湾等地区，截至 2018 年末，海外资产管理规模达到 2 578 亿欧元，占据资产管理总规模的 25.4%，其海外市场份额不断上升，同时来自英国国内业务占比则不断下降。相应地，在机构设置上，法通也设立了欧洲、美国、亚洲三个单独的资产管理子公司。2006 年法通资产管理（美国）成立，截至 2017 年末，美国地区的资产管理规模达到 1 890 亿欧元，占资产管理总规模的 19.23%。海外业务，尤其是美国地区的业务，成为法通的优势业务，令其在国际化道路上具备领先优势。在英国国内法通则聚焦于养老金业务，DC（固定缴费型）管理能力和企业年金规模不断扩大，截至 2017 年底，法通已经成为英国最大的 DC 资产管理人，管理了约 682 亿欧元的 DC 资产规模。

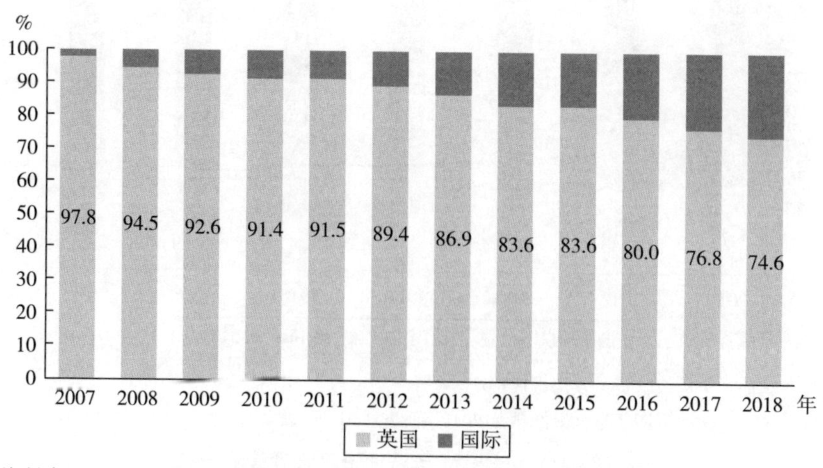

资料来源：法通集团年报，日期截至 2018 年 12 月 31 日。

图 15　2007—2018 年法通国际业务占比

从资产配置来看，法通资产管理的投资领域涵盖了广泛的资产类别，包括股票、固定收益、现金类资产、以商业地产为代表的另类投资等，其中指数基金、LDI 业务占据绝对优势，固定收益类资产次之，而主动权益类资产配置比例极低。在 LDI 领域，法通是行业内的先驱，为固定收益型养老金计划提供解决方案，连续多年位居欧洲养老金第一管理人。LDI 业务规模自 2014 年起超过指数基金，成为法通投资管理的第一大投资策略，其扩张也成为公司资产管理规模 2014 年快速增长的主要原因。截至 2017 年底，法通的 LDI 业务管理规模达 4 129 亿欧元，占总管理规模的 47%，随着 LDI 业务在全球资产管理行业中被重视程度不断提升，预计法通这一业务规模仍将保持上升趋势。此外，指数基金业务也是法通的核心业务之一，截至 2017 年底，指数基金规模达 3 410 亿欧元，占管理资金总规模的比例为 34.7%。虽然 LDI 业务的快速扩张导致指数基金规模占比不断下降，但管理的指数基金绝对规模保持持续上升。

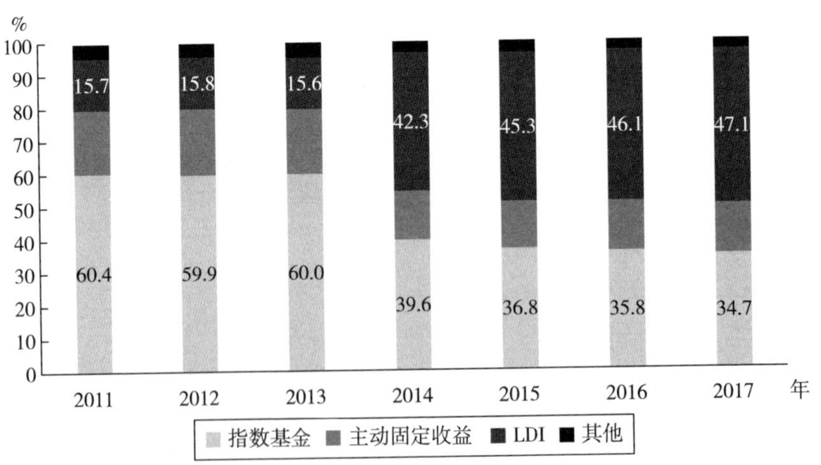

注：其他含主动权益资产及房地产资产。

资料来源：法通集团年报，日期截至 2017 年 12 月 31 日。

图 16　2011—2017 年法通资产管理策略分布

总结法通资产管理业务的发展经验，其并未采取广泛收购外部资产管理机构以扩张业务的发展策略，而是在国际和国内采取不同的发展策略，在国际上广泛布局以扩大业务范围、扩大资产管理规模，在国内则侧重于养老金业务的发展，保持欧洲养老金业务第一管理人的市场份额，积累品牌优势。在产品策略方面，法通侧重于指数基金业务的发展，管理规模不断上升，在被动管理成为资产管理行业大趋势的背景下，美国的领航、贝莱德成为众多资产管理机构效仿的对象，而法通在指数基金业务的提前布局使其已具备一定的领先优势。

3. 美国保德信：独特的多经理人管理模式

保德信金融集团成立于1875年，总部位于美国，是全球最大的金融机构之一，其下属的美国保德信保险公司也是美国最大的人寿保险集团之一。从资产管理规模来看，保德信资产管理规模一直保持稳步上升的趋势，截至2018年末资产管理规模已经达到1.16万亿美元。

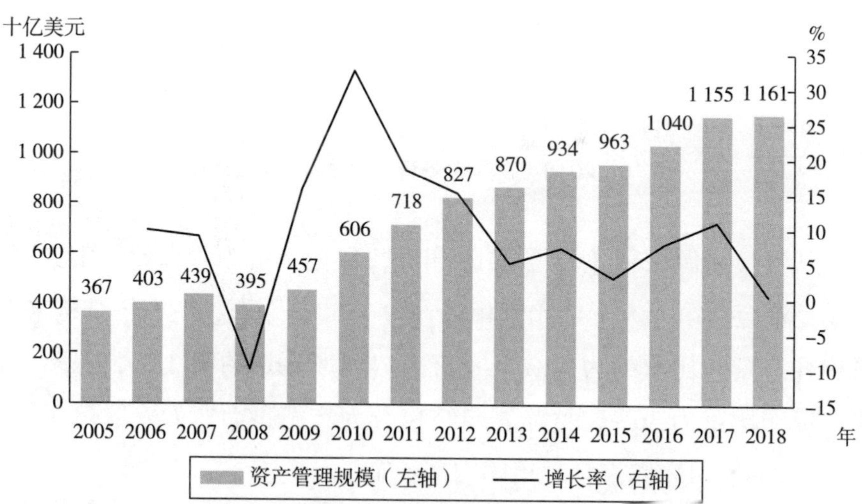

资料来源：保德信集团年报，日期截至2018年12月31日。

图17　2005—2018年保德信资产管理规模

保德信的资产管理业务同样经历了不断并购外部资产管理机构的阶段，通过不断融合外部团队，形成了独特的资产管理模式——多经理人管理模式，根据不同的投资策略来划分不同团队的业务范围，分别专注于权益资产、固定收益、房地产、量化权益投资、商业抵押、私募固定收益、共同基金和国际投资，而且这八个专业团队均以独立法人形式从事相应的专业投资[①]。依据投资策略来进行部门划分使各个团队能够专注于各自的优势业务，也为投资者提供多样化的选择。

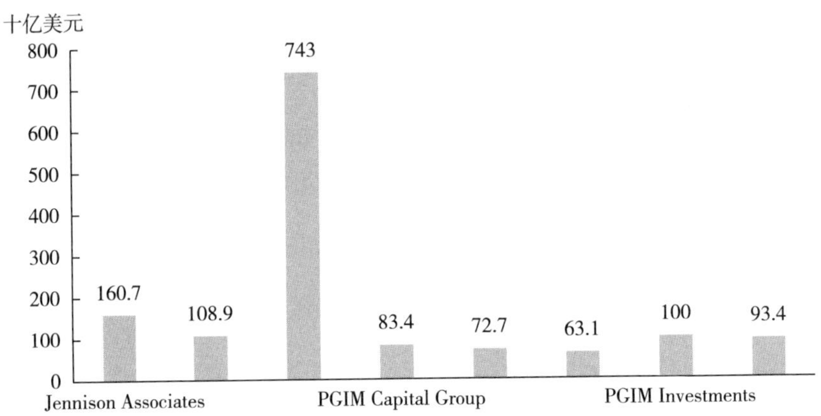

资料来源：PGIM 官网，日期截至 2018 年 12 月 31 日。

图 18　2018 年保德信各资产管理团队管理规模

从资金来源来看，截至 2018 年底，保德信资产管理业务中集团内部委托资金与第三方资金比例相当，均在 50% 左右；从客户结构来看，机构客户资产比重约为 42%，零售客户资产比重约为 21%，保险普通账户资产比重为 36%，整体客户结构较为均衡，而非如安联侧重第三方业务、AXA IM 侧重管理集团内部资金。

① 海通证券《国际保险资管业务发展趋势研究（1）：国际大型保险资产管理机构运作经验》。

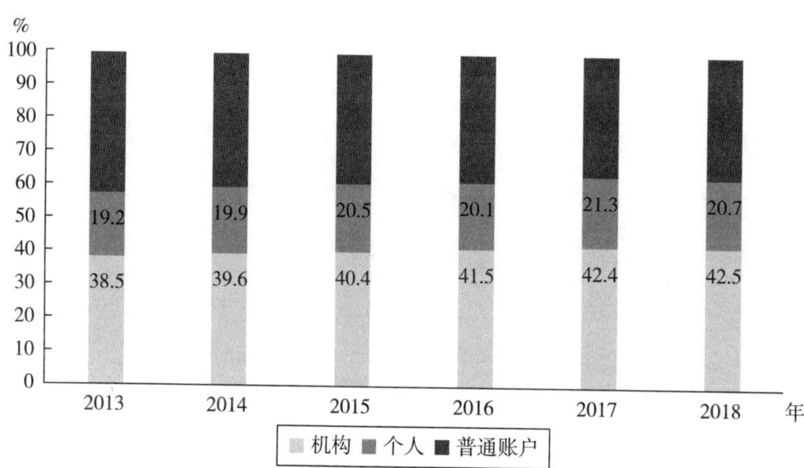

资料来源：保德信集团年报，日期截至 2018 年 12 月 31 日。

图 19　2013—2018 年保德信资产管理业务客户结构

从资产配置上来看，保德信的整体资产配置侧重于固定收益类资产，占比接近 80%，权益类资产占比则不断下降，截至 2018 年底已经下降至 15%，房地产类资产的比重则在 5% 左右。旗下的 8 个管理团队中，由于各自投资策略不同，资产配置也呈现出较大的差异。

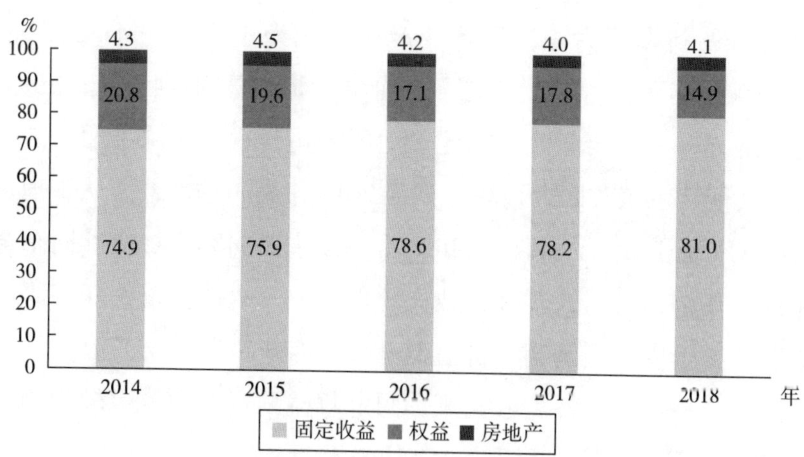

资料来源：保德信集团年报，日期截至 2018 年 12 月 31 日。

图 20　2014—2018 年保德信资产管理业务的资产配置

从投资策略来看，保德信资产管理业务采取的是行业内少见的多经理人管理模式，八个团队根据投资策略的不同开展差异化的业务，主要包括权益、固定收益、房地产相关、共同基金、国际投资几大类别，其中权益、固定收益、房地产相关策略均有两个团队负责不同的细分策略。在权益投资策略方面，有两个团队分别负责基本面权益投资策略和量化权益投资策略。Jennison Associates 团队负责的是保德信资产管理业务中的基本面权益投资策略，以行业为条线进行分工，投资范围涵盖全球市场股票，主要为各类养老金账户和个人客户提供服务。截至 2018 年第一季度，Jennison Associates 管理资产达 1 733 亿美元，其中股票资产配置 1 090 亿美元，剩下的配置为固定收益和平衡性资产。QMA 团队则负责量化权益策略，优势业务在于股票量化投资和多类资产投资策略，客户涵盖企业和公共养老金计划、多雇主养老金计划，以及其他金融服务公司的子账户。截至 2018 年第一季度，QMA 团队管理的资产规模约 1 276 亿美元。在固定收益投资策略方面，同样有两个团队负责。PGIM 是八个管理人团队中管理资产最多的团队，截至 2018 年第一季度管理了约 7 170 亿美元的资产，资产配置以信用债、美国国内外利率债为主，配置资产种类较为丰富。Prudential Capital Group 则侧重于私募债券、夹层权益证券，是私募固定收益市场最大的投资团队之一，主要业务包括北美地区公司金融、能源金融、国际私募债、其他特色服务四大板块，截至 2018 年第一季度，团队管理资产规模达 817 亿美元。Prudential Investments 主要向客户提供共同基金、目标日期基金、封闭式基金、独立管理账户、集体投资信托等服务，基金类型涵盖成长型基金、价值型基金、专业主题基金、收益导向型的股债混合基金等，各类权益型、固定收益型资产配置也较为均衡，截至 2018 年第一季度共管理 1 010 亿美元的资产。

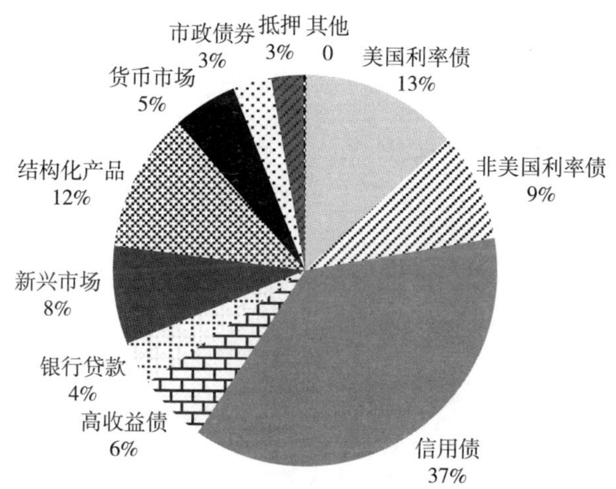

注：其他包括日本股票及日本房地产市场股票。

资料来源：PGIM Fixed Income，日期截至 2018 年 3 月 31 日。

图 21 PGIM 固定收益团队资产配置

Prudential Global Partners 团队主要负责保德信资产管理的国际业务，截至 2018 年第一季度共管理 1 064 亿美元的资产，已经在中国上海、意大利米兰、中国台湾、巴西里约热内卢、印度孟买与当地机构合资设立了 5 个分支机构。PGIM Real Estate 团队聚焦于房地产领域的投资，截至 2018 年第一季度，团队共管理了 696 亿美元的资产，为客户提供不同区域、不同类别的实体投资工具。Prudential Real Estate Finance 团队专注于商业和农业抵押贷款，主要为房利美、房地美等机构客户提供房地产金融产品和贷款，截至 2018 年第一季度，团队资产管理规模达到 613 亿美元。

总结保德信资产管理业务的成功经验可以发现，保德信采取了与其他机构不同的管理模式和业务发展道路，通过设置 8 个团队来开展不同资产类别、不同投资策略的资产管理业务，各个团队定位清晰、细分领域业务优势突出，面对不同类型的客户、不同类型的资产管理需求均能够提供专业的服务，这使保德信的主动管理水平十分突出，并依据这一优势来进行业务的扩张。与这样的多经理人管理模式对应的是，保德信资产管理业务的客户结构、资金结构十分均衡，这也使各个团队承担的业务相对均衡，达到同步、稳健发展的目的。保德信的这种发展策略对于客户结构多样、管理目标多样、对各类工具需求多样的资产管理机构具有较好的启示作用，但对于人才储备、团队建设、统筹管理也提出了更高的要求。

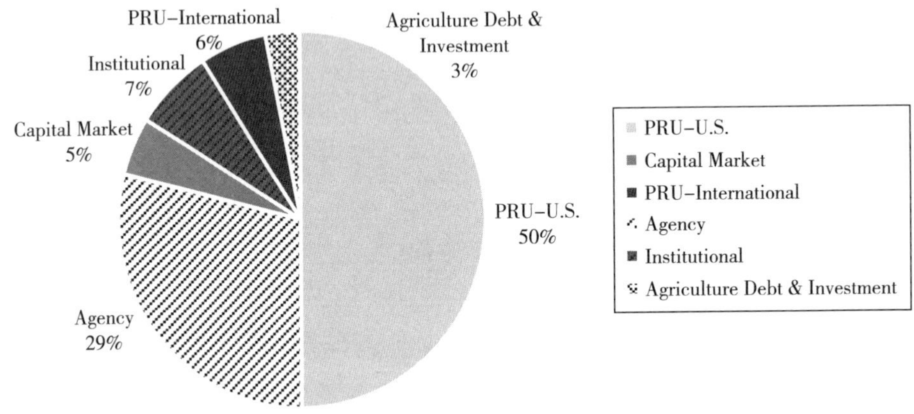

资料来源：Prudential Real Estate Finance，日期截至 2018 年 3 月 31 日。

图 22　Prudential Mortgage Capital Company 资产配置

4. 日本T&D资产管理公司：积极配置海外固定收益类资产

日本 T&D 集团是日本第五大保险集团，历史可追溯至 1893 年，旗下包括太阳生命、大同生命、T&D 金融人寿三家寿险公司。T&D 在 2002 年整合旗下各保险公司的资产管理机构，主要包括太阳生命资产管理公司、大同生命资产管理公司和 Dai-Ichi 投资信托管理公司，成立了 T&D 资产管理公司，负责 T&D 控股系统内的保险资产管理，为养老金客户、国内零售客户和国际投资者提供第三方资产管理业务。T&D 资产管理的优势在于对日本本土资产的投资管理，同时通过下设的国际投资部与有战略联盟关系的其他全球资产管理公司合作，以进行全球化资产配置，早从 20 世纪 80 年代 T&D 控股的子公司太阳生命和大同生命已经开始境外投资。目前 T&D 旗下与投资管理相关的子公司包括：T&D 资产管理有限公司（T&D Asset Management Co.，Ltd.）、T&D 租赁有限公司（T&D Lease Co.，Ltd.）、太阳信用担保有限公司（Taiyo Credit Guarantee Co.，Ltd.）和另类投资资本有限公司（Alternative Investment Capital Ltd.）。截至 2018 年第一季度末，T&D 资产管理公司共管理资产 1.81 万亿日元，其中管理 T&D 控股集团内资产 5 200 亿日元，占管理资产规模的 28.73%，管理海内外第三方资产 1.29 万亿日元，占比 71.27%，T&D 资产管理业务主要以第三方业务为主。

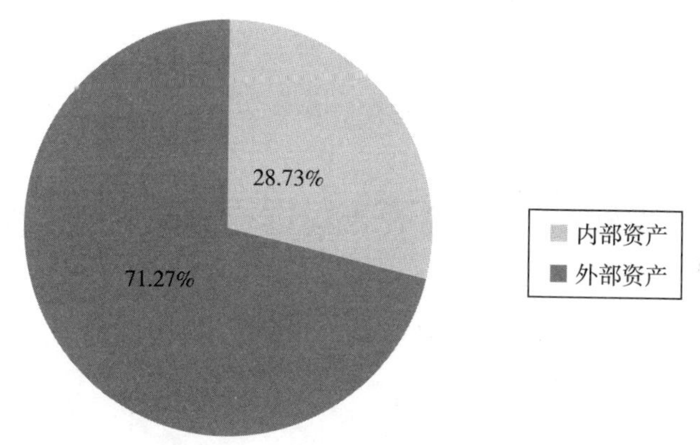

资料来源：T&D 官网，日期截至 2018 年 3 月 31 日。

图 23　T&D 集团管理资产分布

从业务结构来看，T&D 资产管理有限公司主要向海内外的养老金客户、海外机构投资者、日本个人投资者提供资产管理服务，进行积极的投资管理，其投资哲学主要分为积极投资管理、中长期限管理、系统决策机制和风险控制四大原则。

从资产配置来看，T&D 资产配置以固定收益类资产为主。截至 2018 年第一季度末，T&D 管理的总资产中，固定收益类资产占比高达 97.9%，其中海外债券和日本债券配置比例差别不大，权益类资产和货币类资产配置比例则极低。此外由于 T&D 资产管理有限公司以投资标准化金融工具为主，未配置另类资产，另类资产投资由 T&D 旗下的另类投资资本有限公司负责。

T&D 管理的第三方资产中，债券配置仍然为重点，海外债券配置比例达到 60.8%，权益类资产和另类资产配置比例为 16.1% 和 10.6%，相对于集团内部资产的配置情况，第三方资产配置更加多元化，并且添加了另类投资。

总结日本 T&D 集团的资产管理业务经验，集团主要以第三方资产管理业务为主，在资产配置方面以固定收益投资为主，并且十分注重国际资产配置，无论是集团自有资金还是第三方业务资金，均配置了 40% 以上的海外债券，T&D 对于国际业务的拓展和全球化的资产配置为保险资产管理业务的国际化提供了借鉴和参考。

四、资管新规下保险资产管理行业的前景研判

（一）双向国际化趋势：保险资产管理行业需要提升“走出去”和“引进来”的能力

近年来，我国不断推出并持续优化完善金融市场开放措施。2018 年 4 月 11 日，人民银行行长易纲在博鳌亚洲论坛上就公布了总计 11 项金融开放措施，包括取消银行和金融资产管理公司的外资持股比例限制，内外资一视同仁；允许外国银行在我国境内同时设立分行和子行；将证券公司、基金管理公司、期货公司、人身险公司的外资持股比例上限放宽至 51%，三年后不再设限等。

2019 年 7 月，国务院金融稳定发展委员会办公室发布了 11 条金融业对外开放措施。本次推出的 11 条金融业对外开放措施，其中涵盖信用评级、理财公司、养老金管理公司、货币经纪公司、证券公司、基金管理公司、期货公司等金融机构，以及涉及放宽外资持股比例限制和准入门槛、缩短外资持股比例限制过渡期时间等方面，可以说是

为金融业对外开放进程再次按下了“加速键”。

保险资产管理行业需要顺应时代趋势，双向加深自身国际化水平，提升“走出去”和“引进来”的能力。在“走出去”方面，主要服务于受托资金的资产配置，通过国际化的多元投资配置，以期获取更好的投资效果；在“引进来”方面，由于外资机构对中国市场的投资价值认识日益深刻，加大中国资产配置力度的趋势不会轻易改变，需要发挥本土投资能力优势，积极拓展境外机构客户业务，提升公司的国际影响力。

当然，随着越来越多优秀的外资资产管理机构入驻中国市场，在鲇鱼效应下，国内资产管理机构面临更加激烈的竞争格局的同时，也能进一步激发行业整体活力。诸如先进的量化对冲投资策略、养老FOF产品成熟运作经验、低费率的商业模式等理念的引入传播，预计也会对保险资产管理机构有一定借鉴、启发价值。这对公司后续发展来说，是挑战，也是机遇。随着中国资产管理市场对外开放的加速，需要保险资产管理机构密切关注国际资产管理机构的发展，积极借鉴其战略布局经验，提升自身国际战略的科学性和适用性。

（二）金融科技化趋势：基于人工智能的保险资管战略布局及创新

1. 人工智能在资产投资环节的创新探索研究

人工智能作为新技术应用于资产投资环节，将影响基础资产的构成和投资决策的方式。人工智能等新技术的发展及应用，丰富了风险管理的手段，同时也引入全新的资产识别方式，使过去一些分散的、小规模的资产可以被准确识别和管理，有效扩充了资产管理体系的基础资产池的范围。算法、算力和数据规模的发展推动着投资分析业务由基于有限数据集的因果性推演逐步向基于海量数据规模的相关性分析演化。人工智能等新技术的应用则使投资决策能够更多地依靠机器学习、海量数据分析等技术寻找事件与投资标的的相关性，避免传统投资决策过程中过多的假设条件带来的主观影响，保证研究策略的一致性和连续性。

资产投资环节创新性的产品及场景包括：

（1）智能投资应用

人工智能技术主要是从两方面应用于投资决策：一方面借助于大规模数据处理技术带来的信息处理能力，全面整合投资交易类数据及交互类数据，覆盖基本面数据、行情数据、交易数据、风险数据、社交网络舆情数据、投资者情绪数据等，为投资决策提供高效的数据分析及应用能力；另一方面依靠人工智能的深度学习能力，提供全新的基于市场热度、市场情绪、事件相关性的投资决策思路和智能投资模型，辅助投资人员通过人工智能的方法进行资产的收益预测和资产的交易。

智能投资应用通过采集金融市场数据、交易数据、市场情绪等作为输入，利用深度学习等人工智能算法理解市场运行的规律，借助于数据平台的超强算力测算出最优的投资策略及资产配置方案提供给投资经理辅助决策，同时，智能投资应用也可以将基于人工智能的投资策略直接进行交易执行，并实时动态监控市场走势并及时进行业绩的评估及策略的修正。

（2）智能投研应用

传统的证券投资研究过程一直存在着痛点，整个研究分析的流程不能有效形成闭环，需要不同程度的人工参与或借助于不同的系统来完成各个流程环节的工作，投资研究的效率受到很大影响，面临着速度、规模、自动化的挑战。

借助于人工智能技术进行全新的基于人工智能的投研能力输出，体现在智能投资推荐、智能舆情分析及智能资讯整合三个方面，为投研人员提供了高质量、稳效能、低延时的决策支持。

2. 人工智能在市场分销环节的创新探索研究

人工智能作为新技术应用于市场分销环节，将改变产品营销体验和客户服务方式。通过建立精准的客户画像，人工智能解决方案针对不同的客户特征提供差异化、精细化、定制化的产品服务，匹配客户的投资需求。同时根据市场状况及客户交互，实时动态调整投资方向和资产配置。新环境下的客户服务体系则是以人工智能等新技术为基础，通过线上、线下渠道整合，逐步向主动化服务、个性化服务、智能化服务、自动化服务方向演化，从而提升服务效率和服务质量、降低服务成本。

市场分销环节创新性的产品及场景包括：

（1）智能投顾应用

智能投顾应用根据投资者的基本信息、客群属性、资产情况、风险承受水平、投资偏好以及预期收益目标等诸多因素进行综合评估，运用机器学习等人工智能算法及投资组合优化等理论模型，为用户提供与投资者相匹配的资产配置方案，并针对市场变化动态提供资产配置的优化建议，这有助于实现对长尾客户的低成本定制服务。

相比于传统的投顾服务，借助于人工智能技术的智能投顾应用具有如下优势：降低服务门槛，使资产管理服务逐步下沉，具有更强的普惠性。智能投顾应用借助于互联网渠道的低成本、高覆盖度的优势，将客户的接触轻易拓展到物理网点无法覆盖的地方。同时技术驱动的服务模式可以高效地提供 7×24 小时不间断的服务。智能投顾借助于机器学习等人工智能算法可以为不同风险偏好的客户提供个性化、专业化的资产配置方案，并且能够实时监控金融市场的各类变化，及时为客户提供投资组合的动态优化，以此最大限度地避免因市场波动等风险发生时造成的客户损失。

（2）智能客服应用

智能客服应用利用语音识别、自然语言处理、语义识别等人工智能技术，打造智能化的人机交互体验，通过整合企业对外客户服务渠道，提供在线智能客服服务，掌握客户需求，获取客户特征和知识库等内容。帮助客户服务人员快速解决客户问题，提升服务效率，降低服务成本。

智能客服应用建设的核心工作主要包括三个部分。客户意图的理解：语义识别是实现客户服务智能化关键技术，从客户的提问中提取关键信息并准确识别出客户意图，是提供高质量服务反馈的关键。知识库的积累：通过日常积累的问答反馈，以及整合各类渠道下的行业相关知识，建立一个高质量的、类别分明的知识库。服务问题的分类：用户提问多是个性化、非标准化的描述，利用自然语言处理及相关性算法将问题进行分类，以便在知识库中快速匹配到准确的服务应答。

3. 人工智能在风险控制环节的创新探索研究

人工智能作为新技术应用于风险控制环节，将提升风险识别的范围和识别准确率，提高风险监控的能力，提升风险预警的效率。借助于大数据挖掘分析、人工智能算法等技术，可以提高数据采集的范围、提升数据处理的效率，将覆盖更为广泛的风险事件来源，有效地识别市场情况的变化，更好地预测和感知金融风险，全面提升金融风险识别能力。借助于海量数据采集与处理技术，获取丰富的企业经营信息以及市场动态变化信息，构建全面的企业知识图谱，打破信息的不对称，实现对各类风险事件的有效监控。借助于人工智能技术，可以从资产状况、信用状况、资金状况、交易流向、投资关系、股东及关联方情况、市场环境等诸多维度，进行信息的实时分析，有效地对风险事件进行高效的预警。

风险控制环节创新性的产品及场景包括：

（1）智能风控应用

智能风控应用其本质都是以数据驱动的风险管理。是借助于自然语言处理、语义分析、深度学习等算法模型，运用于知识图谱构建、实时风险预警、内幕交易监控、反洗钱监控等场景。

企业知识图谱借助于海量数据采集的处理技术，形成覆盖企业、法人、股东、资产状况、信用状况、资金状况、市场情况、交易流向、投资关系、股东及关联方情况、债务债权关系、法律诉讼关系等诸多维度的关联信息，形成全面的企业知识图谱，为基于大数据的风险识别、监控和预警提供全面的数据支撑。

在投资组合的风险管理中，采用人工智能技术进行数据分析，通过模型对市场可能发生的风险进行预测，同时，针对不同投资者的资产组合进行特定的情景分析。借助于海量数据采集处理及自然语言处理等新技术的支持，可以以秒为单位实时地采集所关注的上市公司的各类公告并通过智能算法进行上市公司的公告阅读，自动提取出关注的负面信息，使在有限人力的情况下，实现对全部公司公告的及时跟踪和预警。

利用基于机器学习的语音转录工具，用来监控交易员的办公通讯设备，以发现内幕交易等不正当行为；通过实时采集的市场数据，并通过全面分析市场参与者的动态行为，准确刻画交易之间的关联关系，从而识别出可疑交易；通过用户画像刻画交易群体的特点，基于客户交易行为中的各种指标提取特征，通过机器学习等算法找到可疑交易群体的交易特征，从而识别出可疑的交易。

（2）智能合规应用

智能合规应用的技术创新探索包括：实现基于语义分析的智能化、自动化合规法律检索，精准提供最相关的咨询反馈；通过机器学习算法实现自动化的文本分类及概括，完成法律问题及案例分类的自动化处理；以海量法律文档为基础，自动提取关键结论并形成结构化信息，实现法律数据库和文本中信息的自动提取。

4. 人工智能在中后台公共服务环节的创新探索研究

人工智能的战略若在企业实现有效落地、可持续发展，需要中后台系统提供充分基础服务能力保障，因而中后台公共服务系统必须要进行创新以适应新的战略要求。

（1）基础服务能力创新之大数据采集及存储平台

随着互联网的发展和普及，数据成为企业重要的战略资产，但由于大数据以其体量大、类型多、产生速度快、价值稀疏的特点、并没有被充分地采集并利用。分布式大数据采集技术平台、分布式海量数据存储平台的搭建可以满足结构化、非结构化海量数据的实时、自动化采集及存储的迫切需求，为基于人工智能的应用场景构建提供充分的数据采集及存储能力。

（2）基础服务能力创新之高性能计算平台

高性能计算平台的搭建，可以有效整合基于文本处理、流数据处理、语音处理、图处理、机器学习等计算框架，为基于人工智能的应用场景构建提供充分的计算能力保证；高性能计算平台需要借助于分布式、虚拟化、GPU 加速等技术，搭建海量数据采集和计算引擎，用于解决海量数据规模下的信息采集效率及处理效率的问题，同时也为基于多源异构的数据的处理提供了充足的计算力。分布式、虚拟化技术的使用使得整个引擎可以构筑在通用的、低成本的 PC 机之上，同时相关性能也能够得到充分的保证。

高性能计算平台的建设可解决人工智能时代对于计算能力的迫切需求，其具备以下优势：解决现有体系架构和 CPU 计算所无法满足的数值计算需求，通过导入基于新一代 IT 硬件的数据处理算法，将计算效率与密度提高 50~100 倍；填补了传统计算框架实时计算能力欠缺或不足的问题，适用于资产管理领域中大量出现的计算密集型应用场景，提供高速实时数值计算的算力保证。

（3）应用服务能力创新之人工智能算法平台

自然语言处理、深度学习等人工智能算法平台的搭建，可以利用人工智能技术帮助投研人员提升数据分析及投研效率，辅助进行大数据量化策略的研究与开发，为基于人工智能的研究场景提供充分的算法支撑；智能算法引擎是构筑整个人工智能创新体系的最为基础也最为重要的环节，通过自然语言处理技术让机器具备能够有效识别并充分理解人类语言的能力，从而能够快速捕获市场热点事件、跟踪市场动态、分析投资者情绪、根据热点事件推荐相关投资标的，持续推进业务创新能力的提升。针对金融行业的场景，利用自然语言处理、深度学习技术构建的智能算法体系，覆盖了词法分析、语义分析、文本分类、情感分析、相关性分析等方面。

（三）资管新规下保险行业资产管理业务具备三大比较优势

一是保险资金服务实体经济优势更加明显。2013 年《关于债权投资计划注册有关事项通知》将债权投资计划发行由备案制改为注册制以来，债权投资经历了快速攀升后平稳增长的过程。截至 2018 年6月底，保险资产管理机构累计发起设立债权投资计划和股权投资计划913项，合计备案（注册）规模 22 144.14 亿元。债权投资计划一方面是保险资金拓展投资渠道，提高收益的重要方式；另一方面，基础设施以及不动产项目一般资金需求较大、周期长，与保险资金的期限特征有较好的匹配性。包括“南水北调”项目债权投资计划、“中国 2010 年上海世博会”项目债权投资计划、大唐宝昌清洁能源债权投资计划、陕煤节能技改项目债权投资计划、中广核能源沙湾项目债权计划等一大批保险资金投资债权计划的成功案例，均反映出了债权投资计划已经成为保险资金投资于基础设施建设的重要投资工具。资管新规落地后，由于明确消除期限错配，银行理财对非标资产的需求显著减弱，而保险资产管理公司可以发挥保险资金、养老金长期稳定、对资产流动性要求不高的优势，成为非标资产的主要投资人，对非标资产定价将有更多的话语权。保险资产管理公司通过专业化、集中化和规范化运作，将保险资金投资于实体经济领域，不仅能有效发挥保险业资金融通与社会管理的功能，同时也扩展了境内另类资产管理的方法和领域。

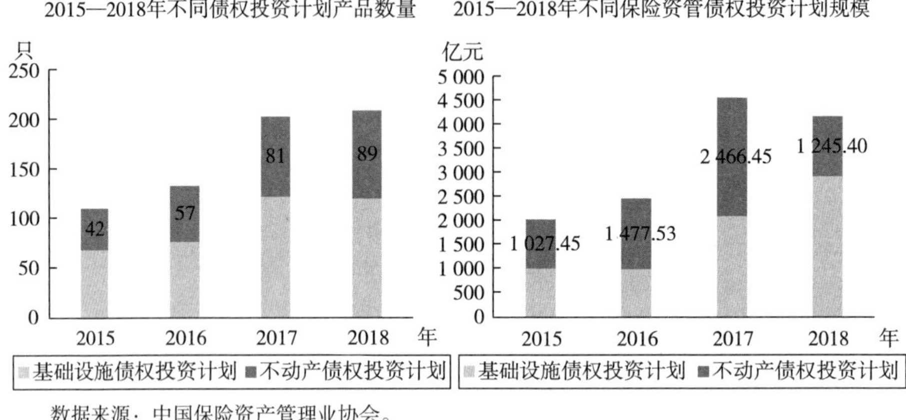

数据来源：中国保险资产管理业协会。

图 24 保险资产管理公司注册债权投资计划数量（左图）和规模（右图）

二是保险资产管理机构风控严格、投资稳健。保险资金是负债性资金，具有期限长、规模大、来源稳定的特点，这决定了保险资金运用必须兼顾安全性、收益性和流动性的均衡。在此背景下，逐步形成了保险资产管理机构在资产负债匹配管理基础上的长期投资、价值投资和稳健投资的理念，追求资产规模的长期持续增长。在资产管理行业日渐统一规范、充分竞争的行情下，保险资产管理机构也因此能赢得一些对安全性有较高要求的资金及风格保守稳健的投资者的青睐。从投资端来说，相对于其他资产管理机构，保险资产管理机构有比较优势。

三是深度参与养老资产管理领域。随着中国人口老龄化程度不断加剧，养老保障体系面临巨大压力。国外目前已有运行较为成熟的“基本养老—企业—个人”养老保险制度三支柱体系，对比来看，中国基本养老保险资金缺口压力巨大，而二三支柱依然覆盖率有限，市场迫切需要一批专业的投资管理机构来保障基金资产的保值增值。目前在个人养老支柱方面，各资产管理机构创新的养老金融产品开始层出不穷。主要的发行主体包括银行、保险、基金公司、信托公司，发行产品包括养老理财产品、养老目标基金、个人养老保障产品等。而由于保险资产管理公司对保险资金、养老金等资金的长期性、安全性属性有着更为深入的理解，长期稳健的投资理念和投资风格更加符合百姓养老理财的特征，因此这部分资产的投资运作上也具有得天独厚的优势和竞争力。保险资产管理机构要发挥较强的大类资产配置能力、多元化投资能力、长久期资产管理能力和全面审慎风险管理能力，积极开发出安全稳健的养老理财产品满足人民群众养老需求，创造社会价值。

（四）资管新规下保险资产管理机构存在两方面的竞争劣势

一是销售端无法向个人投资者销售保险资产管理产品。资管新规中明确产品销售的合格投资者包括自然人，即“资产管理产品的投资者分为不特定社会公众和合格投资者两大类。合格投资者是指具备相应风险识别能力和风险承担能力，投资于单只资产管理产品不低于一定金额且符合下列条件的自然人和法人或者其他组织”。目前保险资产管理产品仅向合格投资者中的机构投资者进行发售。随着经济的发展，居民生活水平提升，以资产保值增值为目的的理财需求持续旺盛，个人理财规模保持快速增长，公募产品，特别是针对高净值人群的产品未来有广阔发展的空间。保险资产管理公司作为传统的稳健型的投资主体，无论是传统的保费受托管理业务，还是主动第三方资产管理业务，其严格的风控措施和稳健的投资风格都将使其成为一些对安全性有较高要求的资金首要考虑的投资渠道之一，如未来能打通向不特定社会公众进行销售，稳健的投资风格无疑具备更有竞争力的优势，也为普通居民提供更多投资理财渠道。

二是投资端投资范围有待扩充。目前，保险资产管理行业在资产配置结构上日趋多元，也从侧面反映出投资者多样化的投资需求。但由于组合类保险资产管理产品投资范围小于银行、券商等非保险机构资金投资范围，在权益类、固定收益类、另类资产等大类投资范围项下仍有扩充的空间。如不区分投资者的资金性质，非保险性质资金也适用保险资金投资使用范围，则部分来源于非保险机构的资金无法通过保险资产管理产品投资 PPN、私募债等投资品种，但可以通过委托证监会监管下的其他资产管理产品进行投资（该类投资品种在其投资范围内），从而造成资产管理行业内不公平竞争的现象，也给保险资产管理机构的发展造成桎梏。

（五）资管新规下保险资产管理业务有望呈现四大发展趋势

在定位上，保险资产管理机构将定位于管理好母公司资产，积极拓展第三方业务。保险资产管理机构前身大多为保险公司内部的资产配置部门或财会部门，长期以来，保险资产管理机构大多专注于接受母公司委托，管理保费收入，实现资产稳健增值。相比银行、信托、证券资管、公募基金等资产管理机构，整体来看保险资产管理机构所占市场份额较少，参与竞争不够深入，市场化水平有待提升。从 2013 年开始，保监会逐步推动保险资产管理公司开展资产管理业务试点。近年来，通过不断对组合类资产管理产品加强规范，并稳步推动投资改革，诸如增加 PPP 投资模式、开展沪港通试点业务等，保险资产管理行业也得到了发展和成长。特别是现在，随着资管新规的颁布，在一定程度上解决了不同监管主体和政策标准导致的发展不规范、不均衡的问题，各资产管理细分行业将得到更加公平的发展条件。展望未来，在大资产管理行业的背景下，保险资产管理机构将会成为资产管理行业内不可或缺的专业参与机构之一。在恪守风险底线的前提下，保险资产管理机构既可以利用自身管理母公司资产优势，守住根据地，积极进行业务创新；同时，保险资产管理机构自身也应积极发展第三方业务，争取凭借其稳健的投资风格、卓越的配置能力，在行业竞争中脱颖而出。一方面，通过发行资产管理产品或接受委托投资等模式，为第三方机构提供专业的资产管理服务；另一方面，也可以采用投资顾问的模式，成为客户的“外脑”，特别是对基础设施尚不完善的中小银行、保险等机构，对其提供包括投资建议、产品设计、中后台运营、IT 系统搭建等一系列完善的指导，以期以此加强行业间的交流沟通，并更好地与中小客户建立起深度联系。

在业务转型上，加强境内外资产主动管理能力，严守风险底线。随着 A 股市场在估值体系、投资者结构、投资理念上向更成熟的方向演进，为国内权益资产管理领域的发展提供了适宜的土壤。由于受托资金性质的原因，保险资产管理公司以境内固定收益投资见长，在权益投资、另类投资上的优势并不突出。保险资产管理公司可以主动调整，补足短板，加强在权益资产方面主动管理能力，在满足母公司保险资产及第三方客户配置需求的同时，做大管理资产规模，共同分享中国经济发展的成果。此外，保险资产管理公司的海外投资能力建设也亟待加强。保险资产管理机构需要拓展国际化视野，向国际上具有代表性的先进资产管理机构学习管理配置经验，以便满足国内旺盛的海外资产配置需求，也能够更好地响应和支持诸如“一带一路”等国家政策。在大资产管理时代下，随着客户越发多元化、资金性质多样化、投资方式创新化，新的投资风险和合规性风险也将不断出现，这也加大了对保险资产管理机构风险识别、控制能力的考验。保险资产管理机构在加强主动管理能力，拓展投资领域的同时，也要恪守风险底线。风险控制能力的提升不但是保险资产管理机构参与大资产管理行业竞争的基础，也是其未来的转型发展的制胜武器之一。

在产品体系上，建立健全产品体系。根据保监会要求，保险资产管理机构在管理母公司保险资金上主要用“普通账户”和“独立账户”，实行资产配置分账户管理，并在资金清算、会计核算、账户记录等方面确保独立、清晰与完整。在发展第三方保险资金管理时，也大多采用专户的形式进行投资，资产管理产品的形式虽有发展但占比仍有待提高。从国内外趋势来看，标准化的资产管理产品是资产管理机构做大做强不可或缺的“标配”。因此，保险资产管理公司应不断完善资产管理产品体系，将产品作为获取第三方委托资金的主要形式。保险资产管理产品推出以来，部分保险资产管理公司已经在产品研发取得了长足进展，但产品种类偏少，规模偏小，创新性不足，提升的空间依然较大。在产品化过程中，保险资产管理公司可通过提出资产配置建议，推动受托管理的专户资金（包括母公司资金）加大认购资产管理产品的比例，形成多样化的产品线条，集中优势力量打造明星产品等举措加快投资产品化的进程。

在市场拓展上，打造卓越的客户体验和品牌认知。回溯保险资产管理机构设立本源，由于其主要服务于母公司资产，公司整体架构更注重投资决策和风险把控，在市场营销、客户服务、运营体系、IT 架构等其他环节比较薄弱，特别是与基金公司、券商资管等同业相比，需要进一步增强保险资产管理机构综合竞争实力。比如在发行和销售资产管理产品时，应当坚持“了解产品”和“了解客户”的经营理念，加强投资者适当性管理，向投资者销售与其风险识别能力和风险承担能力相适应的资产管理产品；在信息披露环节，做到及时有效准确，切实履行为委托人利益履行诚实信用、勤勉尽责义务，保护投资者权益。通过建立起一整套服务外部客户的全过程覆盖管理制度，以期打造卓越的客户体验和品牌认知，赢得客户认可。

五、推进保险资产管理行业持续健康发展的政策建议

（一）明确保险资产管理产品分类，强化产品与投资者匹配原则

建议保险资产管理产品的投资范围依据投资者的资金性质进行相匹配的监管。为了贯彻“坚持产品和投资者匹配原则，加强投资者适当性管理，强化金融机构的勤勉尽责和信息披露义务”的原则，同时

使产品设计在资产负债匹配管理、风险控制等环节贴近客户需求，建议保险资产管理产品的投资范围依据投资者的资金性质进行相匹配的监管。若投资者资金为保险性质资金，则依据《保险资金运用管理办法》及保险资产管理产品业务管理办法展开投资；若投资者资金为非保险性质资金，且为定向产品，则依据其行业出台的资金使用监管要求展开投资，产品的投资范围、投资比例限制和信息披露等产品运作要求，按照与投资人约定的产品合同及相关法律文件执行。如不区分投资者的资金性质，非保险性质资金也适用保险资金投资使用范围，则部分来源于非保险机构的资金无法通过保险资产管理产品投资 PPN、私募债等投资品种，但可以通过委托证监会监管下的其他资产管理产品进行投资（该类投资品种在其投资范围内），从而造成资产管理行业内不公平竞争的现象。建议参照证监会《证券期货经营机构私募资产管理业务管理办法》及《证券期货经营机构私募资产管理计划运作管理规定》，在业务形式上进行区分：投资者为单一投资者设立单一资产管理计划（类比于定向保险资产管理产品），投资者为多个投资者设立集合资产管理计划（类比于集合保险资产管理产品），并进一步在投资运作、集中度要求、开户规则等方面对集合资产管理计划提出更详细的要求，实施差异化管理。

建议项目资产支持计划不界定为“资产管理产品”，而作为可投资的“资产”进行管理。本着同等对待原则，建议首先明确资产支持计划为保险资金开展资产证券化业务的载体，资产证券化业务不适用资管新规和保险资产管理产品的实施细则，相关业务规则由银保监会另行制定。另外，保险资产管理公司项目资产支持计划同其他资产证券化业务一样，界定为“资产”，而非“产品”进行管理。

建议明确保险资产管理产品发售前进行信息的集中登记。类比银行理财产品要求银行在全国银行业理财信息登记系统对理财产品进行“全流程、穿透式”集中登记等程序，预计之后保险资产管理产品也需要建立起相似的登记流程。建议保险资产管理产品发售前在中保登信息系统进行登记，登记系统实时反馈“登记是否成功”，并自动生成证明文件，登记系统仅做信息收集和资料完备性检查。

（二）鼓励保险资产管理机构开展三类重点业务

建议允许保险资产管理机构开展面向个人的养老金业务，发行个人养老产品。由于保险资产管理机构对保险资金、养老金等资金的长期性、安全性属性有着更为深入的理解，长期稳健的投资理念和投资风格更加符合百姓养老理财的特征，因此在这部分资产的投资运作上具有更好的竞争力。建议允许保险资产管理机构开展面向个人的养老金业务，积极开发出安全稳健的个人养老产品，满足人民群众的养老需求，创造社会价值。

为了提高保险资金参与股权投资的效率，建议保险股权投资计划在备案登记方面参照目前市场上可比股权类金融产品，采用事前登记（如信托）或事后备案（如私募基金）；在投资范围中，建议在有明确投资策略或行业领域的前提下允许股权计划进行盲池投资。此外，股权计划投资范围不仅包括未上市企业股权，还包括非公开发行股票、新三板挂牌公司股份、股权受（收）益权。以期通过更加丰富的投资渠道，引导社会资金流向实体经济，更好地支持经济结构调整和转型升级。

近年来，保险资产管理机构对海外资本市场的研究不断深入，保险股权投资业务也越来越呈现出国际化的特点。为更好地支持国家政策，包括“一带一路”倡议，以及帮助境外的保险资金进行资产配置等需求，建议如果有合适的境外项目资源及资金来源，也可考虑适当允许募集境内外资金投向境外项目。此举也能促进保险资产管理机构提升海外投资的深度与广度，实现多类型资产的涉猎。

（三）因地制宜规范债权计划资金的使用

保险资产管理机构的资金具有规模大、久期长的特点，不易发生由期限错配导致的流动性风险。同时，其在资产负债匹配管理、风险控制等领域也具有丰富经验，保险资产管理机构应该把握自身业务优势，利用包括债权计划在内的多种方式，更好地扶持实体经济长期稳健发展。建议因地制宜地规范债权计划资金的使用，以便满足不同融资主体和不同性质项目的需求。对于基础设施项目，资金用途明确为项目建设、偿还存量债务及项目日常运营管理等；债权计划资金应主要用于募投项目，除此之外，债权计划 40% 的投资金额可以用于补充偿债主体营运资金。对于不动产项目，在明确资金不能用于拿地和住宅开发的前提下，用途明确为项目建设、偿还存量债务（含股东借款、金融机构借款等）及标的资产合理的装修改造运营等，其中对于已运营物业，债权计划投资规模不受项目初始总投资限制。

基金业篇：基金管理业务市场格局与业务模式[①]

一、基金管理业务现实语境下的内涵探析

（一）基金管理业务的定义

2018年4月27日，资管新规发布，其中对资产管理业务给出了明确的定义，即："资产管理业务是指银行、信托、证券、基金、期货、保险资产管理机构、金融资产投资公司等金融机构接受投资者委托，对受托的投资者财产进行投资和管理的金融服务。金融机构为委托人利益履行诚实信用、勤勉尽责义务并收取相应的管理费用，委托人自担投资风险并获得收益。"在此基础上，资管新规中也明确了两项内容：第一，资产管理业务是金融机构的表外业务，开展资产管理业务时不得承诺保本保收益，出现兑付困难时也不得以任何形式垫资；第二，金融机构可以与委托人签订合约收取合理业绩报酬，业绩报酬算入产品的管理费用当中，不同产品间不能相互串用。

基金管理公司的资产管理业务，是指基金公司向客户募集资金或接受客户委托担任资产管理人，以客户不同的投资需求，合理地投资

① 本篇执笔人：易方达基金汪兰英、徐丽丽、张凯、鲍杰、

于各类资产，以达成客户预期的风险收益目标，并收取管理费用及业绩报酬的业务。

在国外较为成熟的证券市场中，投资者大多愿意委托专业人士管理自己的财产，以取得稳定的收益。投资者将自己的资金交给训练有素的专业人员进行管理，避免了因专业知识和投资经验不足而可能引发的不必要风险，对整个证券市场发展也有一定的稳定作用。

（二）基金管理业务的法律关系

目前我国规范资产管理业务的法律主要包括《证券投资基金法》《信托法》和《证券法》等，另外在部门规章制度上，银保监会、证监会也制定了相应的规章制度。《证券投资基金法》主要规范了公募证券投资基金，包括基金管理人资格以及份额持有人、基金管理人及托管人的权利义务等，而《信托法》则主要规范信托基本法律关系，主要内容是规范委托人、受托人、受益人等信托关系当事人之间权利义务以及信托财产属性等；在证监会制定的《私募投资基金监督管理暂行办法》中，对私募投资基金登记备案、合格投资者、资金募集、投资运作、行业自律、监督管理、关于创业投资基金的特别规定、法律责任等作出了规定。

基金法中要求基金从事资产管理业务活动应该遵循基金法，若法规中未明确部分则遵循《信托法》或《证券法》。《证券投资基金法》主要规范份额持有人、基金管理人及托管人之间的关系，《信托法》则主要规范委托人、受托人及受益人三者之间的法律关系。但在《证券投资基金法》没有条文予以明确的情况下，鉴于《证券投资基金法》和《信托法》的规范主体在名称及形式上并不相同，证券投资基金如何适用《信托法》调整份额持有人、基金管理人及托管人之间的法律关系，存在很大不确定性。

按照法律形式分类公募基金一般可以分为契约型和公司型两种，

目前我国的基金全部是契约型基金，而美国的绝大多数基金则是公司型基金。契约型基金是基于一定的信托契约而成立的基金，一般由基金管理公司（委托人）、基金保管机构（受托人）和投资者（受益人）三方通过信托投资契约建立。契约型基金的三方当事人之间存在这样一种关系：委托人依照契约运用信托财产进行投资，受托人依照契约负责保管信托财产，投资者依照契约享受投资收益。公司型基金是具有共同投资目标的投资者依据公司法组成以盈利为目的、投资于特定对象（如有价证券、货币）的股份制投资公司。这种基金通过发行股份的方式筹集资金，是具有法人资格的经济实体。基金持有人既是基金投资者又是公司股东。公司型基金成立后，通常委托特定的基金管理人或者投资顾问运用基金资产进行投资。

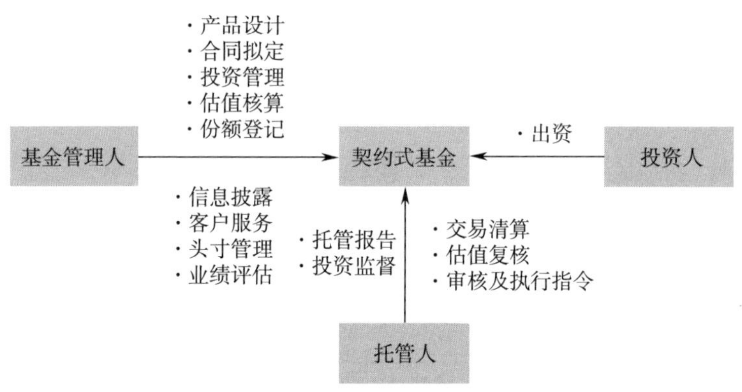

图 1　契约型基金的基本架构

另外，私募投资基金一般分为契约型、公司型和合伙型三种。目前我国主要以契约型基金为主。契约型基金是由基金管理公司（委托人）、基金保管机构（受托人）和投资者（受益人）通过签订基金契约的形式设立的私募投资基金，主要受《证券投资基金法》《私募投资基金监督管理暂行办法》和《私募投资基金管理人登记和基金备案办法》约束，其基本架构与公募契约型基金类似。

针对专户理财业务，监管层也制定了一系列的行业规章制度，主要依据的法规办法文件包括《基金管理公司特定客户资产管理业务试点办法》《特定资产管理合同内容与格式指引》《证券投资基金管理公司公平交易制度指导意见》和《关于基金管理公司开展特定多个客户资产管理业务有关问题的规定》等。

依据《证券投资基金法》，基金资产管理行业的权责奉行“卖者有责”与“买者自负”原则。“卖者有责”原则，要求经营机构在销售产品或者提供服务过程中勤勉尽责，审慎履职，发挥自身专业水平和信息优势，提出适当性匹配意见，将适当的产品或者服务提供给适合的投资者，并对违法违规行为承担法律责任。“买者自负”原则，资本市场是有风险的市场，作为参与者，投资者应当树立风险意识与自我保护意识，增强自我保护能力。经营机构的适当性匹配意见不表明其对产品或服务的风险和收益作出实质性判断或保证，投资者应当根据自身实际情况作出判断，审慎决策，独立承担投资风险。“买者自负、卖者有责”原则的主要目的，一方面是强化金融机构的责任，另一方面是防止投资者的道德风险。二者必须同时强调，不能偏废任何一方。

（三）基金管理业务现状与本质的差异

截至2018年12月31日，公募基金资产管理规模达到13.61万亿元，公募产品数量达到5 626只，基金公司总数达到120家，成为我国资本市场上最重要的专业机构投资者之一。公募基金成为普惠金融的典型代表，一方面为上亿投资者提供了投资便利和巨大收益，另一方面为养老金的保值增值作出了重大贡献。

截至2018年12月31日，基金业协会登记私募基金管理人24 448家，备案私募基金103 375只，服务机构中份额登记37家、估值核算40家、信息技术5家。管理基金规模将近13万亿元，私募基金行业已成为当下经济体十分重要的组成部分。

在整个大资产管理行业中，公募基金是最具代表性的资产管理业务形态，按份募集、组合投资，管理人按照持有人利益优先原则履行谨慎勤勉职责，基金持有人按份额承担风险、获取收益。在风险自担的产品设计和销售规范、强制托管制度、每日估值制度、信息披露制度、公平交易制度以及严格的监管执法等各个方面，与其他资产管理业态相比，公募基金都更加规范，更有优势。但基金公司在当前的发展过程中，其业务发展出现了结构性失衡，主要表现在两个方面：

第一，公募基金作为资产市场的买方代表主体地位有所弱化，我们可以看到公募基金持有 A 股总市值的比例相对 2010 年以前有明显下降，同时公募基金的产品结构中，最有代表性的股票型基金的规模占比也下降明显，2018 年底，股票型基金的总规模 8 244 亿元，占整个公募基金资产规模仅 6.3%，且规模也明显小于混合型基金 1.36 万亿元的规模。出现这一现象的关键原因在于两点：一是公募基金在资产管理业务的规范化透明化上执行最严格，在投资端的要求也最严格，反而导致产品存在竞争劣势；二是公募基金的持有人以散户投资者为主，由于投资者对短期收益的过度关注，导致精选个股、长期投资让位于趋势择时，投资者对标的内在价值的关注让位于短期的投资收益波动，最终呈现出混合型基金大量兴起、股票型基金反而占比下降的趋势。

第二，投资运作短期化，缺少长期核心价值。当前短期功利主义也是制约公募基金健康发展的重要掣肘，结构化产品、定增基金、定制基金等短期资金驱动型产品层出不穷，这一方面是因为行业以过度迎合投资者为导向，另一方面也反映出在投资者教育、投资者理财指导规划层面还缺乏足够的投入。

二、当前中国基金行业面临的转型困难与挑战

（一）投资管理方面

随着资管新规的出台，公募基金之间的竞争将回归到资产管理的

本源，即主动管理能力，公募基金的投资管理面临的竞争环境更加激烈。资管新规要求“公募产品主要投资标准化债权类资产及上市交易的股票，除法律法规和金融管理部门另有规定外，不得投资未上市企业股权”。由此商业银行或其具有独立法人资格的子公司发行的公募产品与基金公司发行产品同质化，两者之间的竞争将加剧。

通道类业务多年发展所积累的资产管理规模下，基金公司在短时间内转变为主动管理模式仍面临着诸多挑战。提升主动管理水平有赖于多个方面，一是完善的组织架构，合理的业务部门和中后台人员配比；二是找到与自身匹配的业务线；三是了解客户需求，产品开发适销对路；四是市场化的考核激励机制；五是公司战略业务方向明确，配套业务指引清晰可操作；六是依赖优秀的团队，为团队发展提供高效的平台服务。基金公司虽然具有较为先进的人才储备、专业的投研团队，但是在转型主动管理的过程中，基金子公司与母公司仍面临业务模式重叠、整体投资环境欠佳、专业人员如投研团队配备不足等问题。

投资运作短期化，缺少长期投资理念。个人投资者直接认购的资金是公募基金重要的资金来源，在国内市场中，个人投资者尚未形成长期价值投资的理念，投资行为短期化，申购赎回基金较为频繁，使基金投资很难实现真正跨越周期的长期投资，不可避免地表现出一定程度的散户化特征。结构化产品、定增基金、定制基金等短期资金驱动型产品不断增加，短期化行为突出。对基金经理的考核指标也多以一年期指标为主，尚未形成成熟的长期考核体系。

在私募基金中，银行理财资金是私募基金重要的资金来源。按照资管新规中关于穿透到底、禁止通道、禁止非合格投资者投资的原则，这些资金有较大比例都面临着不得不回撤的局面，由于私募行业的投资周期较长，普遍在 5 年到 10 年的区间，已经投入的资金不能在过渡期内完成退出，届时将造成行业普遍性问题。

资管新规允许资产管理产品（公募证券投资基金除外）可以投资

一层资产管理产品，明确允许银行委外资金或其他资产管理产品投向私募基金，对私募机构无疑是重大利好。目前产业基金的资金很大一部分来自银行自营或者银行理财，由于监管规则、银行内部风控的限制，银行自营或者理财资金投资产业基金时一般要嵌套一个资产管理计划。主要结构如下：

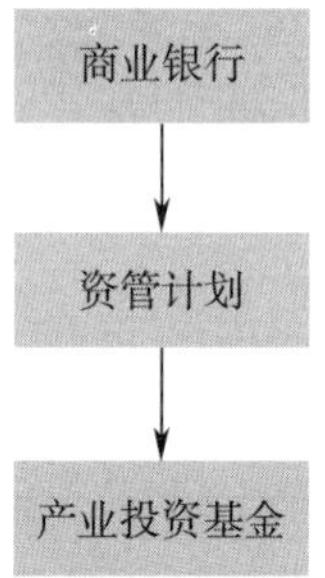

图 2　银行自营或者理财资金投资产业基金的嵌套结构

但由于多层嵌套的消除，未来大量上市公司进行杠杆收购的并购基金将停滞。资管新规之下，私募股权行业原有的交易结构将面临较大调整。

（二）基金销售方面

基金销售对银行、券商、三方等外部销售渠道的依赖程度高，带来了投资者短期化和散户化的特征。传统基金销售以银行和券商为主，其中银行又是绝对主力；2012 年四家基金销售机构获得证监会颁发的首批第三方基金销售牌照，基金业正式进入拥有“独立”第三方销售机构的时代。外部渠道的相对竞争优势有所变动，但整体而言基金销售对外部渠道依赖程度高。销售利益最大化加剧频繁申赎，公募基金认申赎总量与资产余额之比达到 320%，带来了投资者短期化和散户化的特征。

基金销售成本高。基金公司的主要收入来源是基金管理费，由于国内基金产品严重依赖银行等渠道代销，受到渠道的制约较大、缺乏议价能力，作为销售渠道的尾随佣金比例甚至超过 50%。因此，国内基金公司的盈利能力受到较大影响。特别是在股市低迷时，基金销售受到明显影响，在恶性竞争下，支付给销售渠道的尾随佣金占比更大。

基金销售重首发、轻持续营销。目前“首发基金费率不打折，持续营销老基金折扣较高”的现象已成为市场常态，同时基金公司对于首发基金的渠道费用分成较高，过于看重短期利益、强调发售新基金。

国内公募基金的资金，主要是银行渠道中储蓄存款资金转化而来。基金主要依靠银行网点的理财经理推介销售、居民自愿直接认购，相应地，公募基金存在短期化和散户化的特征。根据 ICI 2018 年末的统计，美国的公募基金中虽然超过 90% 是由个人投资者持有，但大多以雇主发起的个人退休年金（IRAs）和缴费确定型退休计划账户（DC）的形式间接持有，是真正的长期资金。据统计，截至 2018 年底退休资产规模合计约 27.1 万亿美元，其中最大的组成部分是 IRA 和雇主发起式 DC 计划，两者的资产规模分别为 8.8 万亿美元和 7.5 万亿美元，占美国整体退休资产的 60%。与国外相比，我国公募基金缺乏像养老金，以及保险资金、教育基金、慈善基金等机构投资人这样的长期资金。

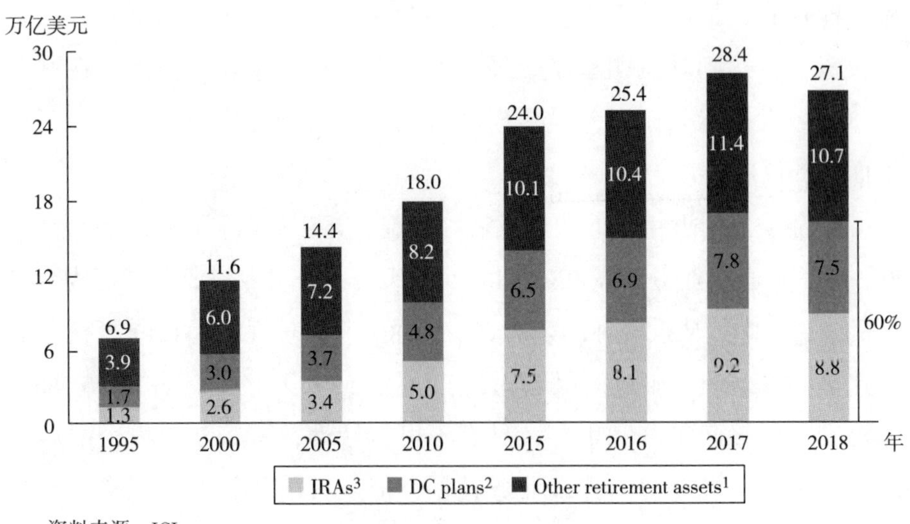

资料来源：ICI。

图 3 美国退休资产规模发展趋势

在未来，银行设立的理财公司将成为与基金公司、券商资产管理公司、保险资产管理公司一样的资产管理机构，同时可以发行公募产品，具有银行理财业务牌照，在渠道上背靠母公司，优势明显。作为基金公司严重依赖的销售渠道，银行在基金产品的销售中将会有部分资源为资产管理公司发行的公募产品所分流，对于基金公司来说，产品竞争会越发激烈，销售环境也将越发严峻，在新的环境与格局下，构建独立成熟的销售渠道、加快搭建资金端与产品端的桥梁已迫在眉睫。

（三）产品体系方面

中国基金业目前的分类仍然停留在大类上，开放式基金的分类主要以股票型、混合型、债券型、货币型等产品为主，私募基金的分类主要以权益型、固收型、混合型、并购型、房地产型等产品为主，基金同质化已经较为普遍，并且在各类基金中都有反映。产品策略上各个基金公司普遍追求大而全，每个公司都想成为全产品的提供商，境内基金公司中几乎少有公司选择单产品线。反观国外成功的基金公司，在长期的竞争中形成了各有所专的产品体系发展方向，有的基金公司做专业债券，最大债券基金一笔达到两百亿美元，先锋基金专注做指数投资，富达则强调明星基金经理的培养。在未来，如何能够在某一特色领域发挥专长，以差异化产品占据市场份额，成为基金公司不得不面对的议题。

基金子公司近年来的快速发展，受益于宽松的监管环境下大量“非标”产品和通道业务的发展。2017 年底基金子公司专户业务规模为 7.31 万亿元。其中，从投资标的来看，“非标”产品总规模为 6.11 万亿元，占比高达 82.6%，通道产品管理资产规模 5.49 万亿元，占比 75.1%。非标产品依赖政策红利生存，具有不可持续性，资管新规出台前后许多基金子公司已经提前谋求业务转型，但从目前的转型情况来看，基金子公司发展主动管理业务不仅和母公司的专户业务有较多重叠，而且基金子公司优势相对较弱，发展起来困难重重。

货币型基金规模占比高，体现主动管理能力的股票、混合型基金规模占比较低，与成熟市场差异巨大。截至 2018 年第四季度末，我国公募基金中股票型基金、混合型基金数量合计 3 302 只，数量占比 59%，但资产净值占比仅 16%；货币型基金共 347 只，数量占比为 6%，但资产净值占比却高达 59%，基金产品结构失衡较为严重。

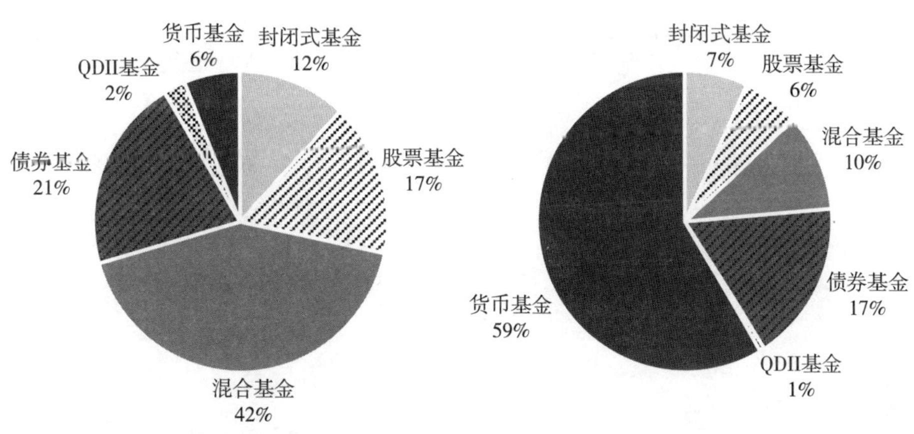

资料来源：中国证券投资基金业协会。

图 4　国内各类型公募基金数量占比（左图）及资产净值占比（右图）

被动指数型基金发展缓慢，产品结构有待优化。投资服务机构 Portfolio Solutions 和 Betterment 曾经发布研究报告，分析持有 10 种资产的投资组合在 1997 年至 2012 年的表现。结果发现，指数基金投资在 82% 到 90% 的情况下，表现好于主动管理投资。指数型基金通过纳入大量的股票构建投资组合，尽可能分散风险。在市场处于熊市的情况下，指数型基金是一个很好的选择。自 2002 年国内第一只指数基金成立，A 股指数基金已经发展了 17 年。截至 2018 年末，主动型基金数量占比约 87%，被动型基金数量占比约 13%；在基金资产净值上，主动型基金占比约 95%，被动型基金仅占 5%。可见，不论是基金数量、基金净值还是基金平均规模上，被动型基金远不如主动型基金。美国作为发展更为成熟的基金市场，根据美国基金业协会（ICI）发布 2017 年数据显示，2017 年市场上共有 453 只指数型基金，资产净值为 3.4 万亿美元，占权益类共同基金资产净值的 26.6%，其中 2017 年净现金流入达 2 230 亿美元。此外，在拥有共同基金的家庭中，有 38% 的家庭在 2017 年拥有至少一只股票指数共同基金。相较于美国自 1971 年开始发展的成熟的指数基金市场，国内的指数基金市场不够健全和完善，市场对它的认可度仍然不够。

资料来源：Wind。

图 5　国内主动型和被动型基金数量占比（左图）和净值资产占比（右图）比较

在私募业务中，各机构发行的资产管理产品在监管体系和标准上并未形成实质统一，即使同种类型的私募产品，在不同持牌机构的叫法和准入、操作等标准均表现出差异性。例如同样都是资产证券化产品，在信托公司领域叫信托受益权计划，在证券公司和基金公司子公司领域叫专项资产管理计划；因为分业监管形成的路径依赖，大部分信贷资产证券化偏好信托受益权计划，但是大部分企业资产证券化偏好证券公司或基金公司的专项资产管理计划；无论是信贷还是企业证券化，产品都实行备案制，但是备案的流程、具体内容要求和提交的材料、进行备案的机构以及事后信息披露的要求等都有较大的差异。又如证券公司的“小集合”和基金子公司的“一对多”从产品属性上来说没有本质的区别，但在监管的规制上体现出较大的差异：两者报备的机构不一样，一个在基金业协会，另一个在证券业协会；净资本要求不一样；投资限制不一样，证券公司小集合不能投向非上市股权、非标债权，但是基金公司子公司没有这方面的限制和要求；投资者适当性要求也不一样。

（四）投资者教育方面

资产管理行业进入全面净值化、去刚兑时代，要重视投资者教育。投资者在购买基金产品前被要求做到充分了解产品风险、收益属性，“买者自负、卖者尽责”。公募基金的主要销售渠道是银行零售端，近几年虽然公募基金中机构客户的占比在逐渐增加，但多为委外和通道业务，在监管层对于公募基金回归普惠金融的要求下，未来公募基金的主要投资者可能将依然以银行渠道零售端为主。

目前，中国的金融教育水平仍处于初级阶段，绝大多数的人都没有接受过系统化的金融专业教育，这也就造成了在理财产品购买中投资者盲目追求高收益忽视高风险的现象。由于投资者教育的缺失，或是违规销售违反投资者适用性原则等原因，投资者不但蒙受了损失，基金产品发行和管理方也受到了质疑或处罚，带来了一定的声誉或实际损失。在刚性兑付预期下，投资者风险意识缺乏，银行在销售投资产品时在投资者适当性管理方面存在不足，最终投资者真实的风险承受能力与投资产品风险等级出现错位。不适当的投资者参与了不匹配的投资活动，潜在风险叠加，加剧了风险爆发的可能。未来公募基金公司需要增加对于银行渠道端的培训，让投资者清楚认识到自己所购买的公募基金为何物，必要时还可引入第三方研究机构为投资者进行筛选。

从资金来源看，公募基金以散户投资为主，真正的长期机构资金占比很小，养老金、保险资金等有长期配置需求的资金主要通过专户管理，2018 年末股票型基金中个人投资者持有份额占七成。基金行业仍需要大力进行投资者教育工作。

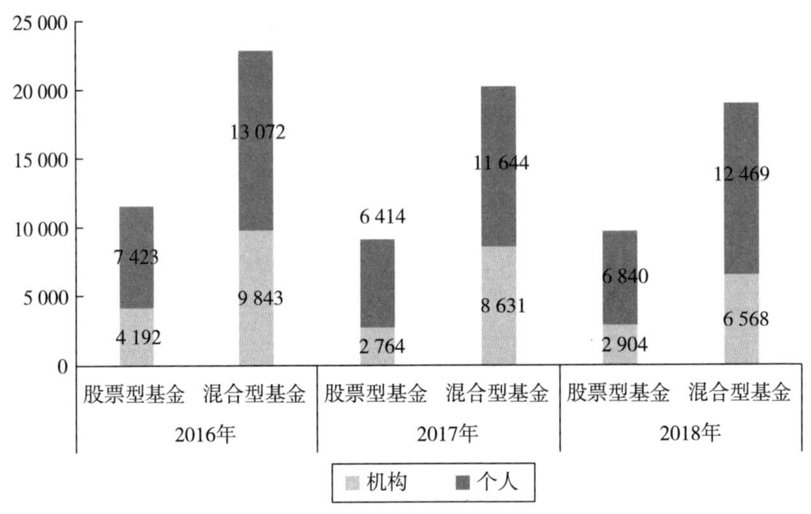

资料来源：Wind。

图 6　股票型与混合型基金的投资者结构

个人投资者缺乏长期投资理念。从持有期看，多数基金投资者并没有把基金作为长期配置工具，平均持有期短，少于一年的占 44%，少于三年的占 67%，基金赚钱但基金投资者不赚钱已经成为困扰投资者的重要问题。从中国基金报统计结果来看，自 1999 年到 2017 年，主动偏股型基金平均每年收益接近 20%，在 19 个完整年度中有 13 个跑赢上证综指；债券型基金自 2005 年起，平均年化收益达到 7.09%，在 13 个完整年度中有 12 个获得正收益，高于大部分理财产品。但由于投资者未能坚持长期投资，首先，行业的实际发展情况与投资者的投资回报之间存在偏差。其次，投资者风险意识相对薄弱，短期投资往往带有投机性，追求高收益而忽视高风险。再次，金融知识相对匮乏，根据人民银行发布的《消费者金融素养调查分析报告（2017）》，近 65% 的人理财知识水平不够，消费者在投资知识和保险知识上的平均正确率分别为 49.08% 和 53.83%，处于薄弱水平。问及“最欠缺哪方面的金融知识”时，排名前五位的分别是股票基金投资、住房贷款、银行理财产品、金融纠纷解决和债券投资知识。最后，对产品和投资理念了解不够，如指数基金发展起步阶段，普通投资者接受程度较低，不能理解分散投资、被动投资的理念，因此基金规模相对较小。近年来 FOF 产品在国内市场兴起，在投资者教育不足的情况下，可能会面对与指数基金相同的问题。《消费者金融素养调查分析报告（2017）》显示，有 38.09% 的人会仔细阅读合同条款，51.73% 的人会简要阅读，10.18% 的人根本不阅读。

在现行的私募基金法律形式中，除了契约型，最多的就是有限合伙企业型。在实操中，投资管理人通常在基金中担任普通合伙人职务，投资人担任有限合伙人职务，在签订合伙协议时，管理人通常会基于《合伙企业法》，强调和提升自己在合伙基金中的地位和话语权，比如不经投资人许可单方面新增其他投资人、单方面决定延长基金存续期、特殊情况下豁免投资业务报告的权利等。这些权利在保障管理人独立发挥其投资运作方面有正面作用，同时也将投资人置于弱势的地位，从而影响投资人对基金运作的知情权和对管理人的合规监督权。尤其在当前行业普遍资产荒的情况下，投资人的话语权更显得弱势，这一情况需要加以重视并正确引导。

此外，资管新规中对于私募“合格投资者”的门槛有所提高，可能会直接减少合格投资者数量，对产品规模也会产生连带影响。但由于私募股权投资的风险本来就比一般理财产品高出很多，因此这样做也有利于通过分类让合适的投资者投资合适的产品，从而达到保护投资者、规范私募机构募集行为的目的。

（五）法律合规方面

2017 年 9 月 13 日，中国证券投资基金业协会发布《证券投资基金管理公司合规管理规范》，提出公司合规管理人员不得少于公司总部人数的 1.5%，并且基金子公司需纳入统一合规管理体系，每年考核。

尽管各项合规政策和法律出台，但仍有部分业务活动存在内部交易、老鼠仓等违法违规行为。据不完全统计，2007—2018 年共落定 33 宗公募基金“老鼠仓”案件，涉案公司共有 20 多家，涉及非法获利金额 3.7 亿元，其中非法获利金额在 1 000 万元以上的就有 12 件。证监会通报近年“老鼠仓”执法情况中提到，“老鼠仓”违法犯罪仍然时有发生。一是违法行为持续时间长，交易和获利金额大，长期、严重损害委托人利益；二是个别经营机构“窝案”频发，有的机构多名从业人员同时涉案，有的机构同一岗位前后任投研人员先后涉案；三是案发岗位除了投资经理、研究人员，还涉及交易员、销售人员、部门总监甚至机构高管，相关人员保密意识十分淡薄；四是信息传递型交易逐渐增多，出现从业人员相互交换信息或与利益关系人内外勾结、共谋作案的现象；五是案发领域从基金行业向保险资管、托管银行蔓延。

与公募基金“老鼠仓”相对比较明确的处罚规则不同，私募基金“老鼠仓”案件面临处罚难题，一方面难以按照公募基金处罚规则进行，同时由于私募基金也并未明确是否属于金融机构，行政处罚后是否移交司法也模糊不清。私募基金“老鼠仓”近年来有多发趋势，并且在公募基金逐渐加强风控背景下，数量已有超越公募基金的趋势，但是相关法规对私募基金处罚仍不明确。目前，监管部门已着手强化对私募领域违法违规行为的打击，证监会在通报私募专项执法工作进展时表示，将按照依法、全面、从严监管工作要求，继续加强私募基金监管执法力度，坚决打击私募基金领域违法乱象，切实维护市场秩序和投资者权益，有效防范化解金融风险。

从现阶段税法层面来看，私募行业尤其是私募股权投资基金行业，尚未有针对性的税收政策，公司制和合伙制的私募股权基金只能分别依照现行的一般公司或者合伙企业税收政策履行纳税义务，并不考虑投资持有时间。而契约型私募股权基金一直游离于企业纳税监管范围之外，按照20%的税率缴纳个人所得税。以上关于各类私募基金的税收制度，无法适应私募股权投资市场的特点，不同性质的收入所得无法穿透到投资者。此外，我国现存的私募基金税收制度还缺乏鼓励长期性投资的政策措施，在计算税负时按照其他所得进行汇算清缴，而私募股权基金的股权转让所得具有一定的资本利得性质，以上税额计算方法无法将其与其他经营所得加以区分，也无法对长期投资实行差异化的税收政策，无法对长期投资起到激励作用。近些年来私募股权基金投资领域出现许多短期投机行为，导致基金投资目标偏移，税收制度缺乏对长期投资的激励效应是重要原因之一。

我国的信托法律关系基础还不牢靠，"买者自负、卖者尽责"的文化尚未建立，违规行为会严重扰乱市场交易秩序，削弱基金业以忠诚和专业为基础的行业信用机制，制约行业可持续发展。

（六）风险管理方面

风险管理作为基金公司制定发展战略时不可或缺的一项目标，包括基本风险管理制度和风险管理组织框架。在投资中，需要面临信用风险、市场风险和流动性风险。以定性分析为主缺乏系统性的定量风险管理体系，同时形式大于实质的管理模式使风险管理部门的管理环境缺失，这是当前基金公司风险管理方面的主要不足。

现代风险管理强调系统化的定量风险管理方案，以此降低投资中的主观随意性，成熟的海外资产管理机构往往有健全的内部信用风险评级框架、市场波动风险预测框架和资金流动性风险管理工具，强调事前的风险管理，而国内基金公司中的风险管理以定性为主，缺乏客观可度量性和可预测性。

由于当前国内资本市场制度并未健全，多数基金公司对前台业务部门的重视程度远高于中台风险管理部门，因而导致公司的风险管理环境缺失，在业务流程中风险管理部门更多进行事后的风险管理处置，管理方案文字大于实质，只有事后发生风险事件时才真正发挥作用。除此之外，很多基金公司只具备最基本的内部管理机制，但是在内部审计控制与人事控制方面却存在诸多的不足之处。在此基础上，风险管理部门的重要性被严重忽视，必须要依附其他部门存在，所以风险管理活动本身的独立性缺失。为此，风险管理技术的效用无法发挥出来。

以私募基金为例，包括创业投资基金、私募股权基金在内的各类型基金，仍然存在资金间接来自银行理财等渠道的情况，由于银行等机构对资金的安全性要求较高，因此通常以优先级或夹层的身份进入，在基金清算时获取安全收益或适度资本增值收益。而银行的资金，通常是通过信托、资产管理计划等间接进入私募基金的，按照穿透原则，这些购买理财计划的人，不是私募基金的合格投资者，但是经过层层包装和风险嫁接，已经完成了普通居民向合格投资者的转化，且这些包装的过程，基本都走表外业务，中间没有风险落脚点，另外转化的过程中也伴随着各类通道费用。这些情况一方面抬高了实体企业的融资成本；另一方面大量普通居民的财富进入私募基金行业，形成风险错配，容易引发风险。

此外，从业人员的道德风险也需要引起重视。在实操中，为防范道德风险，一般要求管理人以自有资金向基金出具少量的资金，且无特殊情况下，基金财产应当在具有托管资质的商业银行托管。但目前的政策并未对管理人出资进行强制规定，管理人的出资比例存在较大差异，当管理人出资比例非常小时，就存在自己出资很少，但管理资金很大的情况，一旦管理人有不良动机，就可以非常小的代价占有非常大的他人资金，且在当前托管实操情况下，由于托管人对管理人的资金运用的监督停留在形式层面，不能进行实质审查，因此如果管理人利用信息不对称优势进行关联交易、挪用资金甚至跑路等，托管人并不能很好地予以防范，且这些基金的投资人没有法律机制可以依循，即使及时意识到了风险，也不能采取有效措施，保护自己的利益。

三、全球资产管理业的经验借鉴与反思

我们选择了美国三家共同基金市场上最具影响力的基金公司进行分析，它们分别是贝莱德（BlackRock）、先锋基金（Vanguard）和富达基金（Fidelity）。通过分析这三家基金公司的发展历程，我们试图找出其取得成功的原因，以及其如何面对行业和公司自身发展困境的。通过研究发现，这三家基金公司在产品设计、投资理念和内部管理上风格存在较大差异，取得成功的历程也不尽相同。但是它们的共同之处在于理念，永远以客户的利益为优先，在自身不断发展扩大规模的同时，致力于不断为客户获得更高的投资收益，从而赢得客户们持续的信任。

（一）贝莱德（BlackRock）

贝莱德集团（BlackRock）是全球资产管理规模最大的投资公司，2019 年第二季度 AUM 达到 6.84 万亿美元，这个体量折算成 GDP 仅次于美国和中国。贝莱德拥有广泛的机构客户和零售客户，包括养老计划、慈善基金、捐赠基金等免税机构、主权财富基金、中央银行、其他政府机构等官方机构客户，保险公司、金融机构、第三方基金发起人和零售客户等。基于贝莱德自身数据披露，其将收入来源划分为机构、零售投资者和 iShares 三类，其中收益来源最重要部分为机构客户。

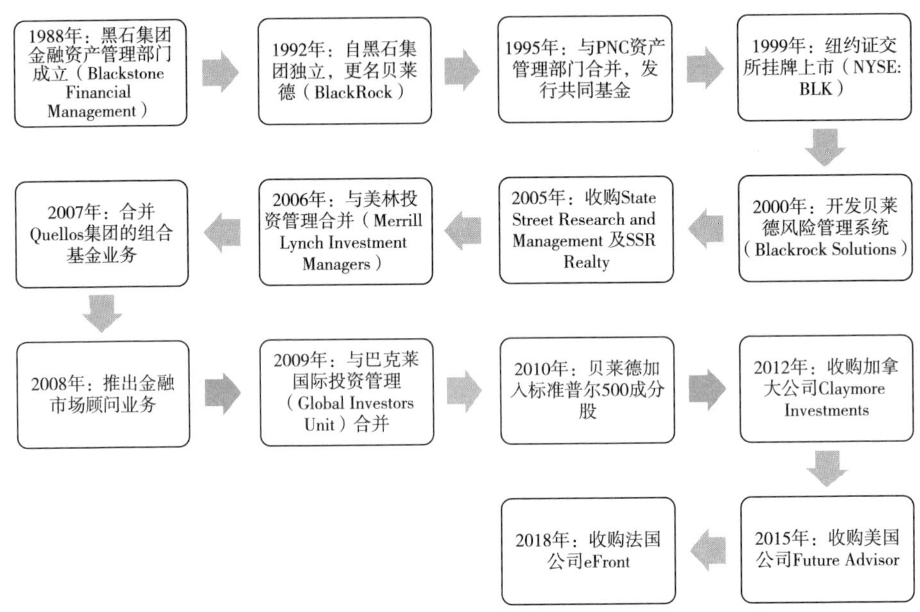

图 7　贝莱德发展时间轴

回看贝莱德的发展历程，它的成功很大一部分依靠于收购和兼并。1995 年，与 PNC 资产管理部门合并，发行共同基金；2005 年，收购 State Street Research and Management 及 SSR Realty；2006 年，与美林投资管理合并；2007 年，收购 Quellos 集团基金中的基金业务；2009 年，与巴克莱国际投资管理合并；2012 年，收购加拿大公司 Claymore Investments；2015 年，收购美国公司 Future Advisor；2018 年，收购法国公司 eFront。其中，通过与美林和巴克莱投资合并，极大地扩张了贝莱德在全球市场的影响力，资产规模从 2006 年的 4 000 亿美元，上升至 2019 年的 6.84 万亿美元。

机构投资者是贝莱德服务的最重要对象，其服务内容包括对客户需求挖掘与方案定制、多元化的资产配置和追求长期增值的资产配置方向三个方面。不同于耶鲁基金、加州养老金等机构往往资金来源单一，资产配置模型往往单一固定，贝莱德作为第三方资管机构需要根据客户需求来定制相应的资产配置策略。往往其首先从投资目标、负债情况、风险承受能力、投资政策约束等方面了解客户设计初步配置方案，继而从投资目标制定、专门化的管理、透明度、专业性四个维度制定定制化的合作关系。

针对零售客户，贝莱德并非直接与零售客户接触，而是主要通过中介机构来完成对零售客户的服务，通过独立账户、开放式基金、封闭式基金、单位信托和私募投资基金来为零售和高净值客户提供服务。

iShares 是贝莱德旗下的 ETF 产品平台，经过数年的发展，iShares 已经成为美国及全球最大 ETF 提供商，提供包括 core、Financial Instruments、Smart Beta & Factors、Precision Exposures 和 Fixed Income 等不同类型系列的 ETF 产品，为客户构建投资组合提供丰富的工具化产品。

贝莱德将风险管理作为高质量资产管理服务的最重要组成部分，不断推进最新技术平台 BlackRock Solutions 的建设，其中主要包含两个板块：Aladdin 系统和金融市场咨询服务。Aladdin（Asset Liability And Debt and Derivative Investment Network）系统是一个企业资源综合管理系统，能够为机构投资者和基金管理人提供风险管理、组合管理、交易等服务。金融市场咨询板块则提供公司估值、风险评估、资产负债表分析等服务。贝莱德计划在 2022 年将以 Aladdin 系统为核心的 BlackRock Solutions 部门营收占比提高至 30%。

根据 Aladdin 官网的公开资料显示，截至 2017 年，全球有大约 25 000 个机构投资者依靠 Aladdin 平台作出投资决策（有偿服务），并有超过千名开发人员对系统进行持续的维护创新。贝莱德运行管理的数据分析系统，有着数百名专家针对创建质量控制和分析进行研究，并涵盖了不同资产类别的投资过程。

我们可以把 Aladdin 平台视作一个专业投资咨询机构，一方面该平台通过有偿服务的形式提供给机构投资者并收取咨询佣金费用，另一方面也为自己部门提供作为投资决策的参考，其重点在于有平台、有全面的数据库和完善的投资组合分析框架，因而可以给投资者直接的组合风险分析指导。

另外，贝莱德近年来致力于投资决策的自动化，2017 年，贝莱德削减了 7 名基金经理，逐渐从传统人工选股方式向机器自动化选股转变。目前，贝莱德发行了 897 只基金产品，股票型和固定收益型基金占比最高，其中大约一半为全球型基金。

（二）先锋基金管理公司（Vanguard）

先锋基金（The Vanguard Group. Inc.）于 1975 年在美国成立。经过四十多年的发展，Vanguard 已成为全球最大的公募基金管理公司之一。截至 2019 年第一季度末，先锋基金旗下共 416 只基金，管理规模超过 5.4 万亿美元，其中 ETF 全球管理规模超过 1 万亿美元。除美国市场外，Vanguard 的全球业务遍至澳大利亚、日本、欧洲、加拿大、中国香港等多个市场。

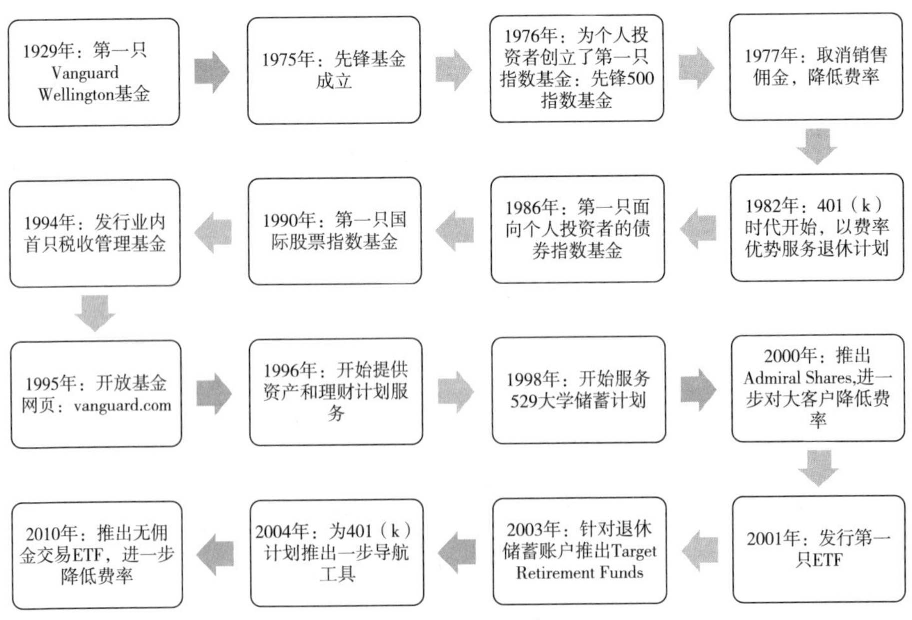

图 8　先锋基金发展时间轴

约翰·博格是先锋基金的创始人，他最广为人知的理念就是：利润等于总收益减去成本。因此，先锋基金在创立之初，就定下了以低成本为先的目标，用低成本来创造价值。公司从投资者根本利益出发，通过减少基金的各项费用、投资咨询成本，并在此基础上取得优秀的基金业绩，为投资者提供实现投资成功的最佳机会。并且，先锋集团相继推出了指数基金和税收管理基金，将为投资者降低成本、维护股东利益这一理念贯彻始终。这些都使先锋集团的平均费率远低于市场同类基金，2018 年，先锋基金在美国市场的资产加权平均费率低至 0.01%，远低于行业平均费率 0.58%。在复利环境下，这样的低成本优势的长期效应将会十分显著，能够为其投资者节省一笔相当可观的投资成本。

先锋基金之所以能够在投资管理行业之中脱颖而出成为行业的佼佼者，最重要的原因在于先锋集团独特的股权架构。约翰·博格希望自己的基金成为行业内成本费用最低的共同基金，使投资者的投资成本降到最低。而对于一家基金公司而言，基金管理费用常常又占到了极大的比重，这使博格不得不去思考新的公司运营模式。他认为，只有站在基金持有人而不是基金管理者的立场上，才更有动力为公司减少成本，带来更高的收益。因此，先锋创新独特的运营模式应运而生。

在当时，对于美国普通的共同基金而言，运营模式往往是由基金的持有人，也就是基金的股东们组成的基金董事会授权基金管理公司来对基金进行运营、投资和管理。基金公司一般拥有两层董事会：即基金持有人组成的基金董事会和基金管理者组成的基金管理董事会。在这样的运营模式中，基金公司通常需要向基金管理者支付较高的基金管理费用，同时，由于管理者并不是持有人，无法真正代表持有人的核心利益。

在这样的背景环境下，约翰·博格创立了先锋基金并在运营模式上进行了一项大胆的试验：创立一家由投资者共有且只为他们利益服务的投资管理公司。先锋集团成立之初，便由各基金拥有，而这些基金则由其股东（投资者）拥有。这种运营模式使先锋集团无须向外部股东支付股息红利，从而将利益让渡给了投资者。同时，取消销售佣金，大幅减少运营费用。先锋集团也由此成为历史上第一家、也是唯一一家由美国证券交易委员会（SEC）特批的“由投资者共同拥有的基金公司”。这一独特的股权架构使先锋集团与投资者的利益始终保持一致，因为其中并不涉及“第三方”股东要求从基金中收取利润。不难发现，在这种模式下，基金的董事会代表基金持有人的利益。先锋基金选择由自己来负责基金的运营和销售，聘请优秀的基金管理公司来负责基金的管理，这样的分工合作，使双方成为平等的合作伙伴，避免一般基金中基金持有人和基金管理者之间的利益冲突，减少了管理成本。此外，先锋基金通过推动立法，单独向基金持有人收取 12b-1 的费用，并实行无溢价销售。因而，相对于其他基金的高额管理费用和具有溢价的销售费用，先锋基金持有人缴纳的费用更加清楚透明。这样的股权结构和运营模式使得先锋基金相比于其他基金，费率维持在一个行业领先的低水平上。

基于先锋基金的目标，即成为行业内成本最低的共同基金，先锋基金的薪酬奖励方式也与众不同。先锋基金为了激励员工更好地节省成本费用，选择通过“合作伙伴计划”来对公司员工进行鼓励。公司会对比先锋集团的服务成本和同行业基金的服务成本，确定公司为基金持有人相较之下节省的费用数额，也是公司为其创造的价值，并将这部分费用按一定百分比划分到“合作伙伴计划”中作为对公司员工的奖励。例如，根据先锋基金的统计数据，在 2009 年，整个共同基金行业的服务费用为 1.19%，而先锋基金的平均服务成本为 0.2%，二者相差 0.99%，基于公司 1.3 万亿美元的资产，不难计算得到先锋公司为其基金持有人节省的费用高达 130 亿美元，这也是公司利润的一部分。然后，先锋基金将这 130 亿美元中的一部分（比如 2.5%）划入“合作伙伴计划”，作为发给公司员工的奖金。在这样的薪酬模式下，公司员工将更有动力去降低公司的各项费率，提升公司的业绩水平。此外，除了激励员工来降低费率，公司本身不断扩张的规模使公司能够利用规模效应，进一步降低成本费用，成为行业内的低费率共同基金。

随着公司在市场上的不断扩张与发展，先锋基金建立了完整的投资产品线，内容涵盖了主动投资基金、指数基金和 ETF 等，来满足市场上不同的客户需求，在留住原有客户的同时，不断吸引新客户。其中，指数基金是先锋基金的特色产品。在先锋集团成立的第二年，即 1976 年，就为个人投资者推出了首只股票指数公募基金，并分别于 1986 年和 1990 年发行债券指数基金和国际股票指数基金。之所以先锋选择大力发展指数基金是因为从约翰・博格的投资理念出发，他认为指数基金主要是跟踪某个标的指数，作为被动的投资方式，其研发费用更低，交易费用更少。在收益方面，往往主动投资基金的收益不能战胜市场的平均收益，基于这两点，指数基金更符合先锋基金的投资理念，即更低的成本。

因此先锋基金得以成为行业内指数基金的先驱。先锋指数基金发展的过程如下：先股票型后债券型，先规模型后地域型，然后行业、风格、主题 / 策略等不同类型的基金产品。

先锋基金拥有超过 40 年的指数产品的管理经验，基本上引领着整个行业发展的方向，布局非常完善，目前一半以上所管理的资产都是指数基金。在美国规模前十的股票型指数基金中，有 9 只都属于先锋基金。

虽然主动投资基金似乎并不符合博格的投资理念，但研究发现，在先锋基金旗下，有相当一部分基金是主动基金（约占先锋基金近一半的规模）。这主要是因为作为全球最大的基金公司之一，先锋基金需要满足不同投资理念的客户在市场上的不同需求，因此需要建立完整的产品线。不过相比于市场的其他主动投资基金，基于先锋独特的运营模式、薪酬奖励模式、规模优势，主动类产品的费率仍低于行业水平。

1993 年，道富发行了业内第一只 ETF，此后，ETF 成为基金行业内重要的组成部分之一。先锋基金在 2001 年才开始发行第一只 ETF 基金，是源于 ETF 产品本身与博格长期投资和降低费率的投资理念不相符合。博格认为 ETF 与指数基金相比，收益相近，但却由于其交易特性，更容易成为投资者的投机工具，而且有可能产生高昂的交易费用。因而，虽然先锋也推出了 ETF 产品，但与当时作为独立投资产品运作的交易所买卖工具不同，先锋集团形成了独特的、目前已获专利保护的 ETF 架构。在这种架构下，ETF 作为现有指数基金下设的一个独立股份类别。这种架构让先锋集团得以形成规模经济，带来额外的纳税优惠，从而为所有基金投资者降低了费用，这样，先锋低成本的理念在 ETF 产品上也得到了有效贯彻。如今，先锋集团已成为全球第二大 ETF 供应商，管理着逾 1 万亿美元的 ETF 资产。

（三）富达基金管理公司（Fidelity）

富达投资集团成立于 1946 年，其创始人是爱德华·C. 约翰逊二世，总部设在美国波士顿。经过半个多世纪的发展，富达集团积累了丰富的投资管理经验，能够为客户提供便捷、专业的服务，已经由纯粹的共同基金公司发展成为一个多元化的金融服务公司，向客户提供包括基金管理、信托以及全球经纪服务在内的全面服务。它是全球最大的资产管理公司之一，截至 2019 年第一季度末，富达基金管理超过 300 只基金，管理资产超过 2.7 万亿美元。回顾富达基金的发展过程，可以看到早期明星基金经理的效应和后期服务创新以及持续的产品创新是其不断发展向前的核心动力。

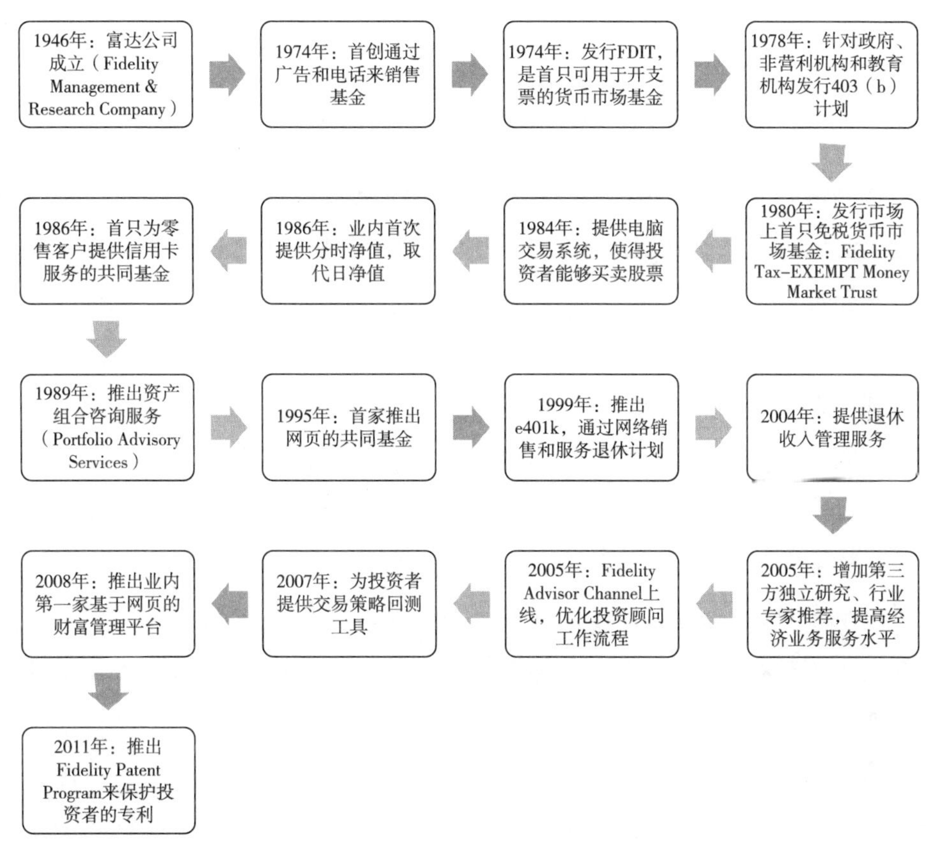

图 9　富达基金发展时间轴

早年间，富达基金以出色的主动管理投资享誉投资者，形成以主动股票投资为主的业务模式。在 1952 年，蔡志勇进入富达基金并于 1957 年推出了富达资本基金，该基金的核心在于买入成长股等具有业绩和价格弹性的股票并结合快速大量买卖交易赚取利差来获得资本利得收益，实现了超过 50% 的年收益，如此高的收益率也吸引了大量投资者的申购。在不足十年的时间里，富达基金旗下管理的资产增长至近 30 亿美元，伴随着第二次世界大战之后美国经济的快速恢复，美股股市也快速反弹上升，高 Beta 的股票基金的确在短期内获得了更高的收益，但在 20 世纪 70 年代随着石油禁运、美国经济面临滞胀的困境中，权益资产出现了大幅下跌，此时富达基金的产品出现了明显下跌，但是在这一过程中其产品依然保持了较大规模，为其后续发展奠定基础。

在此之后，彼得·林奇和其掌管的麦哲伦基金则成为富达基金的另一传奇。自 1977 年至 1990 年，在彼得·林奇的管理下麦哲伦基金显著跑赢标普 500 指数，在此同时麦哲伦基金的规模也从不足一亿美元上涨到超过百亿美元，在 2000 年互联网泡沫破灭之前更是达到了巅峰，超过千亿美元，虽然在 90 年代之后麦哲伦基金没有持续获得相对市场的超额收益，但其巨大的基金规模为富达贡献了极高的利润并带来了巨大的声誉。

明星基金经理在“牛市”期间可以获取声誉和规模，但是业务模式相对单一，投资端资产类型不够丰富，客户端也无投资顾问业务，富达基金在发展过程中也逐步认识到了产品创新和产品布局的重要性，而时至今日，富达旗下的货币类、债券类产品也在业内树立了口碑，更重要的是其设立的目标日期、目标风险旗舰产品对美国养老金市场实现了全面渗透，几乎在美国各种养老金账户的投资组合中，不论公立还是私立的，富达基金都在其中占据了相当的分量。目前，养老金产品的管理费用成为富达主要的利润来源，截至 2016 年富达 FOF 产品的规模达到 813.6 亿美元。值得指出的是，富达在设计产品中也还是十分强调自己的主动投资特色，延续其在主动投研方面的优势，这与先锋的模式存在明显差异。以富达的养老金产品为例，通常是以 FOF 的形式分为双重主动型和主动 + 被动型产品模式，其中双重主动类型以 Fidelity Freedom 为代表，其子基金也是以投资富达主动型产品为主，形成了 Fidelity Freedom® Funds 系列产品，该系列产品中以目标日期产品为例，富达会强调经济周期对未来中期投资组合的表现有重大的影响，因而决定基于投资委员会对未来 1~5 年经济状态的判断，对目标日期产品的下滑曲线进行动态调整，调整幅度为战略设计基准上下浮动 ±10%。

除了主动投研和产品创新之外，客户服务的持续创新也为富达基金的发展作出重大贡献。70年代富达基金成为第一家可以提供上门服务和免费电话销售基金的资产管理公司，投资者可以通过电话语音24小时查询到基金产品的净值和收益率情况；80年代成立了富达系统公司管理富达基金的电话和电脑系统，为客户提供按时间计价的定制化咨询服务，而非简单的报价服务，为客户提供了更好的客户体验；90年代，富达基金逐步涉及财富管理和养老金管理业务，给投资者提供更丰富的财富管理和退休计划方案。在富达官网上可以看到，富达为其客户提供五档不同等级的投资咨询服务：第一档为智能投顾业务Fidelity Go，投资者只需要完成相关问卷调查信息即可得到投资组合推荐，该业务没有最小资金规模限制，年费率为0.35%；第二档到第五档都是人工投资业务，包括Fidelity Portfolio Advisory Service、Fidelity Personalized Portfolios、Fidelity Separately Managed Accounts 和 Fidelity Wealth Management Advisor，第二档提供更丰富定制化的资产配置建议，包括了国内和海外权益、固定收益以及现金管理工具，底层资产依然以富达的指数基金产品为主，要求最低投资金额5万美元；第三档则会进一步为投资者考虑税收筹划，要求最低投资金额20万美元；第四档更强调单一资产的主动管理，无论权益和固定收益资产都会结合特定的投资目标形成定制化的主动投资方案，要求最低金额20万~50万美元；第五档则近似于私人银行服务，提供高度定制化的财富管理解决方案，最低投资金额门槛也上升到了200万美元。富达基金通过有效的客户分层，给不同类型投资者提供匹配的投资咨询服务，在服务的广度和深度层面实现了较好的平衡。

四、资管新规下基金管理行业转型发展的前景研判

（一）基金行业回归投资本源

未来市场上的公募机构越来越多，如果各家基金公司在产品和市

场策略上高度同质化，对渠道依赖度高，对投资团队的培养和投入少，产品平庸，面临的市场竞争压力就会比较大。公募基金在面临重大的机遇的同时，市场对其专业能力的要求也越来越高，投资管理也将回归本源——主动投资管理能力。对标海外，公募基金在原有的基础上，进一步重视建设专门的投研部门、组建科学专业的投资团队、形成特色鲜明的拳头能力及构筑协同紧、联动强的研究体系是提高主动投资管理能力的关键。

资管新规的出台确立了监管体系的基本架构，“去杠杆、去刚兑、去通道”的监管思想有利于推动资产管理行业回归投资本源。资管新规促使资产管理机构放弃规模竞争，实现产品净值化管理，增加金融体系的弹性，逐步释放金融风险，促进资产管理行业长期健康发展。这有利于引导资金进入市场化程度更高的净值化基金，为公募基金带来发展良机。

海外领先资产管理机构在构建全面的市场投资能力的同时，依据自身的比较优势，在某一特定的投资领域建立标签式的拳头投资能力，因此能通过特色化、差异化的投资服务占据广阔市场。着力重点发展方向，建立品牌化、标签化的产品优势，是在未来竞争激烈的市场中，占据一席之地的保障。

（二）基金销售体系的重构

随着客户结构的改变和数字化程度的增加，FOF 和养老金产品的推行使资产管理行业进入了资产配置的新时代，基金销售体系的重构也成了改革中的必要环节。目前公募基金的需求端呈现出机构客户为主，零售客户为辅的基本特征。一方面以银行委外和险资为代表的机构客户是公募基金的主力客户，另一方面“80 后”“90 后”正逐渐加入且影响力增大，高净值人群占比加大且资产配置需求日益增长。客户结构和客户需求的变更及互联网的推动促使基金销售体系重构。

一方面，推动直销渠道的互联网金融创新。根据基金业协会数据，2014 年、2015 年和 2016 年基金销售保有量中，直销渠道占比分别为 43%、63% 和 68%，直销渠道的重要性逐年增强。随着互联网巨头纷纷入局基金电商，促使基金的电商业务以直销为主变成直销和第三方销售并重。在“互联网 +”的催化下，基金公司也及时调整电商业务的节奏和步伐，通过改善基础平台建设、APP 功能优化等逐步加强直销渠道的流量和竞争力，为客户提供更加专业和精细化的服务。

另一方面，逐步加强资产配置服务和定制化服务。FOF 基金的推出以及养老金制度的变革推动了资产配置服务的发展，促进个人投资者以公募基金和公募 FOF 的方式积极参与资本市场。而根据客户的风险程度能力、收益偏好、流动性偏好等要素为客户提供定制化的资产配置服务是未来销售渠道的重点，也对基金销售提出了新的挑战。

毋庸置疑，随着各类机构对于代销规模需求的增加，各类代销渠道间的竞争无疑将更加激烈。通过同质化竞争比拼费率模式只适用于具有规模优势的基金管理公司，对于多数机构来讲并非制胜之道，因此通过深化服务，提供个性化、定制化的投资方案，通过更好的财富管理方案与资产端的投资方案结合才是可期待的发展方向。

近年来，智能投顾产品的蓬勃发展就是服务个性化、定制化的一个典型案例。当前的技术方案中，往往通过问卷调查的形式，获取客户关于年龄、教育水平、风险偏好、收入、投资目标等多方面的信息，综合评定客户在收益目标、风险承受能力和流动性偏好层面的要求，进而制定与客户投资目标相匹配的投资组合。但仅有此可能还不足够，一方面当前通过问卷调查的形式真实反馈的客户投资目标风险并不全面真实、缺乏客观数据验证；另一方面在投资端资产类型并不丰富，投资组合的多样性、定制性并不突出。参考海外的发展模式，有两个潜在可以继续改进发展的方向，一是客户分层，从规模经济的角度来看，资金规模越大的客户能够享受到更为全面深度的客户画像，制定更为定制化、个性化的资产配置服务；二是在对客户收益目标、回撤要求和流动性要求的深刻了解前提下，资产端提供更为定制化的投资组合管理方案，以此真正实现从单一产品导向向综合配置服务模式的转变。

（三）综合型与精品型模式并存

依据市场规律和国外发展经验，公募基金业务未来将呈现综合和精品两种类型机构并存的市场格局。综合型公募基金主要体现在产品线全面、规模领先、业务结构均衡、服务体系完善等方面，而精品型公募基金深耕特定领域，专业能力强。

国内公募基金的行业集中度较高，规模巨头主要由综合型与精品型基金公司构成。根据 Wind 数据显示，截至 2018 年 12 月底，120 家基金公司的非货币类公募基金共 5.4 万亿元，其中规模前十的基金公司非货币管理基金管理规模 2.04 万亿元，占比 38%；规模前二十的基金公司非货币管理基金管理规模 3.03 万亿元，占比 56%。规模前二十的基金公司占据了市场主导地位，获得了超过五成的市场份额。其中有发展历史悠久、产品线较完善的综合性公募，也有产品数量较少、深耕特定领域的精品型基金。而随着资产管理行业深化改革，定位于不同客户需求的综合型和精品型将呈现出齐头并进的格局。综合型公募基金从产品种类、资产配置等角度，满足客户大部分的投资基本需求。而主打特色产品的精品型基金公司因可以满足客户的特色需求而在市场谋得一席之地，以业绩为导向的精品型公司也会获得客户青睐。

（四）借助私募基金支持产业转型

资管新规在资金募集渠道、投资客户门槛等方面对私募基金机构带来新的挑战，产业基金从银行获得融资的难度将大幅提高。但资管新规中表示，鼓励金融机构在依法合规、商业可持续的前提下，通过发行资产管理产品募集资金投向符合国家战略和产业政策要求、符合国家供给侧结构性改革政策要求的领域。鼓励金融机构通过发行资产管理产品募集资金支持经济结构转型，支持市场化、法治化债转股，降低企业杠杆率，相关产业基金或将迎来发展良机。就长期而言，对于私募行业同样意味着新的发展机遇。

（五）持续开展投资者教育

积极开展投资者教育，改变投资者习惯，传导净值化理念，让投资者主动接受净值型产品。在国外，投资者教育作为普惠活动，其实施主体不仅仅是资产管理机构，而且包括监管机构、行业协会以及其他组织，形成了多层次投资者教育体系，同时培养了高质量的投资者教育队伍，并充分利用互联网等多种渠道创新投资者教育模式。

英美等国的政府、行业协会、教育部门等机构共建多层次的投资者教育体系。例如，美联储通过每年四月“金融扫盲月”向银行客户提供金融课程。又如，美国金融业监管局通过媒体宣传、舆论引导等方式开展防欺诈投资者教育活动。再如，英国金融服务与中介机构组织金融从业人员实施教育战略计划，开展特色投资者教育活动。高质量的投资者教育队伍对于投资者教育至关重要。投资者教育中介机构为刚入职的从业人员设计了全面课程，如财富管理、资本市场概论等，以提高他们服务投资者的能力。投资者教育机构还在投资顾问从业资格考试、职业培训、职业道德规范和相关法规方面作出严格要求和规定。

加强投资者教育是建立健康的资本市场的长效机制。投资者的信心和参与是资产管理行业发展的基石，关系到资本市场长期稳定健康发展，是公募基金需要重点关注的方向。目前我国资产管理行业“买者自负、卖者有责”的认识还非常薄弱。投资者选择产品不是出于对其风险收益的判断，不关注产品的底层资产及其内在价值，而是对基金等各类资产管理产品发行人、管理人，甚至是销售机构主体信用的判断，盲目相信刚性兑付和隐性担保。

五、推进基金管理行业持续健康发展的政策建议

（一）提升养老金渗透度

当前国内养老保障过度依赖于第一支柱，给国家财政带来较大负担，因此发展壮大第三支柱成为国家层面的重大战略决策。参考美国个人退休账户的发展，自 1974 年 IRA 成立以来，整体资产规模也出现了迅猛的发展，在 40 多年的时间内从 30 亿美元发展到 8.8 万亿美元。除了资产规模出现较大增长之外，资产配置结构也出现了明显变化，早期 IRA 账户主要在银行和保险机构设立，反映出养老金更多的配置于存款和保险资产，而截至 2018 年底，8.8 万亿美元 IRA 资产中银行存款及保险资产合计 1 万亿美元，占比为 11%，有 4 万亿美元投资于共同基金，占比达到 45%，是 IRA 资产中占比最高的产品类别。

因此，基金管理公司也应该借助国家大力推动发展第三支柱的契机，提升养老金产品的渗透度。第一，重视资产配置的研究，公募基金除了提供工具型产品之外，也应该注重大类资产配置能力的提升，包括战略战术配置能力，保障配置型产品长期的稳健收益；第二，重视客户的投资者教育以及理财咨询，一方面通过投资者教育提升投资者收益风险匹配意识以及养老投资意识，另一方面更要强调向投资者提供更匹配的养老理财产品，投资的专业性要求很高，不应过多地将投资决策交给普通投资者来做，公募基金应该基于投资者自身现状尽量提供一站式服务；第三，重视配置工具的提供，在产品创新上应提供更多元化、国际化、被动化的品种，以更好地实现资产配置的目标。

（二）不断加大产品创新力度

加强风险防范的同时稳步持续创新是公募基金的长期发展趋势。一方面借鉴海外经验不断丰富完善产品线；另一方面立足本土特色，

在加强风险防范的同时谋求创新，如推出公募 FOF 基金和养老目标基金、推出首只公募 REITs、加强分级基金的管理、促进存续保本基金转型等。目前国内市场上公募基金超 5 000 只，除了指数基金、普通债券类基金、股票及混合型基金、货币基金等常规几大类基金品种，还涵盖了包括 FOF、养老目标基金、REITs、战略配售基金、互认基金等近几年来的创新品种。

未来公募产品体系将呈现出创新稳健的格局。公募基金要回归投资管理本源，产品体系需要进行重大变革。第一，完善产品线，客户资产配置需求的多样化对基金公司产品线覆盖的广度提出了更高的要求。目前新发产品普遍存在同质化严重，产品线覆盖度有限。尤其是指数类产品，所涵盖的主题、区域和市场较少，对资产配置类产品捕捉各类市场机遇及风险管理的能力均提出了很大的挑战。第二，增强主动管理类产品，在资管新规下打破刚性兑付等措施长期利好公募基金，也让公募基金的主动管理产品竞争升级，增强产品的主动管理能力及风险控制能力，无疑是赢得投资者信任的最好的利器之一。第三，扩充可投资标的，资管新规明确公募产品可以投资商品及金融衍生品，如果参考海外公募基金的发展历程，未来股指期权、股票期权、商品期货、柜台交易品种等多种金融衍生工具都应逐步纳入公募基金的投资范畴，其也是公募基金未来进行业务拓展的重要领域。

在加强风险防范的基础上，稳步推动公募基金产品的创新是公募资产管理行业长期发展的必然趋势，未来需要重点关注三类产品：

第一，重视资产配置型产品的提供，当前的公募基金产品中股票型和混合型基金提供了高风险的投资工具，债券型基金则提供了低风险的投资工具，但是中等风险的投资品种相对缺位，虽然平衡型基金和灵活配置型基金名义风险应该低于股票型基金，但是由于没有明确的基准偏离限制，导致产品风险并不可控，因此，未来大力发展 FOF、养老目标产品是提供差异性产品的重点。

第二，重视多元化、海外资产产品的提供，从资产配置的角度看，海外资产、商品资产都是分散风险的有效工具，当前国内市场的 QDII 和商品型、REITs 等工具还是相对偏少，未来有广阔的发展空间。

第三，重视指数化产品的提供，美国市场中被动指数产品的规模占整个股票基金的 20% 以上，而国内当前指数产品的占比相对较低，可以进一步提供丰富的规模、行业及主题型指数基金产品，除此之外，考虑到国内市场有效性相对海外成熟市场较低，还可以重点发展 Smart Beta，为投资人提供更多的配置工具。

（三）深化基金管理公司对外开放

金融业是提供风险管理、资金融通、资产配置等经济功能的竞争性服务业，扩大金融开放有利于丰富我国金融市场供给、增强金融业整体竞争力。2018 年 4 月，习近平总书记在博鳌亚洲论坛上宣布，在服务业特别是金融业方面要加大开放力度，特别强调政策落地“宜早不宜迟，宜快不宜慢”。一年多以来，国家金融管理部门按既定步骤安排，推出了一系列进一步扩大金融业对外开放的政策措施，2019 年 7 月金稳委又宣布了对外金融开放的十一项举措，其中很多措施直接涉及资产管理行业。从资产管理机构的层面分析，资产管理对外开放首先是机构的开放，从资产管理机构角度分析主要有三个方面的影响。

（1）在资产管理机构的服务供给上，开放会增加产品和服务的多样化，更好地满足理财市场的需求。相对来讲，国外的市场化程度比较高，发达市场的资产管理机构面对市场需求时提供的各种产品、各种工具、各种服务都有一些优势，能够给行业发展带来正面示范效应。

（2）在资产管理机构的业务上，开放会带来很多新的方法和模式，这些方法和模式有利于提升机构的效率。国外对于资产配置，无论是配置模型还是配置方法都有很多的研究和实践，而且根据不同的资产类别和不同管理主体，方法和模式研究方面有很多值得学习的经验。

（3）在资产管理机构内部管理上，开放有利于引入一些先进的管理经验，尽管中国资产管理行业发展20年有余，但在资产管理机构内部管理方面还有待进一步完善。外资机构一些新的内部管理方式，包括风险管理等方面对于整个资产管理行业会产生积极的影响。

（四）提升金融科技在基金管理领域的应用

当前，全球正迎来一场更大范围、更深层次的科技革命和产业变革，数字化浪潮势不可当，人工智能、大数据、云计算、区块链等新一代信息技术在金融领域的应用不断取得新突破，“无科技、不金融”已成为现代金融体系的重要特征。金融科技的蓬勃兴起为资产管理行业发展提供了更好的技术条件和更广阔的市场空间。但客观上讲，相比于支付、借贷等领域，资产管理行业在运用金融科技手段方面还有较大的提升空间，资产管理机构数字化转型思维有待进一步培育。如何发挥科技驱动优势，科学高效地设计出既符合监管合规要求，又满足多元化市场需求的产品，是值得资产管理行业深入思考的紧迫课题。

（五）推进基金行业账户体系建设

早在2015年中证登公司就推动了证券行业的统一账户平台“中登一码通”，为每个投资者设立一个统一的一码通账户，将投资者不同证券账户统一关联到一码通账户下，实现投资者身份统一识别、投资者信息统一归集、投资者证券资产统一登记的账户体系，也可以用于投资者交易各类证券，为“一人多户”的政策落地实施提供了有效保障。

对于基金行业而言，当前场内购买基金的整体信息可以通过统一证券账户归集，但是场外购买的基金信息归集并未实现。因此，我们建议可以类似地构建基金行业账户体系的建设，以销售支付推动建立客户信息数据库，加强行业互联网基础设施建设，推动资产管理行业账户统一查询功能及数据的互联互通。一方面方便投资者归集信息提供便利，另一方面为基金公司提供更好的理财咨询服务打下基础。

（六）规范私募基金行业信用体系

目前在私募行业，我国没有相应的全国范围内的信用体系对违反法律法规或者相应约定作出约束，信用体系缺失，联合惩戒就无法实行。虽然行业协会网站有定期公布一些纪律处分和黑名单信息，但这些只反映了行业中问题的极少部分，且没有和其他部门联动起来形成协同效应。

在投资领域，中央及各地方出台了一系列鼓励措施，鼓励投向中国制造 2025、大数据、生物医药等产业，但作为监管方，既要有鼓励清单，更要有负面清单，应进行底线监管，凡是清单里标明的行业，都不鼓励甚至禁止投资，且这个清单应该是行业内统一的，以更好地指引行业募资投资等行为。目前这个清单零散分布在各个监管部门，没有形成统一的清单公布机制，对管理人的指导意义在一定程度上被削弱了。

信用体系是行业的基础工程，只有路基打牢固了，上层的资金流转才能安全高效。行业信用体系应当基于聚焦于影响委托理财资质和安全方面的负面信用信息，目前的监管主要以被监管对象的主动信息报送为手段，存在信息偏颇，不够全面的情况，应当主动收集关于被监管对象和产品经济相关方面的负面信息，并基于大数据技术进行全面分析，并形成监管认知体系。行业信用体系须是全国性的，且尽量公开和大范围的披露相关失信信息，这样才能有效杜绝部分害群之马四处钻空的情况。信用体系须是覆盖行业方方面面的，重点是管理人，其次是咨询机构、评估机构、托管机构等，另外考虑到行业从业人员的因素特别突出，且 LP 和相关方非常重视从业人员过往信用和业绩，因此，信用体系须覆盖相关机构的高级管理人员和直接业务人员，且应当持续记录和跟踪。信用体系应当在相关部门之间良好协同，信用体系只有联合多个相关部门，红黑名单在多个部门之间联合激励和联合惩戒，才能最大化发挥其作用，促进行业信用健康发展，促进行业长远规范发展。

证券资管篇：证券公司资产管理业务市场格局与业务模式①

一、证券公司资产管理业务现实语境下的内涵探析

（一）证券公司资产管理业务的定义

中国证监会2012年出台的“一法两则”对证券公司资产管理业务产品、投资范围、投资门槛等方面进行了规定。在产品方面，《证券公司客户资产管理业务管理办法》规定资产管理业务的产品包括定向资产管理计划（为单一客户办理定向资产管理业务）、集合资产管理计划（为多个客户办理集合资产管理业务）和专项资产管理计划（为客户办理特定目的的专项资产管理业务）。在投资范围方面，2012年证监会《证券公司集合资产管理业务实施细则》规定集合资产管理计划的投资范围包括“股票、债券、证券投资基金、央行票据、短期融资券、资产支持证券、中期票据、股指期货等金融衍生品、保证收益及保本浮动收益商业银行理财计划以及中国证监会认可的其他投资品种”；2012年证监会《证券公司定向资产管理业务实施细则》规定定向资产管理计划的投资范围包括“现金、股票、债券、证券投资基金

① 本篇执笔人：申万宏源蒋健蓉、袁宇泽、谢云霞。

份额、集合资产管理计划份额、央行票据、短期融资券、资产支持证券、金融衍生品或者中国证监会允许的其他金融资产”。在投资下限方面，“一法两则”规定集合资产管理计划中个人或家庭金融资产不低于100万元，公司企业等机构净资产不低于1 000万元；定向资产管理计划中，个人资产净值不低于100万元。

资管新规统一了资产管理业务的定义。资管新规将资产管理业务定义为“银行、信托、证券、基金、期货、保险资产管理机构等金融机构接受投资者委托，对受托的投资者财产进行投资和管理的金融服务。金融机构为委托人利益履行勤勉尽责义务并收取相应的管理费用，委托人自担投资风险并获得收益”。资管新规配套细则《证券期货经营机构私募资产管理业务管理办法》中将证券公司私募资产管理业务定义为“证券机构通过设立的从事私募资产管理业务的子公司，用非公开募集资金或者接受财产委托的方式设立私募资产管理计划并担任私募资产管理计划的管理人，从而进行投资活动为投资者谋利”。证券公司公募资产管理业务的定义则参照《投资基金法》中对公募基金业务的定义执行。

（二）证券公司资产管理业务的法律关系

资管新规前后，资产管理业务中证券公司与客户间的关系由委托代理关系向信托关系转变。2011年证监会出台的《关于规范证券公司受托投资管理业务的通知》规定“受托投资管理业务，是指证券公司作为受托投资管理人，依据有关法律、法规和投资委托人的投资意愿，与委托人签订受托投资管理合同，把委托人委托的资产在证券市场上从事股票、债券等金融工具的组合投资，以实现委托资产收益最优化的行为”。对于目前的集合、定向、专项资产管理计划，证券公司和客户间的法律关系均为委托代理关系。资管新规坚持破刚兑、去通道的原则，鼓励引导资产管理业务回归信托本源，提升主动管理，证券公司资产管理业务双方的法律关系转化为信托关系。在证监会发布的资管新规配套细则的答记者问中，指明资管新规后证券公司资产管理业务的法律关系是信托关系。

（三）证券公司资产管理业务发展的四个阶段

资产管理业务是证券公司的主营业务之一，与传统交易类业务相比，证券公司资产管理业务的发展相对较迟缓，总体来看，证券行业资产管理业务的发展经历了以下四个阶段：

1995—2004 年的萌芽发展期。1995 年人民银行批准证券公司从事资产管理业务，早期国内很多证券公司都脱胎于商业银行和信托公司，在此阶段证券公司资产管理业务更多以萌芽和摸索为主，客户的资产管理主要还是集中在银行体系进行。2003 年证券行业爆发了大批量的挪用客户资产的事件，截至 2003 年底，全国 132 家证券公司中已有 70 家开展了资产管理业务，管理的资产总计近 700 亿元，一系列风险事件的爆发引致了证券行业的综合治理，资产管理业务在经历了快速增长后急剧萎缩。

2005—2011 年的综合治理期。在经历了 2003—2004 年的市场风险事件后，证监会自 2005 年开始实行综合治理，清理整顿证券公司的资产管理业务，截至 2007 年 8 月，证券公司综合治理宣告完成，证券行业逐步进入规范发展期。在经历整治规范以及 2008 年市场急剧下滑后，证券公司资产管理规模从高峰期 2 600 亿元的水平直线下降至 2008 年底约 600 亿元的水平，即使经历了后期的市场环境的修复，证券行业资产管理规模始终维持在 1 000 亿元左右的水平，客户数量及业务收入都呈现出停滞不前的局面。

2012—2015 年的快速扩张期。自 2012 年以来，银监会和保监会及证监会相继放宽了金融机构开展资产管理业务的相应规定，2013 年证监会颁布《证券公司客户资产管理业务管理办法》《证券公司集合资产管理业务实施细则》《证券公司定向资产管理业务实施细则》（即“一法两则”），取消集合资产管理计划的行政审批，改为事后备案制，扩大了证券公司资产管理计划的投资范围、投资比例和资产运用方式。同时，放开证券公司申请公募基金业务资质，鼓励符合条件的证券公司开展公募基金管理业务。此阶段证券公司资产管理业务的快速发展带来了两大显著影响：一是以通道类资产管理业务的快速发展为代表，证券行业资产管理规模呈现迅猛增长的态势，管理资产规模总量从 2012 年初 2 800 亿元增长至 2015 年底 14.78 万亿元，四年间增长近 53 倍，同期证券行业资产管理业务的收入也从 2012 年初 21 亿元增长至 2015 年底 275 亿元，对证券行业收入贡献的比例也提升至近 10%；二是泛资产管理行业规模急剧扩张，随着基金子公司、保险子公司相继成为委托贷款或信托贷款类资产管理业务的通道，行业通道费率从千分之二快速下降至万分之五的水平，金融机构之间互借通道、相互嵌套的现象日渐突出，监管空白、监管套利以及金融机构之间的风险传染加剧。

2016 年至今的规范发展期。自 2016 年开始，我国金融市场开始了以“去通道、去杠杆、去嵌套”为特征的新一轮金融改革，过去金融机构在资产管理业务上的相互嵌套、互借通道的行为在很大程度上加剧了我国金融市场间的风险传染，使得自 2015 年下半年以来我国相继出现了“股市、汇市、商品市及房市”价格的急剧波动。随着 2016 年证监会修订《证券期货经营机构落实资产管理业务“八条底线”禁止行为细则》以及 2018 年资管新规的发布，证券行业资产管理业务面临“去通道、去杠杆”的改革，一方面行业资产管理规模快速下降，从 2016 年底 17.6 万亿元的水平下降至 2018 年末的 13.4 万亿元的水平（证券业协会的统计口径略有差异），其中以通道业务为主的定向资产管理计划规模下降幅度最大；另一方面证券行业资产管理业务也加速向主动管理转型，截至 2018 年中，已有 18 家证券公司设立了资产管理子公司，侧重主动管理的 ABS 业务也呈现快速发展趋势，截至 2018 年中 ABS 规模已突破万亿元。

二、当前证券行业资产管理业务面临的转型困难与挑战

（一）业务规模：新旧产品转换期，业务规模明显收缩

在资管新规下，证券行业资产管理业务“去通道、去套利”，原有通道类业务规模逐步压缩，主动管理类产品规模增速难以快速提升，容易出现新旧产品转换期的规模收缩。

2017 年以来规模下降较为明显。2012—2015 年，借助定向资产管理计划等通道类业务的快速发展，行业管理资产规模绝对量及相对增速都明显高于其他资产管理机构。在经历了 2012 年证券行业资产管理业务放松后的爆发式的增长后，随着“去通道、去杠杆”的监管趋严，证券行业资产管理规模从 2017 年第二季度开始呈现负增长，截至 2018 年末，证券行业资产管理规模下降至 13.4 万亿元，较 2017 年第一季度末 18.8 万亿元的峰值下降 5.4 万亿元。

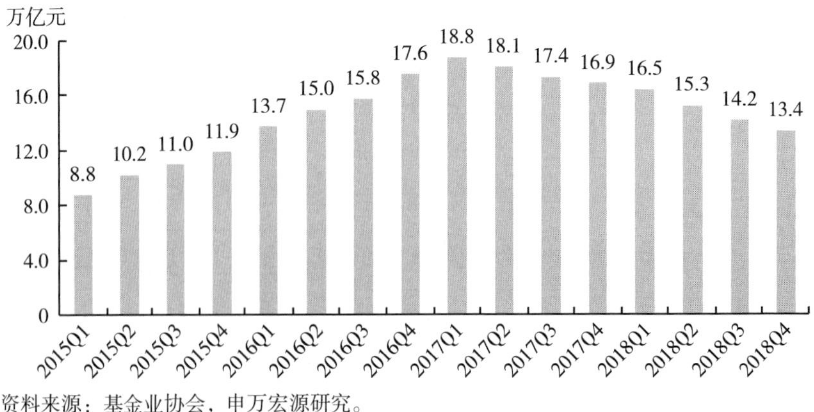

资料来源：基金业协会，申万宏源研究。

图 1　2015 年以来证券行业资产管理规模的变化

资产管理业务收入受到的冲击较小，对证券公司的业务收入贡献也相对稳定。截至2018年末，证券行业资产管理业务收入达到275亿元。从资产管理业务的收入贡献度来看，近年来资产管理业务净收入在证券行业营业收入中维持稳中略有提升的水平，从2012年约2%提升至2018年约10%的水平。与证券行业资产管理规模相比，资产管理业务收入受到的冲击相对较小，在2017年行业资产管理规模出现负增长的情况下，资产管理业务收入还维持相对稳定，这在很大程度上说明主动管理类资产管理业务的利润率明显高于通道类资产管理业务。考虑到通道类业务规模的净收入贡献相对较低，因此证券公司资产管理业的费率将相对稳定，净收入也将相对稳定。

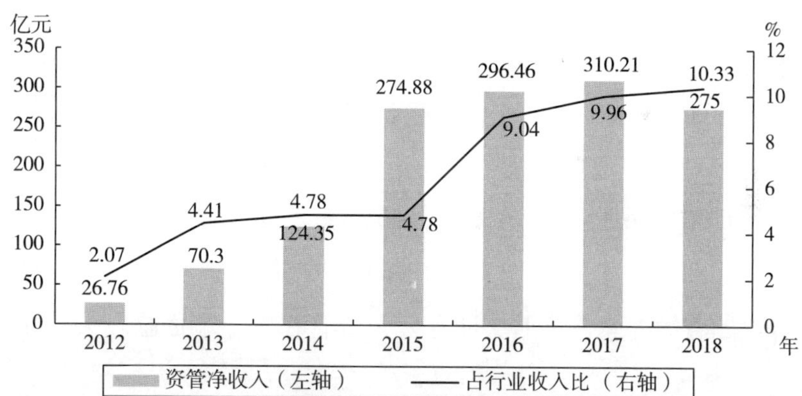

资料来源：证券业协会，申万宏源研究。

图2 2012—2018年证券行业资产管理业务收入的变化

过去证券公司资产管理业务三类资产管理计划的收入贡献相对均衡。从资产管理业务收入结构来看，基本呈现出定向资产管理业务、公募基金类业务和集合资产管理业务4–3–3的格局，三类子业务的收入占比分别为40%、30%和30%。从发展趋势来看，未来随着去通道下定向资产管理计划规模的快速下滑，其对应的业务贡献度将有所下滑；随着越来越多的证券公司资产管理子公司成立，公募基金类业务的收入占比将稳步提升，集合资产管理计划的收入占比将相对稳定；以资产证券化为主的专项资产管理尽管近年来规模快速增长，但收入贡献并不显著，未来随着非标转标的推进，此块业务的收入占比也将有所提升。

（二）资金端：面临其他资产管理机构的激烈竞争

随着资产管理业务统一监管，证券公司资管在资金端面临的竞争压力显著增加。由于此前在较为宽松的政策下证券公司资管通道业务占比较高，其受到资管新规的冲击较大。2018 年前三季度，证券公司资管规模下滑 16%，下滑幅度超过通道业务占比同样较高的信托行业，而同期公募基金和保险资管的规模有所上升。在机构端，证券公司资管的委外业务面临着其他委外主体的激烈竞争。银行理财产品净值化管理叠加各银行陆续成立理财子公司预计将导致银行委外业务在选择受托人时将更加谨慎。保险委外的受托人以基金公司为主，2017 年保险资金委外业务中 68 家基金公司受托规模 2 640 亿元，而 46 家证券公司及证券公司资管受托规模仅 624 亿元，并且公募基金公司包揽保险委外受托规模前五名。2018 年，保险资金委外业务进一步向基金公司倾斜。在零售端，公募基金在近几年凭借销售渠道更多元等优势更受零售客户的青睐。总体来看，证券公司资管在资金端面临较大的压力。

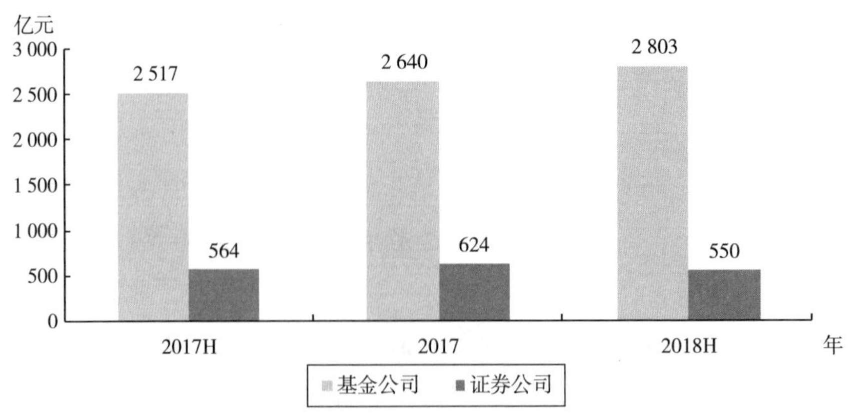

资料来源：中国基金报，申万宏源研究。

图 3　保险资金委外主要以公募基金公司为主

（三）产品端：产品种类相对单一，产品线不全

与其他资产管理机构相比，证券公司资管的产品种类相对单一，与银行理财、基金公司、保险公司相比都不具备优势。银行理财产品在发行数量、收益类型、产品期限等方面均处于领先地位；基金公司产品类型丰富，如混合型产品就包括偏股混合、偏债混合、混合债务和平衡混合型，固定收益类细分为长期和中短期纯债型，指数型也细分为被动指数型和增强指数型；保险资管也基本拥有与证券公司资产管理产品相对应的产品。

从产品线的设置来看，证券公司资管的产品线创新相对不足，难以满足投资者多元化的投资需求。在公募类产品创新上基金公司领先，ETF、QDII 产品及指数基金等均有所发展；在私募类产品上，证券公司小集合资产管理计划和专户与公募专户及银行私人银行理财产品相比也无明显优势；在跨境产品上，尽管证券公司资管有所尝试，但跨境资产管理业务还是以基金公司、保险和银行等机构为主。

（四）资产端：以债券为主，权益类资产的比较优势未显现

主动管理不足，资产配置能力相对较弱。截至 2018 年末证券公司资产管理产品主动管理规模约 4.07 万亿元（占比 31.5%）；非主动管理规模 8.84 万亿元（占比 68.5%），证券公司资产管理业务发展仍呈现出非主动管理主导的基本特征，但非主动管理规模占比较 2017 年下降了 3~4 个百分点。

从资产配置来看，证券公司资管基本以债券配置为主，证券公司在权益类资产管理上的比较优势未能体现。从证券公司资产管理产品的配置结构来看，由于定向资产管理计划和专项资产管理计划都有特定的投资对象，因此我们以集合资产管理计划来分析证券公司资管的配置结构。从整体来看，证券公司资管配置以债券为主、其他类资产

为辅的基本特征，其他资产主要包含期货期权等衍生品及另类资产。从变化趋势来看，自 2013 年以来证券公司资管配置股票的比例直线下降，对债券的配置比例则随之提升，截至 2017 年底证券公司集合资产管理计划对债券的配置比例接近 65%；另外证券公司资管中拥有流动性的现金配置占比也逐年下降，这说明证券公司资管的资金运用更加合理。值得一提的是，即使在外部市场环境较好的 2014—2015 年，证券公司股票类的配置比例也不高，证券公司资管更倾向于以配置基金的形式来做权益类投资。尽管与其他资产管理机构相比，证券公司在权益类资产的专业性有比较优势，但从配置结构来看，证券公司资管的权益类资产管理能力并不突出。

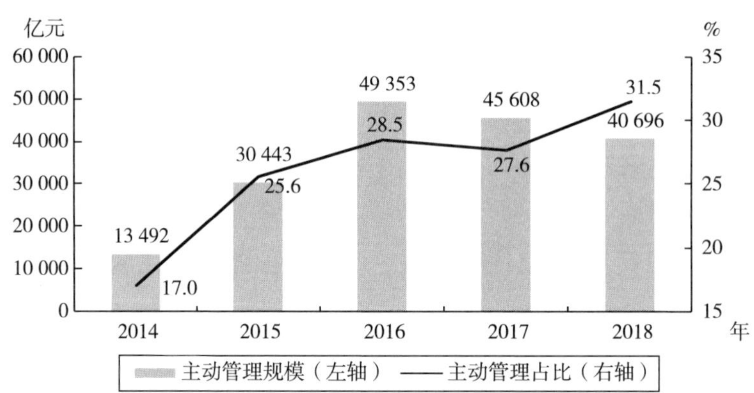

资料来源：基金业协会，申万宏源研究。

图 4　2018 年主动与非主动管理占比

表 1　2014—2018 年上市证券公司集合资产管理计划的配置结构

单位：亿元、%

	时间 类型	2014 年	2015 年	2016 年	2017 年	2018 年
配置规模	股票	400	558	628	900	829
	债券	1 190	4 752	11 010	10 925	12 126
	基金	448	2 453	884	575	894
	现金	1 174	2 054	2 011	1 199	524
	其他资产	673	1 732	3 392	3 306	7 121

续表

	类型 \ 时间	2014 年	2015 年	2016 年	2017 年	2018 年
配置比例	股票	10.30	4.80	3.50	5.30	3.86
	债券	30.60	41.10	61.40	64.60	56.42
	基金	11.50	21.20	4.90	3.40	4.16
	现金	30.20	17.80	11.20	7.10	2.44
	其他资产	17.30	15.00	18.90	19.60	33.12

资料来源：公司年报，申万宏源研究。

（五）销售渠道：以自销为主，销售渠道单一

与公募资产管理计划相比，过去证券公司资产管理计划的销售渠道单一。由于证券公司资管的私募性质，其销售渠道相对单一，仅向合格投资者销售。目前证券公司资管的销售主要依赖证券公司的营业网点，尽管也与其他机构有代销合作（如东证资管与招商银行的合作），但销售占比并不高。相比之下，我国的公募基金产品采取由银行、证券公司、第三方公司代销等多元化销售方式；海外资产管理行业中，日本证券金融集团的资产管理产品根据产品类别的不同也有各自的多元化销售途径，销售渠道更为发达。销售渠道的相对单一在一定程度上制约了我国证券公司资产管理业务的发展。

（六）管理运营：风险管理和人才激励均有待进一步强化

证券公司资产管理业务的风险管理有待进一步加强。近年来证监会对证券公司风险管理业务的处罚案例较多。2018 年，证监会发布超过 50 条针对证券公司的行政处罚令；证监会的 2018 年分类评级中多家证券公司因在评级周期内未达到监管要求而被降级（如中原证券、华融证券、中山证券、华信证券等）。现阶段证券公司的风险管理没有发挥出在资产管理上的主动性，更多地注重合规和形式，没有很好地体现风险管理的本质。

在人才激励方面，证券公司资产管理业务不具备明显的竞争优势。证券公司资管的人才激励也有待进一步强化，目前与基金公司相比仍存在较大差距。相对于公募、私募等资产管理机构，证券公司资管的整体薪资水平并不具备竞争力，如何及时有效地保留优秀人才，降低由于人才流失对公司业务的影响已迫在眉睫。

三、境外投行资产管理业务发展的经验借鉴

（一）高盛资产管理公司

高盛资管成立于 1988 年，在 30 年历史中资产管理规模经历三波快速增长时期。一是 1996 年至 1999 年，高盛资管通过收购扩大业务规模，收购企业包括英国主要的年金管理者 CIN Asset Management、以股票投资为主的 Liberty Investment Management 和以对冲基金和 MOM 为主的 Stockton Holdings Commodity Corp.，这三家公司为高盛资管后来在各个投资领域的业务发展奠定了基础，与此同时，高盛资管积极推进全球各个区域的业务共同发展，1993 年高盛资管的业务开始不局限于美国，向世界各地扩张。1993 年进入韩国，1994 年进入墨西哥，1996 年在日本开始了共同基金业务。二是 2000 年至 2007 年，为了满足投资者日益增长的对另类投资的需求、顺应个人投资者要求向机构投资者靠拢的趋势，高盛建立了很大规模的对冲基金和私募基金，到 2007 年对冲基金和私募基金的规模排名分别名列世界第六位和第三位；与此同时，由于此阶段美国婴儿潮人员的大量退休，企业对于年金的收益率要求提升，高盛资管为了顺应客户要求加入了很多结构化产品，产品设计也从股票逐渐转换到非股票 / 债券投资，如大宗商品、房地产和结构化产品等能够取得超额收益的产品上，高盛资管的设计团队不断推出新的产品来满足市场的需求。三是 2008 年国际金融危机后，美国资本市场经历了相对较快的市场出清后，2013 年随着美国经济的恢

复以及亚太区新兴市场资产管理需求的快速增长，高盛资管规模不断提升，2017 年末达近 1.5 万亿美元，进入新的发展阶段。

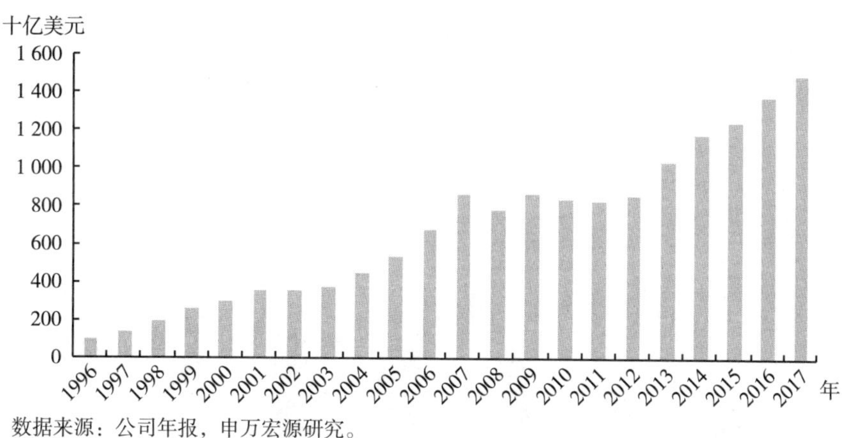

数据来源：公司年报，申万宏源研究。

图 5 高盛资管资产管理规模接近 1.5 万亿美元

资产配置结构相对均衡，固定收益配置占比较高。在高盛资管的资产配置中，固定收益类投资占比近年来稳定在 44%，为第一大投向；股权投资和货币市场投资占比同样超过 20%；另类投资占比近年持续下滑，2017 年占比为 11%。

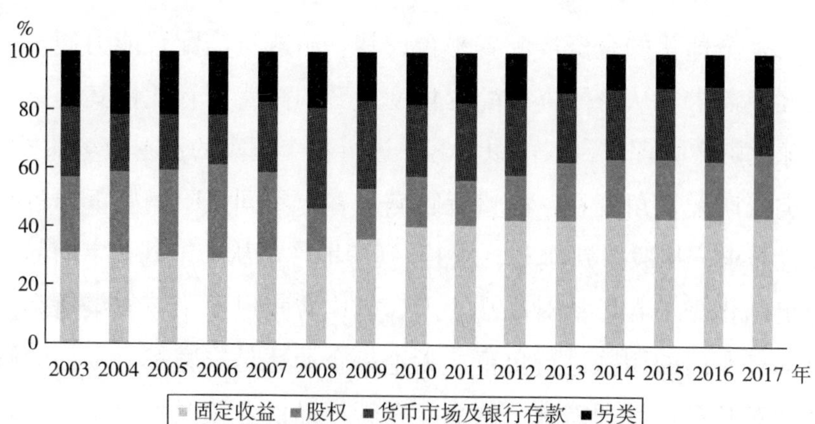

数据来源：公司年报，申万宏源研究。

图 6 高盛资管资产配置方向以固收类为主

与其他资产管理机构相比，高盛资管的成功主要源自以下四大因素：

一是庞大的机构及高净值客户基础，在高盛资管客户结构中，高净值客户占比较高，与普通资产管理机构重机构客户轻零售客户不同。自2011年以来，高盛资管来自高净值客户的资金年化复合增速达到9%，占总资产管理规模之比基本不低于30%，与机构客户贡献的规模差距不大。

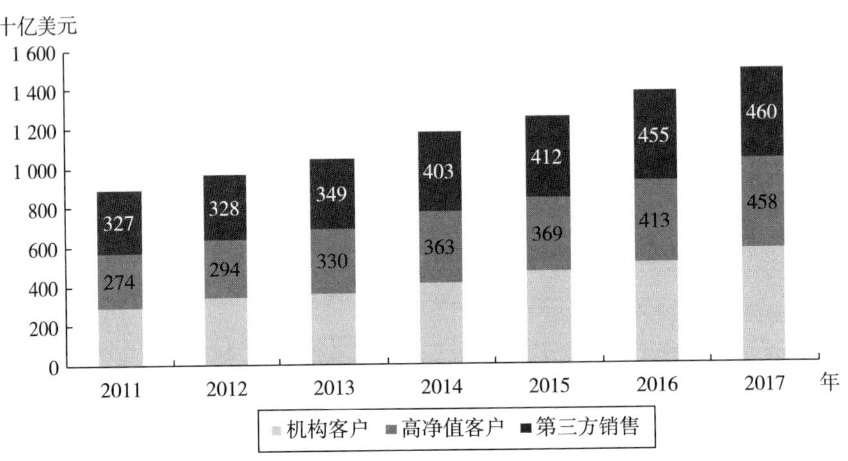

数据来源：公司年报，申万宏源研究。

图7 高盛资管客户储备充足

二是全球化的全资产配置平台，其一站式资产配置能力便于满足各类客户需求。从跨国资产配置角度来看，高盛资管凭借其迅速构建的全球化资产管理平台，可以为客户进行各个国家的资本市场的投资；从大类资产配置角度看，高盛资管满足客户不同风险偏好下的各类资产配置需求，从股票到债券、从PE到房地产、从外汇到大宗商品；从客户定制化需求看，针对高端个人、机构客户以及第三方渠道客户，高盛都有专门的团队进行负责，无论是企业还是家庭都有专门的解决方案针对其资产管理需求。从高盛资管产品的业绩及费率来看，高盛资管的产品并不具备非常突出的业绩优势，在产品费率上，与ETF、指数基金等被动型的产品相比也不具备优势，高盛资管的成功在很大程度上源于其全球资产的配置平台以及一站式的资产配置能力。

表 2　　高盛资管产品的业绩及费率都不具备明显的竞争优势

资产类别	产品名称	2017 年收益率	指数收益率（%）	是否跑赢	费率（%）
Core Equity	Blue Chip	18.82	21.83	否	0.67
	Flexible Cap	33.43	28.99	是	0.59
Growth Equity	Concentrated Growth	27.91	30.21	否	0.8
	Growth Opportunities	27.2	25.27	是	0.95
	Small/Mid Cap Growth	28.27	24.46	是	0.91
	Strategic Growth	30.89	30.21	是	0.75
Alternatives	Absolute Return Tracker	7.46	6	是	0.78
Commodities	Commodity Strategy	4.28	5.77	否	0.62
Fixed Income	Bond	3.09	3.54	否	0.45
Real Estate	Real Estate Securities	2.58	4.87	否	0.91

数据来源：Bloomberg，申万宏源研究。

三是卓越的投研能力及交易能力，其研究部（Global Investment Research，GIR）具有一流的投研能力与卓越的品牌，研究范围包含几乎所有资产配置标的。从交易能力来看，高盛交易类活动收入在 2017 年达到 327 亿美元，达到公司总收入的 70%。

四是其在分销渠道上颇具特色，高盛资管 40% 的产品是第三方分销。分销渠道再以 FOF、共同基金、独立账户等产品形式卖给投资者，分销渠道的多元化利于高盛资管的产品触达更多客户。

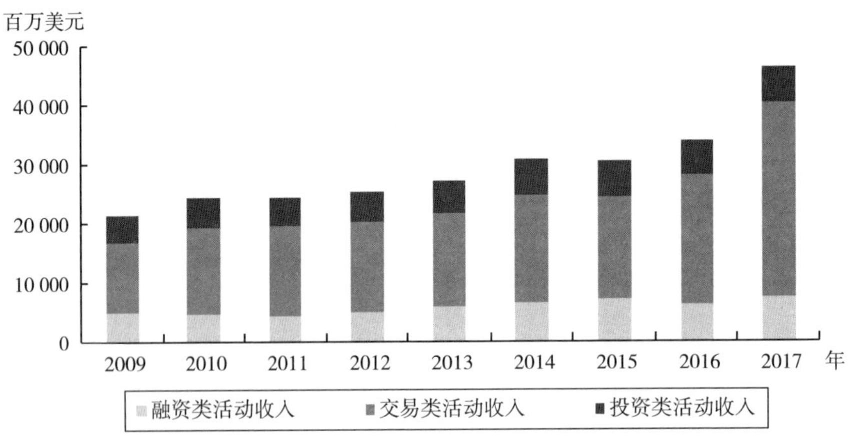

数据来源：公司年报，申万宏源研究。

图 8　高盛资管交易类收入占比较高

（二）摩根士丹利资产管理

摩根士丹利的资产管理业务发展经历了“萌芽期—扩张期—转型期”的沿革。20 世纪 70 年代美国佣金自由化后，为平衡经纪业务佣金下滑带来的损失，摩根士丹利不断完善业务条线，并开始发展资产管理业务，1975 年摩根士丹利资产管理部成立。1996 年至金融危机之前，为进一步扩展市场和提高国际影响力，摩根士丹利通过收购与合并迅速扩张其规模，于 1996 年收购 MAS（GTE/Verizon）和 Van Kampen，于 1997 年与 Dean Witter 合并，并于 1997 年和 2002 年分别成立 MSDW 资产管理公司和 Morgan Stanley Investment Management（MSIM）。截至 2007 年，摩根士丹利资产管理业务规模接近 8 000 亿美元。金融危机后至今，随着公司进入转型期，资产管理业务与财富管理不断融合，对抗周期性波动。

摩根士丹利资产管理资产配置较为均衡，以 2017 年为例，在资产配置上，流动性资产占比最高，达 36.5%，权益类资产、固定收益类资产和另类资产的占比分别为 21.8%、15.1% 和 26.6%，资产配置比较均衡。

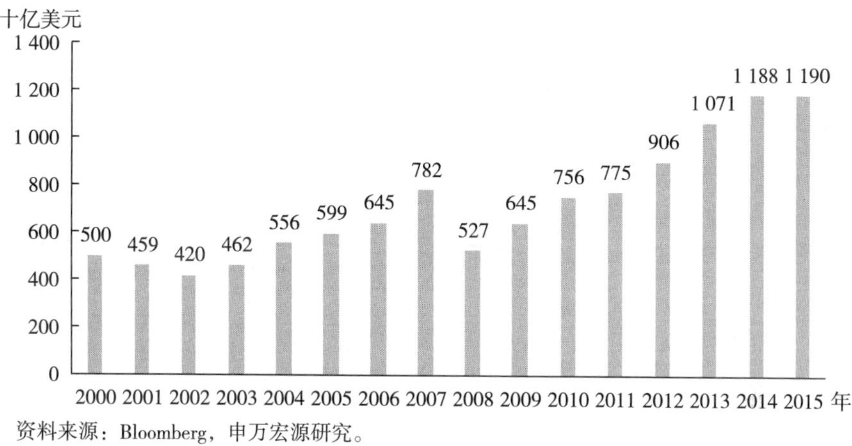

资料来源：Bloomberg，申万宏源研究。

图 9　摩根士丹利资产管理规模

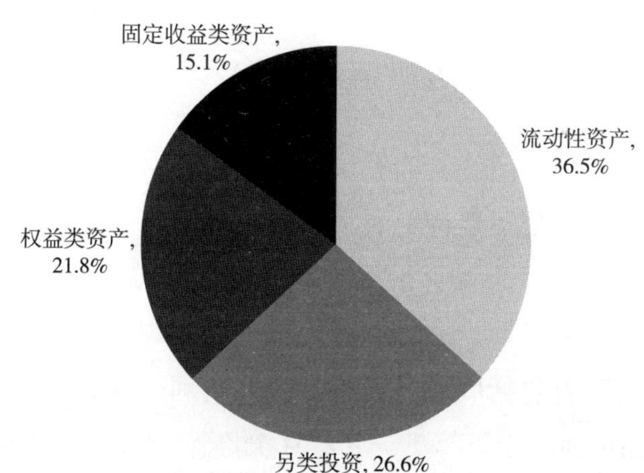

资料来源：公司年报，申万宏源研究。

图 10　摩根士丹利资产管理配置较为均衡

金融危机后财富管理转型效果显著。金融危机前，摩根士丹利是金融市场上高杠杆风险交易和专业投行的代表；金融危机后，摩根士丹利调整业务战略，将业务重心从过去的投资交易转向抗周期能力强的财富与资产管理业务。摩根士丹利全球财富管理业务的营业收入从2008 年约 70 亿美元的水平增长至 2017 年的将近 170 亿美元，对营业收入的贡献从 2008 年的低于 30% 上升至 2017 年底约 44%，成为摩根

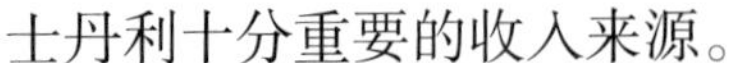

士丹利十分重要的收入来源。

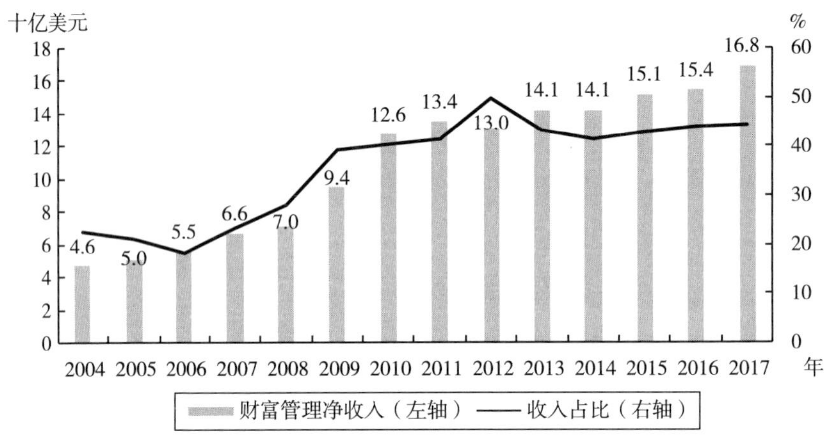

资料来源：公司年报，申万宏源研究。

图 11 摩根士丹利财富管理净收入及占比不断上升

摩根士丹利资管的经验为我国证券公司将财富管理与资产管理结合提供了借鉴。从公司架构上看，摩根士丹利将资产管理业务嵌套进财富管理和投资管理两大业务线，其中财富管理条线下的年金和保险产品、信贷和其他贷款产品、退休金计划服务与资产管理联系紧密；投资管理条线下也包括股权类固收类资产管理产品和一些创新型资产管理产品（如房地产投资等），主要为养老金、政府、主权财富基金、保险公司等第三方基金发起人或机构和一些经销商提供服务。该架构满足了资产管理行业客户各方面的需求。

表 3 摩根士丹利财富管理与投资管理条线业务架构

业务条线	细分产品或业务
财富管理	零售和投资咨询服务
	固定收益证券的做市商
	融资和财富管理服务
	年金和保险产品

续表

业务条线	细分产品或业务
财富管理	信贷和其他贷款产品
	银行业务
	退休金计划服务
投资管理	传统的资产管理业务，包括股权类、固定收益类、流动性资产类、另类产品等衍生品
	商业银行和房地产投资业务

资料来源：公司官网，申万宏源研究。

四、资管新规下证券公司资产管理业务发展的前景研判

（一）在大资产管理格局下，证券公司资产管理业务要找准业务定位

证券公司在资产管理业务方面具备权益投资经验相对充足和业务种类多元两大优势。统一监管下证券公司资产管理业务的比较优势主要表现在以下两方面：一是在权益投资上具备相对优势，权益投资能力是证券公司区别于其他资产管理机构的核心竞争力之一，未来证券公司资管需要充分发挥在权益投资上的比较优势；二是有平台优势，与公募、私募等资产管理机构相比，证券公司的业务种类更加多元，借助发挥证券公司投行业务、销售交易业务与资产管理业务之间的协同，可以为客户提供更多元、更优质的综合金融服务。

充分发挥投研优势及交易能力，做强主动管理及资产管理综合平台是证券公司资产管理业务的突围发展之路。在资产管理业务统一监管的格局下，各类资产管理机构将更多是合作关系，而非竞争关系。银行理财发挥其在客户、资金端优势做大财富管理，公募基金持续提升主动管理能力，保险机构发挥长期限资金端优势做好资产配置，私

募机构根据自身优势发展量化、策略型及被动管理产品等，推进资产管理行业呈现百花齐放态势。证券公司资管一方面要积极与其他资产管理机构合作，充分发挥其投研优势为银行、保险等机构提供委外管理；另一方面要借助大力发展交易型产品提升交易能力，做强资产管理业务的大平台，为客户提供综合金融服务。

（二）在发展模式上，证券公司资产管理业务将呈现三大模式

证券公司资产管理业务将呈现出差异化发展。不同类型的证券公司资产管理机构有望基于自身资源禀赋和发展战略的不同，形成差异化发展模式。发展模式之一是打造平台型资管。部分实力雄厚的大型证券公司可以借助完善产品线来实现全产品、全周期及全市场的覆盖。以中信证券为例，其凭借庞大的机构客户基础、较强的产品创设能力、国内领先的品牌优势，将华夏基金作为公募基金业务平台，母公司资产管理业务部作为证券公司资产管理业务平台。在去通道、严监管的背景下，中信资管维持资产管理规模及资产管理业务净收入的正增长且行业占比逐年提升，2018 年上半年资产管理业务净收入行业占比超过 10%。发展模式之二是打造精品资管。在二级市场投资研究上有长期积累和布局的机构可以借助强化主动管理来提升竞争力。这一发展模式专注于发展主动管理，坚持资产管理本源、价值投资。以东方资管为例，其在多年前就坚持做精品资产管理公司，更关注资产收益率而非资产管理规模、坚持长期投资而非博得短期收益、注重客户体验而非仅是管理收入，借助投研团队、考核机制、人才培养、客户筛选四大抓手坚持实践价值投资。2017 年东方资管业务收入处于行业第一位。发展模式之三是将资产管理与财富管理相结合。拥有广泛零售客户基础的证券公司可以通过基础设施搭建、产品创设等将资产管理业务与财富管理相结合，发挥协同效应。以华泰证券为例，华泰证券在

财富管理方面通过低佣金战略带来庞大客户储备，在此基础上凭借“涨乐财富通”联通客户端与产品端。另外，华泰证券推出首只ETF基金“天天金”，满足T+0交易需求，并收购AssetMark，引入统包资产管理平台（TAMP），实现财富管理与资产管理的协同。

（三）在资金端，机构客户和内部零售客户两手抓

一手要大力发展机构客户，扩大机构委外规模，将机构客户放在首要位置。在我国金融市场机构投资者重要性提升（银行理财入市、保险增量资金、私募机构头部效应显现）的背景下，机构资产管理是大型证券公司机构业务发展的重要方向。主动管理能力较强及资产管理平台效应较为突出的证券公司的机构资产管理业务市场占比较高。

另一手抓证券公司内部的客户转化，将零售端的客户转为资产管理业务的客户。促使零售客户转移至资产管理业务的方式之一是以代销金融产品为切入点，以代销产品的方式间接丰富证券公司资产管理业务的产品线，满足客户差异化的产品配置需求；促使零售客户转移的方式之二是借助发展金融科技、精细化客户分层、发展投资顾问的方式实现客户的导流，借助金融科技布局更好地实现对零售客户的广覆盖；借助客户分层更好地实行针对性导流，对高资产客户综合运用公司资源，实现部门协同，满足客户多方位需求；另外，还可以借助发展投资顾问业务进一步促进客户的储备与迁徙。

（四）在产品上，大力发展大类资产配置型产品是方向

借鉴海外经验，发展大类资产配置型产品。海外投行在大类资产配置型产品方面发展较为成熟。以高盛为例，其在发展过程中打造了全资产产品线，为客户提供丰富的产品选择，并设计出多个受客户欢迎的产品，其特色产品主要包括结构化产品（以数量化的研究方式为核心）、综合解决方案（以选择正确的资产配置为核心）、基金经理

之选（以明确风险偏好为核心）、单独管理账户（主要针对高净值客户）等。与其他资产管理机构相比，证券公司资产管理业务的比较优势在于构建大类资产配置的平台，我国证券公司资产管理业务应当大力发展 FOF、MOM 等大类资产配置型产品，满足客户多元化资产管理需求。

表 4　　高盛打造全资产产品线

产品大类	产品细分类别
共同基金产品类别	传统股票产品
	结构化股票产品
	固定收益产品
	货币市场基金
	独特解决方案
	投资组合综合解决方案
机构投资产品类别	传统股票投资策略
	量化投资策略
	固定收益产品
	另类投资
	基金经理之选

资料来源：高盛资管，申万宏源研究。

完善产品线，解决目前证券公司资产管理产品单一的缺陷。目前我国证券公司的资产管理产品配置相对单一，固定收益占绝对主导。在未来产品布局方面，证券公司作为提升直接融资比重、服务实体经济的重要主体，其资产管理产品的发行规模有望持续突破，资产证券化产品预计将成为证券公司资产管理产品多元化发展中重要一步；另外，在人民币国际化的大潮下，全球经营、全球配置已经成为资产管理机构的必然选择，尽管当前我国居民跨境资产配置比例偏低，远低于成熟市场近 40% 的水平，以“一带一路”为重点的对外开放格局为跨境资产管理产品的发展提供了广阔的空间。

（五）在配置端，要充分发挥在主动权益上的比较优势

充分发挥在权益投资上的比较优势。证券公司在权益投资方面较银行、保险、信托等有较明显的优势。在投研人员储备方面，各大型证券公司基本均有超过百人的权益研究团队，覆盖A股绝大多数行业，个别大型证券公司还有实力较为出众的海外权益市场研究团队。在权益类投资经验方面，多家大型证券公司的自营业务中权益类投资已经占据一定的比例。这些在权益投资方面有较充足经验的大型证券公司可以适当加大资产管理产品对权益类资产的配置。目前，我国证券公司资管的权益类配置占比远低于国际大型投行（高盛资管与摩根士丹利资管2017年权益类配置占比均超过20%），提升权益类配置的主动型投资类资产管理是大势所趋。

（六）在管理运营上，紧抓人才、风控和协同三要素

证券公司在资产管理业务的运营管理上应从人才激励、主动的全面风险管理、加大业务协同三大方面提升自身竞争力。在投研人员的激励方面，考核机制应注重长期和短期的结合，关注银行理财子公司高薪打造投研团队的趋势，积极应对，并注重人才的长期储备；在风险管理方面，应建立主动的风险管理体系，将风险管理融合到投资决策与运营的各环节中；在业务协同方面，应借助公司各部门协同从而提供综合金融服务，充分利用证券公司在投行业务以及另类投资上的比较优势，将其有效转化成资产管理产品，将资产端的优势以差异化产品的形式呈现给投资者。

（七）在对外开放上，坚定以开放促发展

证券公司的资产管理业务预计将面临更加激烈的竞争格局。2018年1月，Fidelity在境内发行的私募产品富达中国股票一号私募基金，

其管理费低至千分之九；2018 年 7 月，贝莱德在中国发行首只产品贝莱德中国 A 股机遇私募基金一期，其费率（该产品管理费 0.75%/年，业绩提成 10%）和门槛（追加门槛低至 1 万元）较低；同月 Bridgewater 登记成为中国私募基金管理人。随着外资巨头进入我国资产管理行业，证券资产管理行业面临的竞争更加激烈，费率受到一定影响。此外，2019 年 7 月，金稳会公布 11 条最新的金融业对外开放措施，加大了引入外资参与我国资本市场的力度，其中将原定于 2021 年取消证券公司、基金管理公司和期货公司外资股比限制的时点提前到 2020 年，加快引入外资参与我国证券资产管理行业。对此国内证券公司应提升其资产管理产品设计能力，同时学习海外领先资产管理机构的经验，通过双向开放参与到国际资产管理行业的竞争中。

五、推进证券公司资产管理业务持续健康发展的政策建议

（一）试点产品配置账户管理业务，逐步放开证券公司账户管理业务

从境外经验来看，境外资产管理机构中很多都能够从事全权委托，即账户管理业务。在日本，一些大型资产管理机构同时具有投资咨询资质，而其中一部分从事全权委托业务，即被授予根据其投资判断为客户进行投资所需的权限，然后基于金融商品价值等分析的投资判断，进行对有价证券或金融衍生品交易相关权利的投资，这类业务普遍采取“管理费 + 业绩报酬”的盈利模式；在中国台湾，《证券投资顾问事业管理规则》的业务范围同样包括了接受客户全权委托投资业务。放开账户管理业务有利于证券公司更好地为客户提供资产管理服务。

稳扎稳打，循序渐进放开账户管理业务。从现状出发，为推动账户管理业务的平稳有序开展，建议优先试点放开产品配置的账户管理

业务，待时机成熟后再放开股票等其他基础资产投资的账户管理业务。从风险角度来看，在当前证券公司业务模式仍然主要依赖佣金收入和双融息费收入的背景下，直接放开股票等基础资产投资的账户管理业务易发生过度交易，账户管理业务也容易陷入“代客炒股”的误区，优先试点放开产品配置的账户管理业务风险相对可控，在操作上面临的阻碍也相对较小。从业务需求来看，伴随着财富阶层的迅速崛起以及房地产快速上涨预期的弱化，客户财富管理的需求更多地从单一类别基础资产的挑选转向资产配置。目前我国金融产品市场正快速发展，已经能够基本满足投资者的配置需求，以公募基金为例，截至2018年底，市场存续公募产品达5 626只，份额合计接近13万亿份。证券公司可以根据客户的投资目标、风险偏好以及风险承受能力，挑选合适的产品进行配置，优先试点放开产品配置的账户管理业务符合投资者的切实需求。此外，优先试点放开产品配置的账户管理业务还将有效推动投资者从直接投资某一基础资产向产品配置理念的转型，有助于发挥金融机构的专业优势，推动机构投资者的发展。

（二）逐步丰富基础金融产品类型，推进证券公司资产管理产品线发展

丰富基础金融工具，为证券公司资产管理业务发展奠定基础。目前我国证券公司的资产管理产品在配置时面临基础金融工具相对欠缺的局面。我国金融衍生品、资产证券化产品等较国外成熟市场来说比较匮乏。逐步丰富基础工具可以为证券公司丰富产品线、构建配置类产品奠定基础。从英国经验来看，早在18世纪前，英国债权类金融产品就得到了较为充分的发展，特别是世界上首只永续债Consol给投资者提供了一种无风险资产，为其进入资产管理领域奠定了基础。我国应大力推进资产证券化产品等基础金融工具的发展，以便证券公司从产品端增强资产管理业务的竞争力。

在跨境产品上，给予更多证券公司跨境业务的资质。一方面，可以适当增加证券公司 QDII 资格数量及额度。截至 2018 年末，我国证券公司具有 QDII 资格的仅 18 家，额度合计不足 100 亿美元，数量和额度在各资产管理主体中均处于较低水平，可投资的境外资产较为局限。另一方面，可以通过给予更多证券公司 GDR 经纪等跨境业务资质，帮助其在海外提升品牌知名度，以便其资产管理业务向海外拓展。

（三）充分发挥证券公司交易功能，提升资产管理产品的流动性

鼓励证券公司借助做市商等机制发挥交易功能，提升资产管理产品的流动性。目前我国资产管理产品大多重发行、轻交易，除了公募基金有较好的流动性安排机制外，其他资产管理产品，投资者绝大多数都以持有到期为主。在资管新规严格的去通道、限制资金期限错配的前提下，部分资产管理产品受投资资产久期较长的影响只能发行长期限的产品，而从现状来看，目前国内投资者持有资产管理产品的期限都相对较短，例如，银行理财产品的期限 80% 以上都在一年以内，信托产品的期限也逐步从三年缩短至 1~2 年。因此，长期限产品在发行端面临较大压力。针对此种难题，证券公司资产管理可以借助交易功能的完善，来解决市场资金与资产期限不匹配以及资产管理产品流动性较低的问题，借助协议交易等方式证券公司资管可以作为交易对手方承接各类未到期的资产管理产品，然后再销售给其他有需求的投资者。从海外同业（高盛、野村等）发展经验来看，大力提升交易能力是证券公司资产管理业务突围发展的重要形式。高盛资管业务的收入构成中，交易类业务收入贡献高达 70%。大力发挥证券公司的交易能力一方面可以使资产管理产品流动性将得到提升；另一方面有利于证券公司加强资产管理业务的主动管理及风险控制，推进资产管理业务可持续发展。

信托业篇：信托业未来市场格局与业务模式①

一、信托业务的本质内涵及发展历程

（一）信托公司资产管理业务的定义

由于资管新规已将资金信托界定为资产管理业务，而信托公司的资产管理业务偏向于狭义的资产管理业务，即为满足买方客户的投资需求，按照约定的投资范围和投资策略，将客户交付的信托资金配置到各类金融产品。为了避免与资管新规定义的资产管理业务的概念发生抵触，在具体应用层面可表述为“理财投资信托业务”，以连接资金与资产而发行金融产品为起点，以理财为主要目的。

图1　信托公司资产管理业务

---

① 本篇执笔人：中信信托王道远、周萍、张明玺、周工。

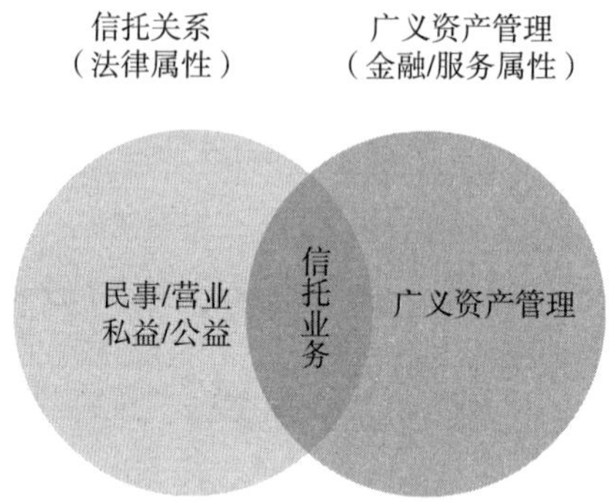

图 2 基于信托关系下的信托业务

（二）信托公司资产管理业务的法律关系

根据《信托法》定义，信托是指委托人基于对受托人的信任，将其财产权委托给受托人，由受托人按委托人的意愿以自己的名义，为受益人的利益或者特定目的，进行管理或者处分的行为。因此，信托指财产授予人设定的在其生前或身后发生效力的法律关系，使授予人财产为受益人的利益或为了特定目的而置于受托人的控制之下。

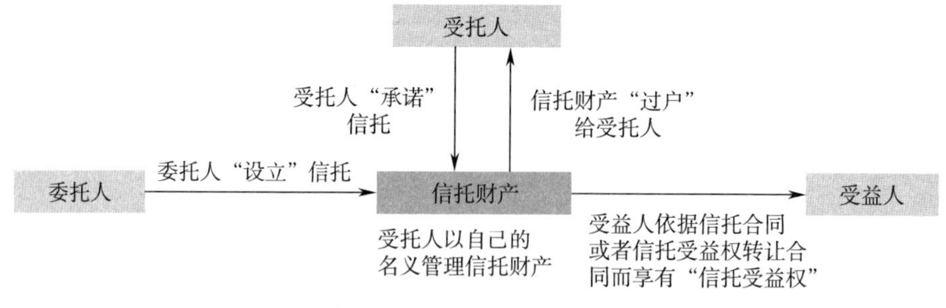

图 3 信托公司资产管理业务的法律关系

对信托业务而言，是指构建在信托法律关系基础上的，由信托公司经营的资产管理业务及相应金融服务。具体到资产管理业务，其法律关系较为清晰，投资者作为委托人，信托公司作为受托人，二者建立信托法律关系，信托资金配置于股票、基金、信托产品等金融产品。

（三）中国信托业发展历程

中国信托业自 1979 年正式恢复以来，其发展历程主要经历了四个阶段。第一阶段（1979—2000 年）：野蛮生长期。由于缺乏顶层法律指引，各地信托公司有名无实、乱设机构、盲目竞争，国务院（或人民银行）先后对信托业进行了五次清理整顿。第二阶段（2001—2006 年）：孕育期。随着 2001—2002 年“一法两规”的相继颁布，信托的法律关系、信托公司的业务范围、信托财产的运作规则得以明确，信托公司踏上以真正信托业务为经营主业的发展道路。第三阶段（2007—2012 年）：爆发期。新“两规”取代旧“两规”，进一步明确信托公司发展方向与监管要求，“保增长”宏观政策催生了大量投融资需求，信托公司凭借制度灵活的优势积极拓展业务领域，银信合作、打新股、房地产信托、地方政府融资信托、矿产能源信托等业务不断轮动出现，行业实现爆发式大发展。第四阶段（2013 年至今）：转型期。随着 2012 年底以来券商、基金子公司、保险公司等的资产管理业务范围不断扩大，信托公司传统通道业务开始萎缩，制度红利逐渐消失，同时传统主动管理的房地产信托、基础建设信托、矿产能源信托等业务规模大幅萎缩，信托公司正在积极探索新的业务转型方向。

二、当前信托行业转型面临的困难

（一）信托公司未获得与其他持牌金融机构相同的市场地位

根据资管新规“向上穿透最终投资者，向下穿透底层资产”的要求，各类资产管理产品都应执行穿透监管原则。然而根据资管新规配套细则的规定，各类资产管理产品在向上穿透投资者数量时面临一些差异，如银行理财细则要求向上识别产品的最终投资者，而根据《证券期货经营机构私募资产管理计划运作管理规定》，“明确资产管理计划接受其他资产管理产品参与的，不合并计算其他资产管理产品的投资者人数”。根据《信托公司集合资金信托计划管理办法》规定单个信托计划中投资金额在100万~300万元的自然人人数不得超过50人，这存在明显的差异。从境外监管现状来看，很多成熟市场都将合格投资者认定为有风险识别和承受能力的投资人，通过对受托管理人施加信义义务来实现投资者保护，因此不对投资者人数再穿透。

在信托产品是否能公开募集上，根据《信托机构集合资金信托计划管理办法》的规定，现行的信托产品属于私募性质，其投资者要符合合格投资者的规定。然而根据资管新规中功能监管与机构监管相结合的原则，资产管理业务应按照产品类型而不是机构类型实施功能监管，同一类型的资产管理产品适用同一监管标准。资金信托与银行理财产品、证券公司或基金公司发行的资产管理计划和基金产品，本质上都是“受人之托、代客理财”的资产管理产品，如果银行可以发行公募理财，基金公司可以发行公募基金，其他机构可以发行公募资产管理产品，那么基于功能监管的理念，是否也应允许信托机构基于资管新规的框架发行公募信托产品。

另外，信托计划不能作为IPO企业的持股股东（参与上市公司定增也存在障碍）。早在2008年6月，银监会颁布《信托公司私人股权投资信托业务操作指引》，指导并规范信托公司开展私人股权投资业务。但证监会不允许信托计划作为IPO企业的持股股东，要求企业在上市前对信托计划进行清理，这导致信托公司私募股权投资业务发展相对滞后，信托计划投资企业股权只能在其上市之前通过协议转让、并购重组实现退出，退出路径减少，无法获取上市带来的超额收益。

在固有业务方面，固有资金投资未上市非金融企业股权比例受限。《信托公司管理办法》规定“信托公司不得以固有财产进行实业投资”。尽管在2009年银监会为应对国际金融危机，出台临时政策允许信托公司固有资金投资未上市非金融企业股权，但要求投资金额不超过净资产的20%，且该法规层级较低。近年来，信托公司加快业务结构转型调整，私募股权投资业务规模不断增加，而实践中投资人通常要求资产管理人进行跟投，固有资金投资比例的限制对该项业务的开展已形成一定的掣肘。

（二）信托业务分类不够明晰

2018年4月27日，资管新规终于落地，在新规明确的资产管理产品类型中，“资金信托”赫然在列。如果《信托公司资金信托业务管理办法》延续对资金信托“一刀切”的认定，会将八成信托业务（截至2018年第一季度末，资金信托占比84.27%）划为资产管理业务，其根源在于当前信托业务分类仍不明晰。

银保监会于2018年8月17日下发《信托部关于加强规范资产管理业务过渡期内信托监管工作的通知》（信托函〔2018〕37号，以下简称37号文）。37号文指出要区别对待事务管理类信托业务，重点关注信托目的、信托资产来源及用途的合法合规性三个方面。为委托人监管套利、违法违规提供便利的事务管理类信托业务属于严控范围，而对信托机构开展符合监管要求、资金投向实体经济的事务管理类信托业务，则予以支持。然而在实际业务操作中，如何合理地界定套利类事务管理信托和服务实体经济类事务管理信托的边界还有待进一步明确。如服务实体经济的范畴该如何界定，比如以投资实体经济为主营业务的投资公司是否属于实体经济等都有待明晰。

（三）信托产品打破刚性兑付面临阻力较大

刚性兑付一直是信托行业的潜规则，其负面效应突出，投资人形成了由国家、国有企业与金融机构信用来背负“投资风险”的思维惯性，导致信托行业面临一定的金融风险。多家信托公司曾尝试打破刚性兑付，但在实践中均遭到了来自投资人的巨大压力。资管新规明确提出资产管理业务不得进行刚性兑付，但打破刚性兑付大概率是个缓慢过程，难以一蹴而就。

三、境外信托业的发展历程及经验借鉴

（一）美国信托业：信托机构与商业银行享有同等地位

美国信托业的发展经历四个阶段：一是初步发展阶段（19 世纪 30 年代至 50 年代），开创商事信托业务，诞生专营信托业务的信托公司，1853 年在纽约成立的美国联邦信托公司，是美国历史上第一家专门经营信托业务的信托公司，其业务比起兼营信托业务的保险公司有了进一步的扩大与深化，在美国信托业发展历程中具有里程碑的意义；二是高速发展阶段（19 世纪 60 年代至 20 世纪中叶），允许银行兼营信托业务，信托相关成文法不断出台，美国最早的信托立法是 1887 年纽约州发布的，其后于 1939 年制定《信托契约条例》，1940 年制定《投资公司法》和《投资顾问法》，对有关基金业务进行规范。美国相当多的州已颁布全面调节信托关系的信托法典，国会也陆续颁发《信托公司准备法》《信托契约法》等四个成文信托法，美国法律协会在 1935 年出版《美国信托法重述》，成为美国信托活动的法律指南；三是融资职能强化阶段（20 世纪 60 年代至 80 年代），新型信托业务不断涌现，房地产投资信托基金迅速发展，20 世纪 60 年代初期，REITs 在美国出现，70 年代初 REITs 达到顶峰，其后由于经济危机和房地产市场的萧条，REITs 开始出现衰落，80 年代随着税收法案的修订和 REITs 不能直接拥有房地产资产的限制得以放宽，REITs 热度再次回升；四是现代化成熟阶段（20 世纪 90 年代至今），个人信托与法人信托并重，托管与保管信托账户占比近七成，信托投资工具不断创新，如 MMMF（货

币市场互助基金）、CMA（现金管理账户）、MTF（共同信托基金）、融资租赁业务以及把信托资金投资于CDs（大额存单）、CP（商业票据）、TB（国库券）等。

美国是典型金融混业经营的国家，信托机构与商业银行享有同等地位，大多数信托公司也加入了联邦储备系统，银行与信托之间的业务交叉。美国信托业发展有以下五大典型特征。

第一，银行兼营信托业务，但要求银行业务与信托业务分开管理。美国信托业经营机构包括专门信托公司和兼营信托业务的银行两种，在美国的金融体系中，信托机构与商业银行享有同等地位，只要符合条件，都可以成为联邦储备体系成员，目前大多数信托公司都加入了联邦储备系统。由于美国社会具有崇尚法制的传统，在1913年美国批准《联邦储备银行法》允许国民银行兼营信托业务后，各州相继批准州银行开办信托业务，使美国成为特色鲜明的银行兼营信托业务的代表国家。信托业务和银行业务在商业银行内部相互独立。尽管美国信托业务多由银行兼营，但它们之间按照职责严格区分，即实行“职能分开、分别管理、分别核算收益与分红”的原则。商业银行可以设立信托部，但必须是独立的信托部。除对信托从业人员实行严格的资格管理之外，还禁止从事银行业务工作的人员担任受托人或共同受托人，防止信托当事人违法行为的发生。

第二，信托业财产高度集中。美国信托市场的份额几乎被大型银行兼营的信托业务占据，专业信托公司数量较少。这主要源于：大型银行资金实力雄厚、社会信誉好，能够为投资者提供更强保障；具备为公众提供“一揽子”综合性金融服务的能力。有资料显示，美国排名前100的大银行管理的信托财产占全美信托财产的80%左右。

第三，有价证券是主要信托对象。有价证券信托是指信托机构受托经营的有价证券业务。包括有价证券的登记发行、买卖、保管、转让过户、出租、抵押、还本、领息以及领取红利等。由于美国法律禁止商业银行直接经营买卖证券和在公司中参股，银行为避开上述限制，通过设立证券信托部代理证券业务，既为证券发行人服务，也为证券购买者和持有者服务。同时，产业资本的发展使社会上涌现出大批富人，股票和公司债券发行量增加，客观上需要有更多的代理经营机构。信托投资机构顺应这种需要，扩大了以法人团体为对象，为生产企业代办有价证券的发行、流通以及还本付息等业务，从而使信托业以有价证券为主要信托对象。

第四，证券投资信托为证券市场的主要机构投资者。美国信托机构管理的信托投资基金规模不断提高，其中，共同基金、房地产投资信托基金和养老保险信托基金的发展最具代表性。美国拥有全世界最发达的房地产投资信托基金市场，2017 年末向美国证券及交易委员会注册的 REITs 有 222 只，总市值达 11 337 亿美元。同时，随着美国社会养老保障体系不断完善，养老金和退休金信托基金获得长足的发展，养老金的金融资产占 GDP 的比例不断上升，养老基金成为美国企业雇员将短期收入进行长期投资的主要渠道，信托理财观念的深入也促进了美国资本市场的发展。

第五，严格管理信托从业人员。从信托业务的特性出发，美国对信托从业人员制定了严格的规则和注意事项：禁止从业人员向银行客户购买或出售信托资产；禁止从业人员收受客户礼物或参与信托账户收入的分配；禁止从业人员谈论或泄露信托业务以及有关客户的情况；任何银行工作人员不能担任受托人或共同受托人，以避免同银行进行业务上的竞争。

（二）日本信托业：法律体系健全

19 世纪末，日本从美国引入商事信托，几经调整后主要由信托银行经营信托业务。信托银行与其他银行、证券和保险享有同等的待遇与发展契机，由于享有制度与政策红利，其在日本金融业中处于一种优势地位。信托不仅弥补了银行信用的不足，为经济发展提供不同性质的资金供给，而且凭借信托制度的灵活性，为金融体系提供各种金融服务。

日本信托业的发展经历以下几个阶段：一是初步发展阶段（19 世纪末至 20 世纪 40 年代），银行业与信托业的兼营历经多次调整，日本政府于 1922 年先后制定《信托法》和《信托业法》，在法律上明确信托概念和信托制度；二是战后恢复阶段（20 世纪 40 年代中期至 50 年代中期），信托银行诞生，在分业经营体系下被定位为长期金融机构，为了适应日本战后新经济形势的金融整顿政策方针，1953 年政府重新确立金融分业经营模式，同时提出长期金融机构、短期金融机构分离，要求信托银行发挥长期金融职能，要求原来兼营信托业务的银行退出信托业务，将银行的信托部划交给信托银行；三是高速发展阶段（20 世纪 50 年代中期至 80 年代），拓宽信托资金运用范围，充分发挥信托融资功能；四是调整发展阶段（20 世纪 90 年代至今），信托银行的地位提高，信托财产类型与信托业经营机构均进一步丰富，除信托银行外，日本允许普通事业公司销售信托受益权、经营信托代理店。

日本信托业的发展呈现以下主要特点：一是严格实行分业经营体制，除 7 家信托银行和 3 家商业银行之外，其他银行均不得经营信托业务，而兼营银行业务的信托银行也仅限于在信托有关的范围内进行[①]。日本信托业还根据政府“长、短期金融相分离”原则，利用日本的信托财产多为长期稳定财产的特点，确立在长期金融领域中的重要地位，信托银行与长期信用银行成为日本长期金融业务领域的主要从业者[②]。二是信托相关法律体系健全，日本信托银行的每一项信托业务

① 短期贷款为信托银行的主要银行业务。

② 日本的银行可划分为普通商业银行和信托银行，普通商业银行又分为长期信用银行和地方银行。长期信用银行可以固定利率发行金融债，属于长期金融。

都具备法律依据，从开业到经营都须遵循法律条例，权利也受到法律保护，其中《信托法》是有关信托最基本的法规，《信托业法》《兼营法》和《担保公司债信托法》是与经营信托相关的法律，是相对于《信托法》的特别法。三是信托业呈现寡头垄断的市场格局，日本信托业的寡头垄断市场格局不仅有利于发挥行业规模效应，且便于政府的集中管理和控制，为日本信托业的稳步发展和创新起到积极的推动作用。四是信托银行的兼营业务种类丰富，比如不动产买卖、租赁、鉴定、评估等，证券代理业务、债券及股票募集业务、发放股息及红利，投资管理业务、咨询业务，保管和出租保险柜，遗嘱管理等。五是服务网络遍布全国，重视信托观念的宣传与普及，1919 年日本创立信托业协会（1926 年成为法人组织），致力于普及信托观念和推广业务、研究和改进信托事业的理论和实际、促进信托从业者相互之间的交往和合作等，创办《信托杂志》，定期举行信托讲习会。创立信托研究奖学金制度，促进信托业的发展和创新，增加外界对信托业的了解。

（三）中国台湾信托业：经营业务范围广泛

20 世纪 60 年代，中国台湾引入商事信托制度，鼓励华侨与企业界人士设立投资信托公司，试图为企业发展筹集中长期资金。90 年代初，信托机构经营乱象丛生，台湾当局鼓励信托投资公司改制为商业银行信托部或专门的信托公司，相继颁布《信托法》与《信托业法》对信托机构与信托业务进行规范，并出台信托相关税收优惠政策，以更好地发挥信托在财产管理与投资理财方面的作用。

中国台湾信托业的发展经历了以下两个阶段：一是初步发展阶段（20 世纪 60 年代至 80 年代），鼓励设立信托投资公司，发挥信托业同业工会的作用，1970 年台湾地区“行政院”批准《信托投资公司设立申请审核原则》，正式接受华侨及台湾地区企业界人士申请设立信托投资公司；二是规范发展阶段（20 世纪 90 年代至今），信托机构改制，信托顶层法律法规与相关税收优惠相继出台，台湾地区《信托法》与《信托业法》分别于 1996 年与 2000 年正式实行，使投资信托业务、资产管理业务、不动产信托以及金融资产证券化业务均有法可依，2001 年 5 月，台湾当局通过“七大信托相关税法修正案”，为信托提供多重赋税节省的法律依据，通过信托实现财产转移的行为，在房屋税、遗产税、赠与税等方面均有税负优惠、节税的好处，这促进信托从业者进一步规划多元化的信托产品。目前，信托制度与信托产品已深入台湾地区社会的各个方面，成为其人民财产管理与投资理财不可或缺的重要工具。

与其他市场相比，中国台湾信托业的发展呈现几大差异化特征：是信托机构经营业务范围广泛，包括信托业务、投资业务、贷款 / 授信业务以及其他业务；二是信托业务并非由信托机构专属经营，除以信托业务为主营业务的专业信托投资公司之外，商业银行经审批后也可以开展信托业务，信托业务主要由混业经营的商业银行开展；三是集合资金信托（集合资金管理账户）与大陆的集合资金信托计划相关规定差异较大，没有 200 份合同的规定，须先有信托账户，再有集合信托计划，同时强调须是集合运用特定对象的特定资金，关于信托资金运用，除已获批准上市、上柜而正办理承销的股票之外，不得投资于未上市、未上柜公司股票及柜台买卖第二类股票，不得办理放款或提供担保，不得从事证券信用交易；四是保险金信托受到政策支持，鉴于保险金信托具有托孤、安定社会的公益色彩，台湾“金融监督管理委员会”积极推动此项制度，允许保险业经营保险金信托业务，保户可在订立保险契约同时订立信托契约，不需另向信托机构签订信托合约。需要注意的是，台湾的保险金信托只是将已确定的保险金交付信托，属于一种金钱信托。由于台湾保险金信托制度是以自益信托为中心设计，信托委托人和保险被保人不同，保险和信托关系无法紧密结合，存在一定的制度缺陷。

表 1 2015 年第三季度中国台湾信托业务统计

单位：新台币百万元、%

业务类型	金额	占比
金钱信托（不含证投信、期信基金保管）	4 045 126	56
金钱信托—证券投资信托基金保管	2 145 283	30
金钱信托—期货信托基金保管	10 647	
金钱债权及其担保物权信托	18 326	
有价证券信托	275 410	4
动产信托	6 750	
不动产信托—不动产资产信托	0	
不动产信托—其他不动产信托	719 752	10
其他信托业务	10 016	
合计	7 231 310	100

数据来源：台湾信托业商业同业工会 2015 年报告。

四、资管新规下信托业转型前景预判

（一）厘清信托的定义是行业转型发展的基础

“信托”一词含义丰富。概括来说，人们在使用“信托”时可能分别指向以下四个不同层次的含义：一是信托作为一种财产管理安排的制度，指“受人之托、代客理财”的社会关系或信托法律关系，其核心是财产独立与受托人信义义务等法律特征；二是指信托制度的长期发展在社会中形成的一种理念，即受托人全心全意为委托人的利益服务，也即信义义务，它广泛地体现在各类受托管理或代理的场合；三是信托作为一种业务形态、交易模式或产品形态，如资金信托、财产信托等各类信托业务，或者信托受益权、集合信托计划等产品，它侧重于描述信托制度在社会生活及经济交往中的应用；四是信托作为一个行业，由信托机构组成的信托行业，在境外市场，信托机构既有信托公司，也有银行、保险等机构，这意味着“营业信托”不等同于信托行业，“资产管理”也不等同于“信托”。在境外市场，谈到信托，更多指向前三个层面的含义，特别是一种法律关系或理念；而我国目前探讨的信托转型更多是落脚在机构或行业层次，但转型的方向可以向信托其他层次的含义发散。

从信托公司的现状出发，信托公司与其他资产管理机构相比具备以下差异化特征。一是信托产品的法律关系清晰，信托财产具有双重所有权，即受托人享有名义所有权、受益人享有实质所有权，并且信托财产同时隔离于委托人、受托人的财产，其独立性是监管赋予信托牌照的特质；二是信托公司的展业范围不局限于资管新规下的资产管理业务，我国信托公司不仅可以做商事信托，也可以做民事信托，并不是所有的信托业务资管新规都适用，比如家族信托等；三是在推进资产管理业务回归本源的导向下，信托公司也可以基于已有的高净值客户优势积极寻求转型发展。

（二）大力发展标准化业务和财富管理业务

一是要坚定树立主动管理的展业思路，大力培养专业投资能力，尽快构建“资产管理＋债权融资”双主业模式，降低债权融资类业务占比，将对接证券投资、项目股权投资、PE 投资、投贷联动等资金运用方式的资产管理业务，塑造为新的支柱业务，更多地转向标准化债权资产、上市及未上市公司权益类资产的投资，彻底摆脱影子银行色彩；二是要将财富管理业务作为战略性业务进行积极培育，以适应日益增多的超高净值客户对财富安全、财富传承、全球配置资产的需求，此类业务多为单一信托，监管限制相对不多，信托机构展业的自由度很大。

在标准化业务上，在信托准入方面，标准化金融产品都可以入场投资交易，没有限制进入领域。而资管新规将重塑资产管理行业的业务模式，尤其是对非标产品的约束力度会进一步加大，未来探索信托资金投资标准化产品成为信托业务的一大转型趋势。标准化金融产品类型众多，收益风险也大不相同。

表 2　各类标准化的信托投资要素表

标准化类型	定义	发行管理部门	交易场所	产品收益	产品风险
一、股权类：					
1. 国内上市股票	上市股份公司发行的所有权凭证，是股份公司为筹集资金而发行给各个股东作为持股凭证并借以取得股息和红利的一种有价证券	证监会	上海证券交易所、深圳证券交易所	高	高
2. 境外上市股票	同上	证监会	境外证券交易所（香港证券交易所、纽约证券交易所等）	高	高
二、债权类：					
1. 国债	由国家发行的债券，是中央政府为筹集财政资金而发行的一种政府债券，是中央政府向投资者出具的、承诺在一定时期支付利息和到期偿还本金的债权债务凭证	财政部	证券交易所、银行认购网点（凭证式国债）	低	低
2. 企业债	是指国有企业依照法定程序发行、约定在一定期限内还本付息的有价证券	发展改革委	主要在银行间债券市场，少量在交易所债券市场	较低	较低
3. 公司债	是指公司依照法定程序发行、约定在一年以上期限内还本付息的有价证券	证监会	上海证券交易所、深圳证券交易所	中	中
4. 银行中期票据和短期融资券	在银行间债券市场按照计划分期发行的，约定在一定期限还本付息的债务融资工具	中国人民银行（交易商协会）	银行间债券市场	中	中
5. 资产支持证券和票据	是一种债券性质的金融工具，其向投资者支付的本息来自基础资产池产生的现金流或剩余权益	证监会（ABS）、中国人民银行、交易商协会（ABN）	证券交易所、银行间市场	中	中

续表

标准化类型	定义	发行管理部门	交易场所	产品收益	产品风险
6. 可转债	是债券的一种，可以转换为债券发行公司的股票，通常具有较低的票面利率。本质上讲，可转换债券是在发行公司债券的基础上，附加了一份期权，允许购买人在规定的时间范围内将其购买的债券转换成指定公司的股票	证监会	证券交易所	低	低
三、金融衍生品：					
1. 证券投资基金	指通过发售基金份额募集资金，由基金托管人托管，由基金管理人管理和运作资金，为基金份额持有人的利益，以资产组合方式进行证券投资的一种利益共享、风险共担的集合投资方式	证监会	证券交易所	根据投资标的资产决定	根据投资标的资产决定
2. 股指期货	指以股价指数为标的物的标准化期货合约，双方约定在未来的某个特定日期，可以按照事先确定的股价指数的大小，进行标的指数的买卖，到期后通过现金结算差价来进行交割	证监会	中国金融期货交易所	根据投资标的资产决定	根据投资标的资产决定
3. 国债期货	指通过有组织的交易场所预先确定买卖价格并于未来特定时间内进行钱券交割的国债派生交易方式	证监会	中国金融期货交易所	较低	较低
4. 商品期货	是指标的物为实物商品的期货合约	证监会	上海期货交易所、大连商品交易所、郑州商品交易所	根据投资标的资产决定	根据投资标的资产决定

资料来源：根据 Wind 数据库、银监会官网、证监会官网、交易所官网数据整理。

由于信托的灵活性，可以参加所有的标准化产品的投资。但由于投资标准化产品对信托公司自身对该产品的主动管理能力业务要求较高，所以目前信托公司更多的参与方式是利用自身的信托特性对投资标准化产品提供通道或者 SPV。目前，信托公司参与较多的标准化产品为上市公司股票、企业债、公司债、银行中期票据和短期融资券、ABS、ABN、证券投资基金。

表 3 信托资产管理业务对各类标准化参与方式对比表

标准化资产	信托参与方式	
	被动管理方式	主动管理方式
股票（包括国内 A 股和境外股票，境外股票需要信托公司具有 QDII 业务资格）	模式 1：通道业务，由银行资金与劣后方投资者共同设立信托计划投资股票市场。 模式 2：受托人投资顾问模式，投资者作为委托人，信托公司作为受托人，聘请投资顾问担任实际的投资管理人，银行作为资金托管人，证券公司作为证券托管人	投资者作为委托人，信托公司作为受托人，凭借自身专业优势，直接参与股票一二级市场业务。 随着资管新规的出台，净值型产品会成为资产管理产品的趋势。对于信托公司参与股票二级市场投资是一个利好
企业债、公司债、可转债、银行中期票据和短期融资券等银行间市场、交易所市场所经营的主要债券品种	通道或配资模式： 由信托公司设立结构化信托计划，为债券投资加杠杆。一种形式是通过分级的结构化债券产品配资，券商、基金公司、保险资管、基金公司纷纷与银行、保险合作开展债券配资业务，投资于债市的分级产品包括分级债券型基金（公募）和分级债券信托计划、分级基金专户计划、分级券商资产管理计划（私募产品）。目前，市场上结构化债券产品的杠杆比例可以达到 10 倍，也就是说，优先级资金比劣后级资金为 9 ∶ 1；另外一种是通过债券质押回购，即以现券作为质押物进行质押式回购融资再买入债券（第二种信托公司不能参与）	方式 1：一级市场—承销业务 2017 年 9 月中旬，银行间市场交易商协会发布《关于意向承销类会员（信托公司类）参与承销业务市场评价的公告》，启动信托公司参与承销业务市场评价工作。信托公司经市场评价获得承销业务资格的，可开展非金融企业债务融资工具承销业务。 方式 2：二级市场—债券买卖业务 信托公司也可以自己组建或者合作组建债券投资团队，开展结构化债券投资业务，通过优先级、一般级、劣后级的结构化设计进行风控。由于信托公司自身业务能力的局限性，目前这一形式的债券投资在业内并不多见
ABS、ABN（包括银行间市场与交易所发行的）[①]	模式 1：企业客户需要融资，银行不直接对其授信或进行非标融资，而是将企业适合发行的资产打包，以信托 SPV 方式发行证券化产品，银行作为投资人认购优先级份额，这样就实现了非标转标的目的。 模式 2：先以过桥资金向融资企业发放信托贷款，再以其持有的信托受益权发行 ABS，以募集资金受让信托受益权。此时属于非标资产的信托受益权转让予 SPV 名下，银行持有优先级证券，同样达到了非标转标的目的。 模式 3：存量信托受益权打包，通常是银行将银行的表内企业贷款资产打包，形成信托资产，将信托收益权证券化	ABS、ABN 投行业务： 信托公司可以更深入地参与到信托受益权资产证券化的各个环节中，诸如参与基础资产组合、产品设计能力、中介机构协调能力、监管沟通能力、产品定价能力、承销和推广等。 以后，信托公司不仅可以作为通道方，也可以作为财务顾问和承销商；同时，信托公司可以协调过桥方形成债券资产，并参与产品设计和销售
证券投资基金	同股票类似	FOF 模式： FOF 是目前市场上较为常见的主动管理型标准化信托产品。FOF 产品有选择的同时持有多只私募证券投资基金，通过配置不同种类的私募基金进行更高层次的组合投资配置服务，使资产的非系统风险降低。需要信托公司具有鉴别优质基金的能力

续表

标准化资产	信托参与方式	
	被动管理方式	主动管理方式
期货期权等其他衍生品	根据《信托公司参与股指期货交易业务指引》，信托公司固有业务不得参与股指期货交易，信托公司单一信托业务可以套期保值、套利和投机为目的而开展股指期货交易。由于期货期权业务属于证监会监管，并且专业操作技术较高，需要专业人员操作。实际业务中，少有以信托为通道介入衍生品市场的案例	信托公司集合信托业务只能以套期保值和套利为目的的参与股指期货交易。实务中，一般以套期保值为目的，期货或者期权的配置作为资产配置中的辅助一项。主要目的是对冲市场风险，降低投资组合的总体风险。常见于私募基金投资组合中，信托投资中比较罕见

① 我们将公开市场上“依据金融监督管理部门颁布规则开展的资产证券化业务”定义为ABS，属于标准化产品，与ABS产品设计类似、但没有监管明确规定的产品定义为类ABS。目前，有明确监管文件支持的ABS业务目前包括：

1）银行间信贷ABS——对应文件《信贷资产证券化试点管理办法》；

2）银行间ABN——对应文件《非金融企业资产支持票据指引（修订稿）》；

3）基金业协会备案企业ABS——对应文件《证券公司及基金管理公司子公司资产证券化业务管理规定（修订稿）》；

4）保险ABS——对应文件《资产支持计划业务管理暂行办法》。

其他类似结构的品种暂时没有明确的监管文件支持，我们将其定义为类ABS，不属于标准化产品的范围。实践中规模较大的银登中心结构化产品、北金所结构化产品、Pre-ABS产品等。

资料来源：根据Wind数据库、银监会官网、证监会官网、交易所官网数据整理。

在财富管理业务上，信托公司可依托信托制度的隔离优势，提供涵盖财富传承、税务筹划、法律咨询、家族治理等在内的高端定制化综合金融服务。当前，信托纷纷选择在财富管理领域拓展布局，增加资金端竞争力。财富管理业务被视作信托转型最具前景的领域，以适应不断增加的超高净值客户对财富安全、财富传承、全球配置资产的蓬勃需求。目前我国的家族信托业务主要有四种模式可以借鉴。

一是与银行合作，设立定制式、可撤销或可变更、委托人与受托人共同管理的家族信托。银行作为财务顾问，业务客户来自银行的私人银行部直销客户；信托资金根据风险预期进行结构化配比，实现信托小账户管理，最大限度地实现客户资产保值增值；根据委托人目的不同，信托收益分定额和不定额分配，信托报酬实行固定＋浮动形式；

根据不同委托人对信托财产安全性、综合收益率的个性化要求及收益分配原则，设定具体投资方案及流动性资产配置比例。

二是信托公司主导模式，即以直销客户为主的家族信托或家族办公室。信托公司承担家族信托客户发掘维护、需求沟通识别、产品方案设计、合同框架制定与信托财产管理运用等全部职责；信托收入主要来自受托财富获取的佣金及管理费收入；信托公司在帮助客户实现财产规划及资产隔离的同时，还可满足客户的公益诉求。

三是信托公司独立设立不以盈利为目的的事务类家族信托。一方面，尽可能地按照委托人意愿进行产品定制化；另一方面，采取专业法律审计、专业投资管理收费模式，委托人不参与投资，接受全权委托，设立“不可撤销”家族信托，为未来遗产税的出台预留操作空间。

四是类家族信托，与保险公司、养老服务机构合作推出的保险金信托或养老健康信托等，实现将保险服务、养老服务、医疗保障与信托服务相结合；利用杠杆效应，放大保障额度或服务权益，降低专属私人高端财富管理门槛；提供私人保单管家或者养老管家，享受多重增值服务。家族信托作为信托财富管理业务的代表，近年来发展迅速，但是发展过程中仍存在很多障碍需要解决。第一，由于涉及信托财产的税收、登记、转移等配套制度不完善，遗产税等立法欠缺，不动产、有价证券等私人财富过户税率过高，导致家族信托无法拓展非资金信托业务；第二，关联交易逐笔事前报备、资本项目可兑换限制等监管政策与投资者资产全球化配置需求存在潜在矛盾；第三，合同报备和信息披露与客户对个人和家庭隐私的高端需求存在潜在冲突[①]；第四，我国对私有制的制度保护不完善、缺少契约文化的现实影响私人客户对家族信托的信任。

① 刘向东，罗凯，杨凯育 . 家族信托研究，中国信托业专题研究报告 [M]. 北京：中国金融出版社，2014.

（三）信托业要发挥资产端优势，拓展股权投资业务

在股权投资业务上，当前信托公司参与股权投资业务主要采用股权投资基金的形式。信托公司参与股权投资业务具有天然的制度优势，主要是由于信托制度保证了信托在存续上往往是连续且稳定的，已成立的信托基于自身的独立性特点，不会因为委托人或受托人一方丧失行为能力或死亡、撤销、宣告破产或受托人辞职等情况而影响信托的存续。因此，从确保投资稳定的角度来看，实践中股权投资的存续期相对较长，而股权投资的流动性又弱于投资二级市场的证券投资基金，因此信托制度规定的信托具有存续的、连续性的特点，使得信托公司参与股权投资业务具有巨大的优势与发展空间。

资管新规对于股权投资业务的主要影响如下：一是资管新规对产品设计和交易结构产生重大影响，基于“去通道、去杠杆”的要求，现有私募股权类产品将面临重大调整。同时大量进行杠杆并购项目、部分以产业基金进入 PPP 项目等均会受到影响。二是打破刚性兑付，实行净值化管理，未来信托公司参与股权投资业务，如何对股权进行估值以及退出方式的实现将是一个需要摸索的问题。例如，对于股权投资的退出方式，主要为上市退出、并购退出、借壳上市、股权转让、回购、清算等方式，但资管新规目前要求“资产管理产品直接或者间接投资于未上市企业股权及其受（收）益权的，应当为封闭式资产管理产品，并明确股权及其受（收）益权的退出安排。未上市企业股权及其受（收）益权的退出日不得晚于封闭式资产管理产品的到期日”，由于非上市公司具有较大的不确定性，因此在产品退出及设计上难度较大。

未来信托公司可以从以下两方面促进股权投资业务的良性发展：一是要努力扩大现有业务的广度与深度，随着外资逐步进入金融行业，信托业要充分利用内资与外资两种渠道，借鉴国外先进的经验与理念，

丰富产品种类，提升风控水平，加快股权投资业务的发展；二是要大力培养专业人才，努力提升管理水平。信托从业人员的业务水平是信托公司参与股权投资业务成功与否的关键所在。专业素养高的业务人员既能充分发挥信托制度的独特优势以服务实体经济的发展，又可以通过自身的专业性确保广大投资人的合法权益，从而形成投资人对股权投资业务信任的良性循环。目前，我国信托业从业人员对于股权投资业务的开展实践相对较少，人员水平参差不齐，对于各个行业的专业知识掌握有限，建议相关部门利用国内现有的科研优势，加快信托公司与高校科研机构进行全方位合作，采取多种形式提升从业人员的业务能力与专业素养，为信托业的发挥储备人才，同时各信托公司也要积极引进人才，提升全行业的业务水平。

（四）回归本源，大力发展信托特有业务

从长期来看，信托机构应充分发挥自身牌照优势，发展特色业务及财富管理业务。具有事务管理特征的慈善信托、消费信托、土地信托在精准扶贫、污染防治、供给侧结构性改革、农村土地三权分置等国家重大任务和改革活动中不乏用武之地。家族信托、慈善信托等特色业务是未来信托公司打造差异化竞争力的核心所在。同时，信托机构要大力运用以“互联网 +”为代表的金融科技，利用大数据和人工智能技术，增强风险识别、研判及化解能力。

受托事务管理业务相对来讲是指信托公司作为受托人，在信托项目的产品设计、客户推介、项目筛选、投资决策等重要环节不承担实质责任，主要承担一般信托事务的执行职责，仅对委托人的决策、指令进行简单的执行，并收取相对较低的受托人报酬的信托业务①。依据

① 中国信托业协会 . 信托基础［M］. 北京：中国金融出版社，2012.

2017年中国银监会发布的《信托公司信托业务监管分类指引（试行）》（征求意见稿），信托业务分为债权信托、股权信托、产权信托、同业信托、标品信托、事务信托、财产（权）信托、资产证券化和公益（慈善）信托九大类，其中事务信托指信托公司完全根据委托人指令，对信托财产进行管理和处分的信托业务[①]。受托事务管理业务的主要特征体现在信托公司主要承担一般信托事务的执行职责即对委托人的决策和指令作执行而非承担信托资产的主要管理职责。受托事务管理业务通常以单一信托业务为主，但也包括集合信托业务和财产/财产权信托业务；从行业具体实践来看，事务信托应该囊括目前处于初级阶段的大部分家族信托业务[②]、消费信托业务和企业年金业务[③]；从信托资产的运作方式和投资领域角度来看受托事务管理业务可以包括银信理财合作业务、债权资产转让、票据资产转让、商业银行同业合作业务、不良资产处置业务等[④]。

2011年以来我国信托业事务管理业务取得飞速发展，2011年该业务信托资产规模为0.61万亿元，然而2014年该业务信托资产规模为4.56万亿元，2015年该业务信托资产规模为6.31万亿元，增速为38.38%，2016年事务管理业务管理信托资产达到10.07万亿元，增幅达到59.59%，该年度事务管理业务在信托资产总量中占比为49.79%，

---

① 根据银监会2017年《信托业务监管分类说明（试行）》的解释，资金信托根据信托公司所实际承担受托责任的大小，可以划分为主动管理类信托和事务管理类信托，其中，事务管理类信托即为事务信托。

② 周小明等在《家族财富管理之道》（2017）一书中指出，当前我国信托公司开展家族信托业务的主要模式包括：信托公司主导模式即业务开展过程中其产品设计等核心事务由信托公司主导的模式；其他机构主导模式即业务开展过程中其产品设计等核心事务由私人银行、家族办公室等机构主导，信托公司处于事务管理服务地位的模式；信托公司与其他机构合作模式即业务开展过程中其产品设计等核心事务由合作双方共同协作的模式；保险公司和信托公司合作模式即保险金信托，以保险权益设立信托，信托公司按合同约定长期高效管理保险金的业务模式。

③ 中国信托业协会.中国信托业发展报告［M］.北京：中国金融出版社，2017.

④ 张同庆.信托业务风险管理与案例分析［M］.北京：中国法制出版社，2016.

将近过半[①]。随着我国经济金融发展进程的向前推进，会有新的受托事务管理业务涌现，这需要信托行业的努力，同时也需要整个金融行业乃至经济体系的协调发展。

以资管新规为引领，信托公司开展新型受托事务管理业务应当在可持续发展的前提下，开展符合国家战略和产业政策要求的、符合国家供给侧结构性改革政策要求的事务管理业务，努力与其他金融机构合作将资金用于支持国家经济结构调整与转型事业中来，努力探索新型受托事务管理业务发展模式，支持市场化、法治化债转股以降低企业杠杆率，达到严控金融风险的监管目标。

（五）金融双向开放下，积极布局国际业务

在信托业务结构、产品模式发生深刻变化的情况下，信托机构要主动迎接金融业扩大开放的浪潮，积极引进国际知名金融机构作为战略投资者，全面学习和运用它们在资本市场、全球投资、家族信托等领域的先进理念和技术。

从信托公司开展境外理财的情况来看，不同公司也会有不同的选择：第一，申请境外理财相关业务资格，部分已经具有 QDII 和 QDIE 的信托公司，可借助于这些资格的优势，布局海外市场。而对于打算开展境外理财又未取得资格的信托公司，则是积极申请业务资格。第二，设立海外子公司，成立专业子公司也是符合监管导向的转型方向，而海外子公司被视为专业子公司中重要的一类，且信托公司打算设立海外子公司更多地具有为开展家族信托、实现全球资产配置提供便利的意义。第三，与其他机构合作开展国际化业务，通过与其他机构合作，发行产品、聘请其他机构作为投资顾问、与境外的财富管理机构

---

① 中国信托业协会．中国信托业发展报告［M］．北京：中国金融出版社，2016：145；2017：126.

开展国际化业务，也会成为部分信托公司或者信托公司初期开展国际化业务的选择。从总体上看，会有越来越多的信托公司在境外理财业务上加大投入，通过申请 QDII、QDIE 业务资格、成立海外信托子公司或与境外财富管理机构合作等方式，积极拓展境外理财业务，为客户提供优质的跨境资产配置业务，增强自身竞争优势。截至 2019 年 2 月，国内已有 25 家信托公司获批 QDII 业务资质，其中 18 家获批 QDII 投资额度。在信托公司开展国际业务时，要抓住当前市场机会，做好整体布局设计，明确业务发展阶段，建立合适的业务条线，并且根据不同的条线和不同的发展阶段配套相应的支持措施，合理运用公司资源，适应自身发展特点，积极开展同业合作，打造专业化、市场化、特色化的国际业务板块。

信托国际业务的发展需要聚集专业人才，培养主动管理能力。目前，信托国际化业务人才较为缺乏，国际市场投研人才主要集中于券商、公募基金等机构，信托公司此类专业人才较少，导致很多信托公司在人才方面不足以支撑公司国际化战略布局。此外，资管新规基本统一了各领域的监管规则，信托公司将直接面临更加激烈的市场竞争，尤其是投资管理和主动管理能力的竞争，这将直接体现在人才队伍建设水平上。信托公司提升管理能力，做好人才培育和储备，要注重内部培养和外部引进并行，内部培养是相对成本较低、性价比较高的国际业务人才队伍建设方式，要做好内部培养，除了选拔人员组建团队外，还必须建立配套的人才培养与稳定机制。外部引进则是迅速搭建国际业务团队的高效举措，从操作上可以分为骨干并购、团队并购、公司并购与新设机构等措施。它的优势一是人员安排较灵活，新公司招募可招募单一骨干，也可招募团队，建制型团队直接进入成立新业务单元即可，也可从母公司直接调配人员到新公司，更可以先由母公司人员进入，孵化一段时间后再慢慢引入外部人员；二是机制安排较灵活，新公司可以在设立的时候就采取与母公司有差异的体制机制设计，尤其是在薪酬考核与激励机制上可以重新设计，既可以结合目前市场的主流机制进行设计，更可以追加创新机制。从长远发展而言，希望国际业务成为公司的支柱板块的信托公司，可将新设机构作为首选的手段。

在强化信托国际业务方面，应从以下几个方面入手：一是跨境通道业务，跨境通道业务主要服务于境外股票 IPO 或者定增，也会参与跨境的并购，开展跨境通道业务，在人员、资本、风控、系统等方面的投入并不需要很多，资金来自境内客户，标的也由境内客户指定，信托公司并不承担业务风险，因此刚开始从事国际业务的信托公司应将本项业务作为起步业务；二是跨境资产配置业务，根据信托公司是否直接参与资产配置投资决策，分为主动管理和委托管理两种类型，跨境资产配置业务是任何从事国际业务的信托公司都必须重点投入的业务条线，跨境资产配置业务对于团队、系统、风控与运营管理的要求比较高，一步到位的成本较大，因此在建设本业务板块时采取循序渐进的方式为宜，可先与境外知名的资产管理机构开展合作，在具备一定的自营产品运作经验后，再大规模复制开展主动管理型跨境资产配置信托业务；三是境外融资业务，境外融资可分为境外子公司融资、跨境直接融资和资金入境三套业务体系，由于跨境融资三种方式的难易程度有较大差别，开展本项业务时一定要结合机构整体的布局情况；四是境外家族信托业务，完整的家族信托业务条线包括境内家族信托和境外家族信托两套独立完整的业务体系，境外家族信托的客户在寻求专业服务时，更多的并不是考虑资产保值增值的问题，而是希望借助信托制度的设计，实现个人对财产的灵活管理。境外家族信托业务是一项长期服务，属于客户总量较少、单体溢价较高的精品定制服务，在实际运作时，要先发掘已有客户的潜在需求，起步阶段与境外专业家族信托服务商开展合作，积累经验，后续再依托香港子公司，自主开展境外家族信托业务。

另外，国际化业务的发展还需要注重国际业务系统建设，完善信托业务系统布局。国际业务对于交易估值等方面的要求，使得系统建设要求较高，目前很多信托公司在业务系统方面难以满足开拓国际业务要求。首先，应提升系统建设的战略高度，系统建设关系着信托国际化业务的核心竞争力，与银行、证券等其他金融机构相比，信托公司信息系统建设的重视程度普遍较低。信托公司要将业务系统建设上升到公司转型和业务发展的战略高度去重视，制定业务系统建设目标，加大财务资源投入，做好系统开发和维护，夯实业务发展基础。其次，应重点加强信托机构资讯、运营和交易系统建设。由于国际业务对资讯的要求比国内业务高，在开展国际业务时应做好资讯系统建设，紧跟全球各地政治、经济、军事和金融市场步伐，抓紧全球经济周期与市场机会。公司开展国际业务，还应对内部运营系统进行改造升级以及加强交易系统方面建设，以便适应国际业务的需求。最后，应加强系统建设与信托国际业务融合，这就需要信托公司信息技术人员从后台走向前台，参与到信托国际业务中去。

五、推进信托业持续健康发展的政策建议

（一）加快推进《信托法》的修订

近年来我国信托行业及以信托关系为基础的部分资产管理机构快速发展，《信托法》的部分条款已相对滞后，建议加快推进《信托法》的修改，建议重点推进以下几方面的修订：

一是调整信托定义，承认信托财产双重所有权。《信托法》规定："本法所称信托，是指委托人基于对受托人的信任，将其财产权委托给受托人，由受托人按委托人的意愿以自己的名义，为受益人的利益或者特定目的，进行管理或者处分的行为。"建议将其中的"委托给"改为"转移给"，承认信托财产具有双重所有权。

二是增加营业信托相关条款，促进其规范发展。根据信托活动的“民事、营业、公益”属性，按照受托人是否以营业和收取信托报酬为目的，信托可分为营业信托和非营业信托，应重点加强对营业信托受托人的行为约束。建议在《信托法》中明确营业信托的定义和内涵，明确受托机构专营或兼营信托业务的资质条件、行为规范和监管安排，为规范整治市场乱象，防范化解金融风险，保障投资者合法权益提供法律基础。

三是落实公益信托税收优惠政策，促进公益事业发展。《信托法》第六十一条规定“国家鼓励发展公益信托”，但未给予相应的税收优惠。信托税收制度缺失，不利于慈善信托、REITs、家族信托等业务的开展；同时，税收优惠政策是 REITs 在欧美国家得以迅速发展的重要原因之一，而我国 REITs 面临多重征税，尤其在设立和持有经营环节，客观上制约了 REITs 的发展。建议监管部门积极协调财政部、国家税务总局等出台信托税收相关制度，参照国际通用经验，针对交易过户、信托过户、继承（赠与）过户分别制定不同的税收制度。

（二）推进信托产品流转平台建设

目前信托受益权转让主要限于信托公司内部撮合，以及部分机构提供的信托产品转让信息平台，此类模式虽然一定程度上缓解了转让方与受让方的信息不对称，但仍处于提供信息的初级阶段，且各机构相互独立，难以形成行业内信托产品统一、公开、高效的规模化流通转让。伴随信托行业的快速发展，信托产品流通转让的需求日益增强。相比于二级市场较为成熟的证券产品，信托产品的流动性极为有限，风险定价机制弱化，无法借助流通转让过程逐步释放风险，这也从侧面加剧了信托公司“刚性兑付”的压力。在此背景下，完善信托行业顶层设计、搭建全国性信托产品流通转让体系、运用多种手段提高信托产品流动性，成为信托行业实现发展大突破的重要手段之一。

（1）建议加快建立全国性信托登记制度。信托登记涵盖信托财产登记、信托产品登记与信托受益权登记。信托登记制度对于保护委托人利益、确保信托财产完整性、发挥信托风险隔离作用具有重要意义。信托产品与受益权的统一登记，是信托受益权进行确权、转让、质押的重要前提，是信托产品得以流通转让的重要依据。

（2）逐步完善信托产品信用评级体系。信用评级作为克服信息不对称的有效机制，已在证券市场获得广泛应用。由于信托产品存在隐性“刚性兑付”，投资者并不重视信托产品的违约风险，导致信托公司长期承担了巨大的兑付压力。信托行业可引入第三方权威、有效的信托产品评级体系，通过信用评级降低信托产品买卖双方的信息不对称性，并基于动态评级结果对流通转让的信托产品进行风险定价。

（3）加快搭建全国性信托产品流通转让平台。在具备完善的信托登记制度、统一的信托产品评级体系的基础上，信托行业可探索搭建公开、透明的全国性信托产品流通转让平台，借助该平台完成供求双方信息披露、信托合同及受益权变更等法律程序。同时，通过平台内市场化交易，实现信托产品在存续期内的动态风险定价，使信托产品转让价格与其内在风险相匹配，提前释放信托产品累积风险，缓解信托公司最终兑付压力，促进信托行业打破“刚性兑付”。

（4）完善信托产品流通转让相关法规。目前《信托公司集合资金信托计划管理办法》中规定“信托受益权进行拆分转让的，受让人不得为自然人。机构所持有的信托受益权，不得向自然人转让或进行拆分”，这使信托产品的流通转让受到了一定制约。监管层可出台针对信托产品流转的专项管理办法，放宽二级市场产品受让群体范围，提高市场的参与性与活力。

（5）探索信托产品基金化、净值型管理模式。相对于标准化金融产品，信托产品的非标属性使其信息披露难以完全公开透明，无法动态更新产品净值，极大地制约了信托产品的流通转让与交易定价。监管层可鼓励信托公司积极探索固定收益类信托产品向基金化、净值型转型，既可有效降低流通转让市场信息不对称性，也可提前释放风险预期，缓解刚性兑付压力。

（三）允许设立分支机构

2007 年出台的《信托公司管理办法》提出“信托公司不得设立或变相设立分支机构”，主要源于：①当时信托公司发展的成熟度、规范度不高，如果设立分支机构，风险管理链条拉长、风控手段难以延伸至末端，容易导致风险频发；②限定信托公司在注册地经营，便于监管。然而，经过十余年稳健发展，经营现状与市场环境已发生变化：一是信托公司内控机制已较为完善，设立分支机构不会增加监管风险；二是 2012 年发布的《关于规范信托产品营销有关问题的通知》明确信托公司可设立异地营销中心，遵循属地监管原则，异地局配合属地局承担部分监管职能，无形中增加协调沟通成本；三是随着移动互联网的发展，信托公司异地销售、异地展业趋势难以阻挡。此外，对比其他金融子行业，银行、证券、保险均可开设分支机构，唯有信托不得设立分支机构，这在一定程度上带来了不公平竞争。

建议监管部门允许信托公司设立分支机构，提高信托公司在资金端的客户服务能力与项目端的风险管控水平，更好地支持地方中小微企业的发展，并降低监管部门跨区域风险防控难度。

（四）践行分类监管思路

当前信托公司分化日益显著，虽然分类监管已倡导多年，但监管政策与监管执行“一刀切”的现象一直存在。分类监管思路未真正落实，既制约“头部”信托公司的创新实践，又不利于“尾部”信托公司的风险管控。

建议在监管评级的基础上，对信托公司实施精细化分类监管，加强监管政策的针对性、指向性，比如：实施“有限牌照管理”。一方面，针对“尾部”信托公司，以加强风险管控为首要目标，发放有限牌照，避免因少数公司风险问题给社会公众带来“信托行业发展不规范”的不良印象；另一方面，针对“头部”信托公司，实施全牌照运营，给予一定的创新实践空间，鼓励其在服务实体经济与国计民生领域（比如“三农”、小微企业、战略性新兴产业、“一带一路”倡议等）进行创新实践，探索出与这些领域特征相匹配的业务模式。

（五）积极做好过渡期安排

当务之急信托机构要运用好过渡期的安排，化压力为动力，尽快改善资产质量，优化产品设计、升级产品模式。一是加快风险项目的处置，力争在过渡期内消化历史包袱，从而轻装上阵，迎接新的挑战；二是借助基金化的运作方式来化解存量资产风险，对于投资于非标债权的信托产品走基金化的道路，通过组合运用与长期化运作，在空间和时间上分散风险，避免单一项目带来的过度集中风险；三是改变以往在刚性兑付环境下，给投资者分配固定收益后，由信托机构享有全部剩余收益的做法，按照信托机构收取管理费和一定比例的收益提成，投资者享有大部分投资收益的原则，重新确定信托收入分配机制；四是在处理风险项目时，探索以循序渐进的方式，尝试不全额兑付预期收益、仅兑付本金不兑付预期收益以及不全额兑付本金等技术路线，逐步打破发生风险时本息全部刚性兑付的陈规。

课题组成员

课题牵头人、组长：杨凯生 工商银行原行长

执行组长：顾建纲 工商银行资产管理部总经理、工银理财董事长

副 组 长：陈一松 中信信托董事长
储晓明 申万宏源董事长
段国圣 保险资产管理业协会会长、泰康集团首席投资官
詹余引 易方达基金董事长

成 员：

工商银行	赵柏功	贡方超	肖 阳	何 盼	李知键
中信信托	王道远	周 萍	张明玺	周 工	
泰康资产	张 弛	卢 昕	杜 宇	孙弘莉	
申万宏源	蒋健蓉	袁宇泽	谢云霞		
易方达基金	汪兰英	徐丽丽	张 凯	鲍 杰	

分报告执笔单位：

银行资管篇	工商银行
保险资管篇	泰康资产
基金业篇	易方达基金
证券资管篇	申万宏源
信托业篇	中信信托

课题组秘书处

负 责 人：CWM50 秘书长 刘喜元

学术秘书：龚 芳 单 福 宋 爽

综合秘书：贾 辉 冯 明 王恺施